作者介绍

王学棉，华北电力大学人文学院法学教授，兼职律师，民事诉讼法方向硕士生导师，清华大学法学博士，美国纽约福特汉姆（Fordham）大学法学院访问学者（2009.8—2010.8），主要从事民事诉讼法和证据法学研究，在《政法论坛》《清华法学》《比较法研究》《当代法学》等法学刊物上发表论文40余篇，出版学术专著3本、教材《民事诉讼法教程》1部（合著），主持省部级课题多项。荣获北京市第十届教学名师奖、北京市优秀教师等称号。系国家级精品视频课《生活中的纠纷与解决》以及慕课《生活中的纠纷与解决》负责人和主讲人。

李倩，浙江大学法学学士，华北电力大学法学硕士，专职律师。长期专注于中小企业法律风险防控、合同审查、劳动管理、知识产权等业务领域。

普通高等教育精编法学教材

民事诉讼程序实务讲义

PROCEDURAL PRACTICE LECTURE NOTES OF CIVIL ACTION

王学棉 李倩 ◎ 著

北京市共建项目专项资助

北京大学出版社
PEKING UNIVERSITY PRESS

图书在版编目(CIP)数据

民事诉讼程序实务讲义/王学棉,李倩著. —北京:北京大学出版社,2018.11
(普通高等教育精编法学教材)
ISBN 978-7-301-30000-8

Ⅰ.①民… Ⅱ.①王… ②李… Ⅲ.①民事诉讼—诉讼程序—中国—高等学校—教材 Ⅳ.①D925.118

中国版本图书馆 CIP 数据核字(2018)第 250106 号

书　　名	民事诉讼程序实务讲义
	MINSHI SUSONG CHENGXU SHIWU JIANGYI
著作责任者	王学棉　李倩　著
责任编辑	李铎
标准书号	ISBN 978-7-301-30000-8
出版发行	北京大学出版社
地　　址	北京市海淀区成府路 205 号　100871
网　　址	http://www.pup.cn
电子信箱	law@pup.pku.edu.cn
新浪微博	@北京大学出版社　@北大出版社法律图书
电　　话	邮购部 010-62752015　发行部 010-62750672　编辑部 010-62752027
印 刷 者	河北滦县鑫华书刊印刷厂
经 销 者	新华书店
	730 毫米×980 毫米　16 开本　16.75 印张　338 千字
	2018 年 11 月第 1 版　2018 年 11 月第 1 次印刷
定　　价	39.00 元

未经许可,不得以任何方式复制或抄袭本书之部分或全部内容。
版权所有,侵权必究
举报电话:010-62752024　电子信箱:fd@pup.pku.edu.cn
图书如有印装质量问题,请与出版部联系,电话:010-62756370

打通实务能力培养"最后一公里"(代序)

当前,我国各大学法学院培养的学生大多缺乏实践能力,上手能力差一直为实务界所诟病,究其原因在于没有解决好"最后一公里"的问题,即教材和教师都不重视实务教学。现有的教材对理论都非常重视,这无可非议。但认为学生只要掌握理论,实务就会无师自通,这不仅难以成立,而且也有些幼稚。如果教材不介绍实务中具体怎么操作,如果再碰上一个没有实务经验的教师,学生实践能力差是必然的。从理论到实践也许只是最后一公里的路程,但就是这最后一公里,有的学生需要花费很长的时间才能自行摸索走完,有的甚至在自行摸索的过程中还付出了沉重的代价。鉴于民事诉讼法是一门理论性与实践性兼具的学科,考虑到民事诉讼法理论教学的时间有限,而内容众多,要在现行的教材里面大量增加实务教学内容,不具有可操作性。可行的办法就是另行撰写一本程序实务教材,作为理论教材的辅助教材,供学生一边学习理论,一边学习实务;或者在完成民事诉讼理论学习后自行学习实务。这必将在较大程度上解决学生动手能力差的问题。因为即使教师没有实务经验,学生看完实务教材后也应该能够知道在实务中如何操作。

目前关于民事诉讼实务的教材虽然不是很多,但还是有一些。这些教材的作者可分为两类:一类是律师写的,一类是大学教师写的。这两类作者写的实务教材各有特点:律师写的实务教材喜欢与具体的纠纷种类相结合,如著作权纠纷诉讼指引与实务解答、不正当竞争纠纷诉讼指引与实务解答等。此类解答严格说来并不是教材,其中涉及的民事诉讼知识都是些常识,更多的是实体法知识,在体系上也不完整。更为严重的缺陷是有些律师为了竞争需要,并没有将自己在办案中掌握的民事诉讼实务中的"葵花宝典",即核心知识展示出来。大学生或者新入行的律师看了这些所谓的教材并不能全面掌握民事诉讼实务的精髓。不少大学教师写的实务教材虽然体系很完整,但过于浅显,更像是给理论知识配案例。此类教材确实能帮助学生理解理论知识,但在实战中的作用很有限。究其原因主要在于有的大学教师并没有实务经验,或者虽打过一两个官司,但总量有限,积累的经验并不是很丰富。

从民事诉讼参与主体的角度看,涉及律师、当事人和法官,抗诉时还会涉及检察官。故在写民事诉讼程序实务教材之前必须考虑的一个问题就是受众是谁,或者说为谁而写。因为这些读者关注的问题并不相同,意味着写作内容、编排体例也得有所不同。当事人通常并没有系统学习过民事诉讼,也就不存在为他们写实务教材的问题。笔者虽然在法院挂过职,但并没有做过法官,而是一直在做兼职律师,显然从法官、检察官的角度写民事诉讼程序实务教材也不是我的强项,因此本教材主要从律师角度,即为日后准备从事民事诉讼律师这一职业的学生或者是刚入行正准备从事民事诉讼业务的新律师而写。

从内容上看,常规的民事诉讼法教材一般包括争讼程序、非讼程序和执行程序三部分,实务教材似乎也应包括这三部分才对。考虑到实践中争讼程序实务最为复杂,非讼程序实务相对简单,执行程序实务与争讼程序实务又完全不一样,为保持体例的一致性,本教材不包括非讼程序的实务和执行程序实务。争讼程序包括一审程序、二审程序和再审程序。一审程序又包括普通程序、简易程序(含小额诉讼程序),如果对普通程序的实务熟悉的话,简易程序(含小额诉讼程序)的实务自然不在话下,因此,本教材也不包括简易程序(含小额诉讼程序)实务。

笔者之所以愿意写这本教材,主要是出于以下考虑:第一是笔者的实务经验虽然不能与专职律师比,但毕竟还是有二十来年的兼职律师经历,处理过的民事纠纷虽没有遍布各个民事领域,但常见的领域,如侵权、房屋买卖合同、借贷合同、婚姻、继承、医疗、商标等还是都接触过,胜诉败诉都体验过,一审、二审、再审都打过,有些体会和经验自认为还是很有价值的。在实务经验上可能比专职律师稍逊一筹,但比那些没有实务经验的大学老师还是要丰富一些,且在体系化方面比专职律师写的教材要更加用心。第二是笔者所总结的实务经验曾被商业机构成功推向市场,在市场上得到了很好的反响。有很多在网上看过视频或授课大纲的学员主动联系笔者,表示感谢。但视频与授课大纲毕竟是2010年前后的产物,有很多内容已经过时,与我国最新的《民事诉讼法》及司法解释不吻合之处甚多,非常有必要加以修正和完善,以免误导法学院的学生和刚入行的年轻律师。第三是笔者的主业是教师,兼职律师并非笔者的饭碗,从不担心教会了别人会导致自己的业务受损,影响自己的生存,因此在将自己的经验总结出来并推向社会时毫无保留,反而有一种得天下英才而育之的惬意。第四个原因就是北京大学出版社李铎编辑的督促。笔者曾与其他大学同行一起在北京大学出版社出版过《民事诉讼法教程》,责任编辑就是李铎先生。在那部教材里笔者加入了一小部分诉讼实务技巧,李铎先生甚为喜欢,便敦促笔者将民事诉讼实务技巧进一步完善、深化,形成一部完整的实务教材。

民事诉讼是实体法与程序法共同作用的场,由于实体法的范围极其宽广,无法在一本书中对民事诉讼中涉及的实体法实务进行归纳和总结。因此,本书仅对民事诉讼中的程序实务进行归纳和总结。如果将程序和实体结合起来,笔者认为成功的民事诉讼律师必备下列条件:扎实的法学理论功底,良好的语言表达能力,敏捷的逻辑思维能力,有效的人际沟通能力。

本书系王学棉、蒲一苇、郭小冬所著《民事诉讼法教程》(北京大学出版社2016年版)的配套教材。读者在学习本书之前,建议先学习《民事诉讼法教程》,这样效果最佳。本书基于论证、举例需用,引用了大量的判决实例的部分内容,为便于读者全面了解这些判决书,对于能够找到全文的判决笔者通过二维码的形式加以附录,以便读者拓展阅读。

本教材中的第十五章由笔者的研究生李倩律师完成。全书最后由笔者统稿。

本教材主要是笔者实务经验的总结,由于业务范围有限,有价值的内容肯定有限,有些总结肯定不全面,甚至不一定正确,希望读者、同行批评指正。如有意见可与笔者联系。联系邮箱:xuemianw@necpu.edu.cn,微信号:xuemianw。

王学棉

2018年5月

目 录

第一编 民事诉讼业务之承揽

第一章 接待当事人 (1)
第一节 接洽当事人 (3)
第二节 后期分析 (5)

第二章 协商代理费用，办理委托手续 (11)
第一节 进行利益冲突审查，确定代理对象 (13)
第二节 签订委托代理合同 (14)
第三节 签署授权委托书 (15)

第二编 一审民事诉讼实务技巧

第三章 对纠纷的初步处理 (19)
第一节 界定当事人之间的实体法律关系 (21)
第二节 确定应对策略 (28)
第三节 初步确定证明对象 (29)

第四章 证据的收集与整理 (33)
第一节 收集诉讼证据(证明案件事实的证据) (35)
第二节 证据之保管 (49)
第三节 证据之整理 (50)

第五章 诉前其他准备工作 (53)
第一节 采取保全措施 (55)
第二节 决定当原告还是当被告 (58)
第三节 审查是否存在起诉的消极条件 (59)

第四节 选择好诉的类型 …………………………………… (60)

第六章 确定当事人 …………………………………… (63)
第一节 确定适格当事人的标准 …………………………… (65)
第二节 确定适格原告 ……………………………………… (65)
第三节 确定被告 …………………………………………… (67)

第七章 诉讼请求 ……………………………………… (75)
第一节 诉讼请求之含义 …………………………………… (77)
第二节 诉讼请求提出之要求 ……………………………… (78)
第三节 逾期损失之请求 …………………………………… (116)

第八章 管辖之确定 …………………………………… (129)
第一节 确定管辖法院种类 ………………………………… (131)
第二节 确定级别管辖 ……………………………………… (133)
第三节 确定地域管辖 ……………………………………… (137)
第四节 基层人民法院内部管辖之分工 …………………… (148)
第五节 共同管辖和选择管辖 ……………………………… (149)

第九章 起诉书之撰写与提交 ………………………… (151)
第一节 起诉书的撰写 ……………………………………… (153)
第二节 案由的选择 ………………………………………… (155)
第三节 起诉书的份数与提交 ……………………………… (158)

第十章 诉讼费用之计算 ……………………………… (161)
第一节 诉讼费用之计算 …………………………………… (163)
第二节 诉讼费用之交纳 …………………………………… (165)
第三节 诉讼费用损失之避免 ……………………………… (165)
第四节 诉讼费用之退还 …………………………………… (165)

第十一章 审前程序 …………………………………… (167)
第一节 原告的工作 ………………………………………… (169)
第二节 被告的工作 ………………………………………… (172)
第三节 审前会议 …………………………………………… (176)

第十二章 法庭审理 …………………………………… (179)
第一节 开庭准备 …………………………………………… (181)
第二节 法庭调查 …………………………………………… (182)
第三节 法庭辩论 …………………………………………… (191)

第十三章　结案 ·· (195)

第三编　救济审实务技巧

第十四章　二审实务技巧 ·· (199)
　　第一节　对判决的上诉 ·· (201)
　　第二节　对裁定的上诉 ·· (216)
　　第三节　上诉中的其他问题 ·· (218)
第十五章　再审实务技巧 ·· (221)
　　第一节　申请再审 ··· (223)
　　第二节　申请检察监督 ·· (249)

第一编　民事诉讼业务之承揽

第一章　接待当事人

第一节　接洽当事人

当事人通过不同的途径找到律师寻求法律帮助后，律师应当先大致了解一下纠纷涉及的对方当事人（看看是否系自己的法律顾问客户），纠纷的类型（医疗、专利还是侵权等），处于何种处理阶段（没有起诉还是已经起诉、已经起诉的是一审、二审还是再审或者执行），当事人的身份（原告还是被告、上诉人还是被上诉人、再审申请人还是被申请人），是否与自己的业务定位相符。如果对方当事人是自己的法律顾问客户，为防止利益冲突，必须予以拒绝，告知当事人另行聘请律师。鉴于有的律师只承接一定领域的纠纷，如能源行业、金融行业或医疗纠纷等；有的律师只承接再审案件，有的律师只承接疑难案件；如果当事人的纠纷与自己的业务不相符，也应直接告知当事人。由于现在律师都是抱团作战，即相互给对方介绍其擅长领域的客户，故可以询问当事人是否介意给他介绍一个自己熟知的更为专业的律师来帮其办理。

如果与自己的业务相符，则应当进一步了解纠纷的来龙去脉、当事人的诉求和持有的证据。如果当事人在外地，则可以通过电话、微信、QQ等方式进行。如果纠纷比较简单，在电话里或者微信里就能说清楚，通过查看相关证据就能作出判断的话，就可以约当事人见面，办理委托手续。

对于比较复杂的、一两句话说不清楚的纠纷，应当与当事人面谈，并请当事人将相关法律文书，如生效的裁判文书、已经持有的证据一并带来。双方应协商面谈的时间和地点。面谈地点的选择按方便原则和对方当事人身份确定。对于法人，尤其是大型企业的法务，面谈地点放在正规的律师事务所会议室较适宜。对方要求到他们的办公场所面谈也可以。对于自然人，征得对方同意，在律师事务所会议室、咖啡馆、宾馆大堂等均可。如因客观原因需取消面谈时，一定要提前通知对方，做好解释工作。面谈当天律师应当着装得体、准时赶到。确实有特殊原因不能准时赶到的话，应当致电对方进行解释。

见面后，律师需要做好以下几项工作：

（1）了解引发民事纠纷的原因。根据引发民事纠纷的原因是否系刑事犯罪，可以分为因刑事犯罪引发的民事纠纷和非因刑事犯罪引发的民事纠纷。之所以做这种分类，是因为这两类民事纠纷可以通过完全不同的程序来解决。对于非因刑事犯罪引发的民事纠纷，需要进一步区分是否系国家机关和国家机关工作人员行使职权导致。如果不是，则应通过民事诉讼来解决；如果是，则只能按照《国家赔偿法》的规定要求赔偿。

对于刑事犯罪引发的民事纠纷，因我国《刑事诉讼法》第101条第1款规定，被害人由于被告人的犯罪行为而遭受物质损失的，在刑事诉讼过程中，有权提起附带民事诉讼。被害人死亡或者丧失行为能力的，被害人的法定代理人、近亲属有权提起附带民事诉讼。这表明受害人既可以通过提起刑事附带民事诉讼来解决,也可以通过民事诉讼来解决。由于刑事附带民事诉讼与民事诉讼各有优劣,此时就需要根据当事人利益最大化的原则进行选择。刑事附带民事诉讼的好处在于:第一,不用交纳案件受理费;第二,由于刑事诉讼先行,一旦被告认定为有罪,附带民事诉讼的原告无需就存在犯罪侵犯行为举证,只需就损害结果进行举证即可。不足在于:不能要求精神损害赔偿。因为最高人民法院《关于适用〈中华人民共和国刑事诉讼法〉的解释》第138条规定,被害人因人身权利受到犯罪侵犯或者财物被犯罪分子毁坏而遭受物质损失的,有权在刑事诉讼过程中提起附带民事诉讼;被害人死亡或者丧失行为能力的,其法定代理人、近亲属有权提起附带民事诉讼。因受到犯罪侵犯,提起附带民事诉讼或者单独提起民事诉讼要求赔偿精神损失的,人民法院不予受理。如果受害人存在人身损害,要求精神损害赔偿的,则不能选择刑事附带民事诉讼,而应当选择在刑事诉讼结束后与其他赔偿请求一起提起民事诉讼。

(2)了解纠纷真相。首先要鼓励当事人如实讲述案件真相,不论是对其有利的还是不利的,也不论是有证据支持还是没有证据支持。因为有些当事人在描述纠纷来龙去脉时,往往只讲对自己有利的,隐藏对自己不利的内容。而这不利于律师从法律的角度全面分析后果。当事人在介绍纠纷时,容易"东一榔头西一棒子",或者眉毛胡子一把抓没有重点,律师需要及时发问,引导当事人围绕纠纷按一定顺序进行介绍。对于不清楚的地方,也应及时发问,让当事人加以澄清。

(3)了解纠纷是否经过其他途径解决及结果如何。如双方有无协商、调解、劳动仲裁等。如有的话,结果如何,有无相关文书;如有文书应认真查看当事人手里持有的文书,如劳动仲裁裁决书、起诉书副本、一、二审判决书等,并留下复印件。对没有经过任何处理的纠纷,则应重点了解当事人手里有无证据、有哪些证据、是否系原件等。同时对当事人之间的实体法律关系大致是什么以及是否超出诉讼时效作出初步判断。如果超过了诉讼时效,则需要询问当事人是否存在令诉讼时效中止、中断或延长的情形及证据。

(4)了解当事人的诉求。对于经过初步处理的纠纷,如人民调解的纠纷,需确定当事人是要对原纠纷进行解决,还是想与对方一起对人民调解的结果进行司法确认。毕竟这是两种完全不同的程序,前者走诉讼程序,后者走非讼程序。如果走诉讼程序,通常情况下原告都是为了维护自己的合法权益。但也有一些当事人是出于其他目的,如获取证据,为下一次诉讼做准备;或者为了出一口恶气;或者为扬名;或者是为了获得法院的败诉判决,"单位好下账"。甚至还有人纯粹是为了折腾对方。有的甚至是多重目的。对于出于不法目的的诉讼,如折腾对方,应当予以拒绝。之所以要了解当事人的诉求,在于不同的诉求实现的难度不一样,需要付出的努力不一样,最终影响到代理费的报价。对于被告,则需要了解其对原告主张是否认可;不认可的话,是对哪一部分不认可,是事实部分还是诉讼请求部分,是全部不服还是部分不服,理由是什么。如果原告所述都属实,被告有无抗辩理由等。

有的当事人提起上诉确实是对一审判决不服,认为一审判决确实存在错误。但也有人提起上诉纯粹是为了拖延时间。对于前者则需要进一步了解当事人不服的是哪一部分,是事实认定、法律适用还是判决主文;是对全部判决主文还是部分判决主文不服,理由是什么。对于再审申请人,律师同样需要了解是对已经生效的判决全部主文还是部分主文不服,申请再审的理由是什么。如果是以新证据申请再审的话,需要进一步了解新证据是什么,已经持有还是需要日后收集。对于被上诉人或再审被申请人需要了解他们对判决的态度,是认同还是部分认同。对于上诉人的上诉理由或再审申请人的再审申请理由是否认同,不认同的话,依据是什么等等。

(5)让助手做好会谈纪要,以便后期研判。会谈结束后,也可以及时将会谈纪要发送给当事人。

第二节 后期分析

对于较复杂的案件需要进行后期分析,工作主要包括:

一、判断是否属于人民法院主管

这个问题涉及能否提起民事诉讼,甚至决定是否接案。民事诉讼主管是指法院依照法律、法规受理一定范围内民商事纠纷的权限,也就是确定法院与其他国家机关、社会团体之间在民商事纠纷解决上的分工。

判断分为三步:第一步判断纠纷是否发生在平等主体之间。如果不是平等主体之间的纠纷,自然就不能提起民事诉讼。需要注意的是,主体是否平等只有放在特定的法律关系中才能进行分析,因为有的主体有多重身份。如行政机关在执行公务时,与相对人之间是不平等主体,但行政机关在购买办公设备时与商家就是平等主体。因为《民法总则》第97条规定,有独立经费的机关和承担行政职能的法定机构从成立之日起,具有机关法人资格,可以从事为履行职能所需要的民事活动。再如大学与学生之间的关系。在大学决定是否给学生颁发学位时,二者是不平等的主体。若大学因校园内的设施有缺陷致学生受伤时,则属于平等主体。

【案例】

谢××原系顺义区李桥镇英各庄村村民,顺义区李桥镇英各庄村批给其464.7平方米的宅基地。谢××取得该地块的集体土地建设用地使用证。后谢××结婚,婚后将户籍迁往夫家(夫家不在本村),户籍迁出后其宅基地未收回。顺义区李桥镇英各庄村村民委员会(以下简称英各庄村委会)与谢××的父亲谢某签订《宅基地收归集体协议》,约定:谢××拥有的宅基地使用权交给集体,宅院内房屋、树木共折合人民币5000元。协议上有谢某、英各庄村委会及见证人的签字。协议签订后,英各庄村委会收回谢××的宅基地,并将5000元交付谢××的父亲谢某。后顺义区李桥镇人民政府规划土地管理科将宅基地变更至沈某名下,沈某系城镇居民,现已将谢××原有房屋拆除重新建设房屋。谢××离婚后将户籍迁回顺义区李桥镇英各庄村,发现宅基地被侵占,遂诉至法院,请求判令谢某与村委会订立的宅基地收回协议无效,判令英各庄村委会将其拥有的宅基地腾退归还其使用。本案中,她能否提起民事诉讼?

[解析] 一审法院经审理认为,根据法律规定,村民集体所有的土地依法属于村农民集体所有的,由村集体经济组织或者村民委员会经营、管理,村民宅基用地属于村集体所有的土地。本案中原、被告争议的宅基用地由村委会收回集体,是村委会对集体土地的管理行为,而并非平等主体的买卖行为。该案不属于人民法院受理民事诉讼的范畴。据此,裁定驳回原告谢××的起诉。谢××不服,提起上诉。

二审法院经审理认为,从谢××之父谢某与英各庄村委会签订的《宅基地收归集体协议》的内容来看,英各庄村委会实际上购买了属于谢××所有的宅基地。双方系以协议形式约定双方之间的权利义务关系,除协议外英各庄村委会并未就该户的宅基地使用问题作出行政决定。因此,该协议应认定为平等民事主体之间的民事行为,并非英各庄村委会行使集体土地的管理职权,应属于人民法院受理民事案件的范围,一审法院应当对谢××的诉讼请求进行实体裁判。据此裁定:(1) 撤销一审法院原民事裁定;(2) 指令一审法院对本案进行实体审理。

大部分当事人之间是否平等,一目了然。如因单位内部管理而引发的单位与员工之间的争议就不是平等主体之间的争议。因此,最高人民法院《关于审理名誉权案件若干问题的解释》第4条规定,国家机关、社会团体、企事业单位等部门对其管理的人员作出的结论或者处理决定,当事人以其侵害名誉权向人民法院提起诉讼的,人民法院不予受理。

▶【案例】

《炎黄春秋》杂志社起诉称:2016年7月13日,《炎黄春秋》主管主办单位中国艺术研究院通知起诉人,"终止双方签订的《中国艺术研究院与炎黄春秋杂志社协议书》(以下简称《协议书》),撤换领导成员,撤销机构设置。"起诉人认为,中国艺术研究院的行为违反了《协议书》的约定,请求法院判决:确认中国艺术研究院单方终止《协议书》的行为无效;中国艺术研究院停止违约行为、继续履行《协议书》;中国艺术研究院承担本案诉讼费用。

北京市朝阳区人民法院认为,人民法院受理民事诉讼的范围是平等民事主体之间的人身关系和财产关系纠纷,中国艺术研究院是起诉人的主管主办单位,该争议系中国艺术研究院作为主管主办单位与被管理单位之间的内部管理事宜,不是平等民事主体之间的人身关系和财产关系纠纷,故不属于人民法院受理民事诉讼的范围,依照《中华人民共和国民事诉讼法》第119条第4项、第123条之规定,裁定如下:对炎黄春秋杂志社的起诉,本院不予受理。①

如果纠纷是发生在平等的主体之间,就要作第二步审查,看纠纷的内容是不是关于财产关系或者人身关系。如果不是,而是其他争议,如学术争议则不能提起民事诉讼。

▶【案例】

陈某从上海新华传媒股份有限公司下属上海书城福州路店(下称上海书城)购买一本由商务印书馆出版的第10版《新华字典》。陈某称,经其认真阅读、仔细分析和深入论证,发现该本《新华字典》存在知识性、逻辑性、体例性等编校差错数千处,差错率达0.797%,属于质量严重不合格。故向法院提出诉讼请求:确认上述差错;上海书城停止销售、商务印书馆停止出版发行第10版《新华字典》,并分别在全国性媒体上公开道歉等。

上海市黄浦区人民法院经审理后认为,如果对辞书类图书争议的不是图书的编校问题,而是内容问题的应属于学术争议,不在法院民事诉讼主管范围内,遂裁定驳回起诉。陈某不服,提起上诉。上海市第二中级人民法院裁定驳回上诉,维持原裁定。

如果纠纷是发生在平等主体之间,内容也是关于财产关系或人身关系,则要进行第三步审查,看法律对该民事纠纷是否有禁止提起民事诉讼之特别规定。常见的限制主要有:第一,法律直接规定某类民事纠纷不能提起民事诉讼,如《土地管理法》第16条第1款规定,土地所有权和使用权争议,由当事人协商解决;协商不成的,由人民政府处理。也就是说,发生在平等主体之间的关于土地所有权权属和使用权的争议,虽然是一个民事纠纷,但并不能提起民事诉讼,而只能申请行政机关处理。根据第16条第3款的规定,当事人对有关人民政府的处理决定不服的,可以自接到处理决定通知之日起30日内,向人民法院起诉。此处的起诉是指行政诉讼,而非民事诉讼。第二,矿区范围争议。《矿产资源法》第49条规定,矿山企业之间的矿区范围的争议,由当事人协商解决,协商不成的,由有关县级以上地方人民政府根据依法核定的矿区范围处理;跨省、自治区、直辖市的矿区范围的争议,由有关省、自治区、直辖市人民政府协商解决,协商不成的,由国务院处理。第三,林木、林地所有权和使用权争议。《森林法》第17条规定,单位之间发生的林木、林地所有权和使用权争议,由县级以上人民政府依法处理。个人之间、个人与单位之间发生的林木所有权和林地使用权争议,由当地县级或者乡级人民政府依法处理。当事人对人民政府的处理决定不服的,可以在接到通知之日起1个月内,向人民法院起诉。此处的起诉也是指提起行政诉讼。第四,属于村民委员会自治范围内的纠纷。《村民委员会组

---

① 案例详情参见北京市朝阳区人民法院(2016)京0105民初45242号民事裁定书。

织法》第 24 条规定,涉及村民利益的下列事项,经村民会议讨论决定方可办理:(1) 本村享受误工补贴的人员及补贴标准;(2) 从村集体经济所得收益的使用;(3) 本村公益事业的兴办和筹资筹劳方案及建设承包方案;(4) 土地承包经营方案;(5) 村集体经济项目的立项、承包方案;(6) 宅基地的使用方案;(7) 征地补偿费的使用、分配方案;(8) 以借贷、租赁或者其他方式处分村集体财产;(9) 村民会议认为应当由村民会议讨论决定的涉及村民利益的其他事项。第 27 条第 2 款规定,村民自治章程、村规民约以及村民会议或者村民代表会议的决定不得与宪法、法律、法规和国家的政策相抵触,不得有侵犯村民的人身权利、民主权利和合法财产权利的内容。根据该条第 3 款的规定,村民自治章程、村规民约以及村民会议或者村民代表会议的决定违反前款规定的,由乡、民族乡、镇的人民政府责令改正。也就是说,不能提起民事诉讼,只能申请乡、民族乡、镇的人民政府责令改正。

当事人之间签订有效仲裁协议的纠纷,不属于民事诉讼主管。《民事诉讼法》第 124 条第 2 项规定,依照法律规定,双方当事人达成书面仲裁协议申请仲裁、不得向人民法院起诉的,告知原告向仲裁机构申请仲裁;最高人民法院《关于适用〈中华人民共和国民事诉讼法〉的解释》(以下简称《民事诉讼法解释》)第 215 条规定,依照《民事诉讼法》第 124 条第 2 项的规定,当事人在书面合同中订有仲裁条款,或者在发生纠纷后达成书面仲裁协议,一方向人民法院起诉的,人民法院应当告知原告向仲裁机构申请仲裁,其坚持起诉的,裁定不予受理,但仲裁条款或者仲裁协议不成立、无效、失效、内容不明确无法执行的除外。如果隐藏仲裁协议提起诉讼,法院在不知情的情况下也会受理,但被驳回的风险很大。因为《民事诉讼法解释》第 216 条规定,在人民法院首次开庭前,被告以有书面仲裁协议为由对受理民事案件提出异议的,人民法院应当进行审查。经审查符合下列情形之一的,人民法院应当裁定驳回起诉:(1) 仲裁机构或者人民法院已经确认仲裁协议有效的;(2) 当事人没有在仲裁庭首次开庭前对仲裁协议的效力提出异议的;(3) 仲裁协议符合《仲裁法》第 16 条规定且不具有《仲裁法》第 17 条规定情形的。起诉一旦被裁定驳回,就意味着先前投入的人力物力都打了水漂。因此,对于签订有仲裁协议的民事纠纷提起民事诉讼一定要慎重。

▶ 二、初步分析取证数量及难度

不同的实体法律关系,需要的证据不一样。当事人手上是否持有证据以及证据的数量,决定着以后的工作难度和强度,自然就影响到随后的代理费报价。当然,此时的分析是一个大致的分析,是仅仅根据一方当事人的描述和持有的证据进行的分析(具体的取证分析见第四章)。日后对方当事人持有的证据完全有可能颠覆此时的分析结果。

▶ 三、分析胜负概率

当事人都很在意胜诉问题,往往会询问律师自己的案件有无胜诉可能。有的律师为了揽下案件,甚至拍胸脯保证能赢。实际上这是极不妥当、也不成熟的做法。首先,胜诉、败诉是个模糊概念,不同的人有不同的认识。比如原告索赔的金额是100万,最后经过律师的努力,法院判决赔偿15万,对于原告来说赢了还是输了?说没赢似乎不对,毕竟拿回来了15万;说赢了,似乎也不对,比索赔的100万少多了。对于被告来说,这个案件是胜诉还是败诉呢?有的被告可能认为胜诉了,毕竟大大降低了赔偿额。但也有被告可能认为是败诉了,毕竟还得给对方支付15万。其次,诉讼的输赢取决于很多因素:如证据、举证期限、诉讼时效、对方是否自认、法官是否公正裁决、国家政策、权力干预等诸多因素。现阶段显然尚无法判断这些因素是否存在,是否会对胜败产生影响。因此正确的做法是告知当事人,"目前我仅是听了你的描述,看了你提供的证据,但没有见到对方当事人的证据,且决定胜败的因素较多,胜负概率不好判断。"如果根据现有的证据判断,有胜诉希望。我们最多给个百分比,如"胜诉的可能性为70%。"最后,司法部和全国律协明文禁止律师对案件结果进行不当承诺。《律师执业管理办法》(司法部2008年5月28日通过)第32条规定:律师承办业务,应当告知委托人该委托事项办理可能出现的法律风险,不得用明示或者暗示方式对办理结果向委托人作出不当承诺;《律师执业行为规范》(中华全国律师协会2004年3月20日通过)第16条规定:律师不得向委托人就某一案件的判决结果作出承诺。律师在依据事实和法律对某一案件作出某种判断时,应向委托人表明作出的判断仅是个人意见;《律师职业道德和执业纪律规范》(2001年11月26日中华全国律师协会修订)第26条规定,律师应当遵循诚实守信的原则,客观地告知委托人所委托事项可能出现的法律风险,不得故意对可能出现的风险做不恰当的表述或做虚假承诺。

何谓胜诉虽然不好判断,但败诉还是比较好判断。对于那些什么证据都没有,并且日后也无法取到证据的案件,败诉的概率极高。对于胜诉率,不同的律师有不同的要求。刚入行的律师基于生存的需要,可能不考虑胜负问题,只要有案件就行,反正败诉也收代理费。对于有些很在意胜诉率,愿意"放长线钓大鱼"的律师来说,则会明确告知当事人,没有胜诉希望,不要提起诉讼。

经过后期分析,不论是否承接,都应及时回复当事人。如不承接,以便当事人联系其他律师。如果决定承接,更应及时联系当事人。现在律师从业者多,竞争激烈,当事人也都是"货比三家",如不及时回复,该案源可能会被其他律师抢走。

第二章 协商代理费用,办理委托手续

第一节 进行利益冲突审查,确定代理对象

在实践中,有可能出现一方当事人找律师咨询后愿意委托,没过多久另一方当事人也来找同一律师咨询,也愿意委托。或者同一方当事人有多人,分头找同一律师咨询且也都愿意委托,那律师能都代理吗?尽管《民法总则》第168条第2款规定:"代理人不得以被代理人的名义与自己同时代理的其他人实施民事法律行为,但是被代理的双方同意或者追认的除外。"但诉讼代理不是民事法律行为代理,不适用此款。《律师法》第39条虽规定,律师不得在同一案件中为双方当事人担任代理人,不得代理与本人或者其近亲属有利益冲突的法律事务。这一规定显然是为了防止利益冲突,但过于笼统。《中华全国律师协会律师办理民事诉讼案件规范》第8条规定,律师事务所不得同时接受对立双方当事人的委托。但由于全国各地律师事务所的发展情况各不一样,有的县只有一家律师事务所,严格执行的话,有的当事人就聘请不到律师。为此,各省、自治区、直辖市律协根据本地的具体情况,分别制定了各自的防止利益冲突规则。故律师应当根据所在省、自治区、直辖市律协制定的利益冲突规则来判断是否存在利益冲突,进而决定是否接受委托。

如《广东省律师防止利益冲突的规则》(2004年11月5日广东省律师协会第七届理事会第五次会议通过,以下简称《规则》)第3条规定,同一律师事务所的律师在承办法律事务过程中,有下列行为之一的为利益冲突行为:(1)在同一诉讼或者仲裁案件中,同时接受对立双方委托的;(2)在同一诉讼或者仲裁案件中,曾在前置程序中代理一方,又在后置程序中接受对方委托的;(3)在担任常年或者专项法律顾问期间及法律顾问合同终止后一年内,又在诉讼或者仲裁案件中接受该法律顾问单位或者个人的对方委托的;(4)在同一非诉讼法律事务中,法律、行政法明确规定不得同时接受对立双方或者利益冲突各方委托,而接受了委托的;(5)承办法律事务的律师或者其直系亲属与委托人有利益冲突的;(6)广东省律师协会认为构成利益冲突的其他行为。

《规则》第4条规定,同一律师在承办法律事务过程中,有下列行为之一的为利益冲突行为:(1)在同一诉讼或者仲裁案件中,同时受非对立但存在相互利益冲突的两方或者两方以上委托的;(2)在同一诉讼或者仲裁案件中,曾在前置程序中代理一方,又在后置程序中接受非对立但存在相互利益冲突的另一方委托的;(3)在担任诉讼代理人、仲裁代理人、非诉讼代理人期间及合同终止后一年内,又在其他诉讼或者仲裁案件中接受该委托人的对方的委托的;(4)委托人委托代理的法律事务,是该律师从事律师职业之前曾以政府官员、或者司法人员、仲裁人员身份经办过的事务的;(5)在担任诉讼代理人、仲裁代理人、非诉讼代理人期间,私自与对方当事人、代理人私下接触和交往的;(6)使用曾代理过的法律事务中不利前任委托人的相关信息的;(7)广东省律师协会认为构成利益冲突的其他行为。

《规则》第5条规定,律师事务所及律师发现承办法律服务中可能出现的利益冲突行为,应当立即告知相关委托人。

《规则》第7条规定,凡发生本规则第3条、第4条规定行为的律师事务所和律师,应当采取主动回避、不接受委托、更换承办律师、终止委托关系等措施。但取得相关委托人书面同意的除外,律师事务所须负责对该书面同意文件的查验。

第二节　签订委托代理合同

如果不存在利益冲突或者对利益冲突妥善处理后,当事人如同意委托,接下来就可以协商费用。根据《律师服务收费管理办法》第10条、11条的规定,收费方式分为两类:风险代理收费和按标准收费。后者具体又包括计件收费、按标的额比例收费和计时收费等方式。对于风险代理收费,需要注意以下三点:第一,不能适用风险代理收费的情形。根据《律师服务收费管理办法》第11条、12条的规定,下列案件不适用风险代理收费:(1)婚姻、继承案件;(2)请求给予社会保险待遇或者最低生活保障待遇的;(3)请求给付赡养费、抚养费、扶养费、抚恤金、救济金、工伤赔偿的;(4)请求支付劳动报酬的;(5)刑事诉讼案件、行政诉讼案件、国家赔偿案件以及群体性诉讼案件。第二,风险代理收费的比例上限。《律师服务收费管理办法》第13条第2款规定,实行风险代理收费,最高收费金额不得高于收费合同约定标的额的30%。第三,采纳风险代理收费的,应当约定差旅费等由当事人承担。

如果采按标准收费,大部分律师事务所都制定有自己的收费标准。可以按照所里制定的标准向对方报价,也可以自行对所里的标准加以调整,按调整后的标准向对方报价。

不论是采哪种收费方式,都需要向当事人说清楚,诉讼费、仲裁费、鉴定费、公证费和查档费,不属于律师服务费,待发生时由委托人直接向相关部门支付。对于差旅费,可以采取包干的方式,也可以采取实报实销方式,但都应要求当事人预交。不预交的话,一旦官司败诉,当事人就可能不给了。

一旦费用谈妥,就可以签订委托合同。律师事务所一般都有格式化的委托合同。① 签订份数按律师事务所要求执行,一般是一式三份。通常情况下,应当约定当事人一次付清费用。对于分期付费的,要及时提醒当事人支付。签订合同时,成年当事人就是委托人。未成年人的当事人,其法定监护人是委托人。自然人委托人需要提供身份证复印件,法人需要提供企业法人营业执照复印件和法定代表人身份证复印件。一般由委托人先签字,然后由律师事务所签字盖章。对于按标准收费的情形,一般在签订委托合同时同时收取。收取费用后,应当向委托人出具合法票据。在实践中,有些律师甚至律师事务所只要当事人不主动要求,就不开发票。这种做

---

① 委托代理合同样本见附录。

法不符合《律师服务收费管理办法》第 18 条的规定,并且风险很大。日后官司一旦败诉,当事人就有可能向司法行政机关、律师协会投诉律师或律师事务所不开发票的行为。实践中,即使胜诉,也有当事人投诉的情形。

第三节　签署授权委托书

在与当事人签订委托合同时,可以让委托人签署授权委托书。关于代理人的人数,根据《民事诉讼法》第 58 条的规定,当事人、法定代理人可以委托两位代理人。对于自然人,因本人或其法定代理人可以出庭,可以委托两位律师。即使当事人没有要求,也可以写上两位律师,以便他日自己无法出庭时,另一位律师可以直接替代,无需另行办理授权手续。如果其想委托近亲属的话,也可以。《民事诉讼法解释》第 85 条规定,与当事人有夫妻、直系血亲、三代以内旁系血亲、近姻亲关系以及其他有抚养、赡养关系的亲属,可以当事人近亲属的名义作为诉讼代理人。

对于法人或其他组织委托人,尤其是复杂的纠纷,一审最好让直接参与该纠纷的委托人的职工也一并作为代理人,这样有利于在庭审中查明案件事实。如果是二审或再审,事实如已经清楚,则无必要。

根据《民事诉讼法》第 59 条第 3 款的规定,侨居在国外的中华人民共和国公民从国外寄交或者托交的授权委托书,必须经中华人民共和国驻该国的使领馆证明;没有使领馆的,由与中华人民共和国有外交关系的第三国驻该国的使领馆证明,再转由中华人民共和国驻该第三国使领馆证明,或者由当地的爱国华侨团体证明。第 264 条规定,在中华人民共和国领域内没有住所的外国人、无国籍人、外国企业和组织委托中华人民共和国律师或者其他人代理诉讼,从中华人民共和国领域外寄交或者托交的授权委托书,应当经所在国公证机关证明,并经中华人民共和国驻该国使领馆认证,或者履行中华人民共和国与该所在国订立的有关条约中规定的证明手续后,才具有效力。显然,按照上述规定进行,程序比较复杂。若想简化程序,则可以参照《民事诉讼法解释》第 525 条、第 526 条的规定进行。前者规定,外国人、外国企业或者组织的代表人在人民法院法官的见证下签署授权委托书,委托代理人进行民事诉讼的,人民法院应予认可。后者规定,外国人、外国企业或者组织的代表人在中华人民共和国境内签署授权委托书,委托代理人进行民事诉讼,经中华人民共和国公证机构公证的,人民法院应予认可。

被代理人对委托诉讼代理人的授权分为一般授权和特别授权两种,委托诉讼代理由此也可分为两种。(1)一般代理。即委托诉讼代理人仅是代当事人实施一般的诉讼行为,比如提出证据、进行答辩、申请回避等,不能实施涉及实体性处分的诉讼行为。(2)特别授权代理。诉讼代理人如果获得当事人的特别授权,就可以代当事人实施特定的实体性处分行为,比如代为承认、放弃、变更诉讼请求,进行和解,提起反诉、上诉、代领法律文书等。授权时越全面越好,比如最好将代领退还的诉讼费用和执行款项的权限也授予,以后代理人就可以代领相关费用。授权时切忌只是笼统地写"代理诉讼""全权代理"等。因为《民事诉讼法解释》第89条规定,授权委托书仅写"全权代理"而无具体授权的,视为一般授权。在诉讼实践中,很多当事人不知道如何授权,都是代理人负责填写好,由当事人签字。

最高人民法院在印发的《民事诉讼文书样式》中①,按自然人、法人或其他组织两类分别制定了授权委托书格式,但其没有具体描述如何授权,也没有标明代理期限。

笔者常用的授权委托书如下:

授权委托书
(公民委托诉讼代理人用)

委托人:×××,男/女,××××年××月××日出生,×族,……(写明工作单位和职务或者职业),住所:……联系方式:……

受委托人:×××,××律师事务所律师,联系方式:……

受委托人:×××,男/女,××××年××月××日出生,×族,……(写明工作单位和职务或者职业),住所:……联系方式:……受托人系委托人的……(写明受托人与委托人的关系)。

现委托×××、×××在……(写明当事人和案由)一案中,作为我方参加诉讼的委托诉讼代理人。

代理权限:

1. 一般代理;
2. 代为承认、变更、放弃诉讼请求、和解、调解、反诉、上诉等;
3. 代领法律文书、诉讼费用、执行费用。

代理期限:一审/二审/再审/

委托人(签名)
××××年××月××日

授权委托书
(法人或者其他组织委托诉讼代理人用)

委托单位:×××,住所……

法定代表人或主要负责人:×××,……(写明职务),联系方式:……

受委托人:×××,××律师事务所律师,联系方式:……

---

① 参见最高人民法院《关于印发〈人民法院民事裁判文书制作规范〉〈民事诉讼文书样式〉的通知》,法〔2016〕221号。

受委托人：×××，……(写明受托人所在单位及职务)，联系方式：……

现委托×××、×××在与……(写明当事人和案由)一案中，作为我单位参加诉讼的委托诉讼代理人。

代理权限：

1. 一般代理；
2. 代为承认、变更、放弃诉讼请求、和解、调解、反诉、上诉等；
3. 代领法律文书、诉讼费用、执行费用。

代理期限：一审/二审/再审/

委托单位(公章和法定代表人签名或签章)
××××年××月××日

委托人签署授权委托书，一式三份，一份交受理案件的法院，一份交承办律师附卷存档，一份交委托人。

同时，根据不同的代理人身份，准备好不同的材料。根据《民事诉讼法解释》第88条的规定，(1)律师应当提交律师执业证、律师事务所证明材料，律师事务所的证明材料就是加盖律师事务所公章的出庭函；(2)基层法律服务工作者应当提交法律服务工作者执业证、基层法律服务所出具的介绍信以及当事人一方位于本辖区内的证明材料；(3)当事人的近亲属应当提交身份证件和与委托人有近亲属关系的证明材料；(4)当事人的工作人员应当提交身份证件和与当事人有合法劳动人事关系的证明材料；(5)当事人所在社区、单位推荐的公民应当提交身份证件、推荐材料和当事人属于该社区、单位的证明材料；(6)有关社会团体推荐的公民应当提交身份证件和符合本解释第87条规定条件的证明材料。

出庭函的格式如下：

××律师事务所
出　庭　函

×××人民法院：

你院受理的×××与×××关于×××(写明案由)纠纷一案，现委托我所×××律师为其代理人参加本案诉讼。

特此函告。

××律师事务所
20　年　月　日

第二编 一审民事诉讼实务技巧

第三章 对纠纷的初步处理

第一节 界定当事人之间的实体法律关系

虽不能说没有实体法依据就不能提起诉讼,因为当事人根据法理或者程序法也可以起诉。前者如1987年的首例关于死者是否享有名誉权的"荷花女"名誉侵权案。① 该案的被告在诉讼中辩称:吉文贞早已死亡,保护死者名誉权没有法律依据。法院最终仍认定死者享有名誉权,毕竟实体立法永远都落后于社会发展。后者如消极确认之诉、第三人撤销之诉等。但在诉讼实践中,大部分诉讼确实都是根据实体法提起的。此时只有满足了实体法的规定,当事人才能胜诉。不以胜诉为目的的当事人虽不能说绝对没有,但毕竟是少数。因此,对于实体法明确规定当事人不能享有的权利,就不要提起诉讼。比如,《继承法》规定死者的遗产可以继承,并在第3条规定,遗产是公民死亡时遗留的个人合法财产,包括:(1) 公民的收入;(2) 公民的房屋、储蓄和生活用品;(3) 公民的林木、牲畜和家禽;(4) 公民的文物、图书资料;(5) 法律允许公民所有的生产资料;(6) 公民的著作权、专利权中的财产权利;(7) 公民的其他合法财产。那当事人可以起诉要求继承死者的宅基地吗?

▶【设例】

1981年2月,黄某以一户3人(黄某与妻子张某、大儿子)名义申请了宅基地建房。同年12月,小儿子出生。2002年大儿子结婚,同年年底黄某因病去世。2003年,小儿子因结婚另行申请了宅基地建房;大儿子也将房屋拆除,在原宅基地上建了新房,张某随大儿子居住。2004年,大儿子居住房屋面临拆迁,获得了拆迁补偿款3万余元和宅基地使用权补偿款9万余元。小儿子得知后,认为宅基地补偿款属于申请宅基地时的黄某、张某和大儿子共同所有,3人应各享有3万余元。父亲黄某已经去世,其享有的3万余元应作为遗产留给母亲、哥哥和自己共同继承。大儿子反对,双方对簿公堂。本案中,小儿子能否要求共同继承宅基地补偿款3万元?

[解析] 不能。宅基地使用权是一项特殊的用益物权,是特殊的财产,不应作为遗产继承。第一,宅基地的所有权属于村集体组织。《土地管理法》第8条规定,宅基地和自留地、自留山,属于农民集体所有。第二,从宅基地使用权的内部关系来看,属于家庭成员共有,不是被继承人的个人财产。《土地管理法》第62条规定:农村村民一户只能拥有一处宅基地,其宅基地的面积不得超过省、自治区、直辖市规定的标准。第三,宅基地使用权与房屋的所有权是分离的。房屋可以继承,继承房屋后可以继续使用房屋所占有的宅基地。第四,宅基地使用权具有人身依附性,与农民个人的集体经济组织成员资格紧密相关,因出生而获得(但并不一定实际享有),因死亡而消灭。一经设定即具有极强的人身依附性,禁止流转。黄某于2002年因

---

① 详情参见《人民法院案例选(1992年—1996年合订本)》(上),人民法院出版社1997年版,第533—535页。

病去世,失去其集体经济组织成员的资格,不再是宅基地使用权的主体,宅基地补偿款当然也无权享有,小儿子要求分割宅基地补偿款的诉讼请求于法无据。

由于实体法的规定很多,而不同的实体法规定会导致诉讼中的适格当事人、证明对象、证据、证明责任分配、管辖法院、责任形式等诸多诉讼要素之不同,并最终导致不同的诉讼结果。因此准确界定当事人之间的实体法律关系非常重要。

▶【案例】

高丽娅曾经是重庆市南岸区四公里小学的一名小学老师,按照学校的要求,高老师每年都将自己写的教案上交给学校,十余年来共计48本。后高老师因为撰写论文的需要要求学校返还教案,但学校只返还了4本,其余的教案或者被销毁或者被卖给了废品回收站。双方由此在教案问题上产生纠纷并最终"对簿公堂"。本案中,高丽娅以何种权利被侵犯起诉比较合适?

[解析] 实践中,高丽娅首先是以所有权被侵犯提起诉讼,要求学校归还44本教案和赔偿由此给自己造成的经济损失8800元。重庆市南岸区人民法院初次接收本案之后,认为原告、被告之间并非平等的民事主体,本案不属法院管辖范围,遂裁定不予以受理。高丽娅不服,上诉至重庆市第一中级人民法院(以下简称二审法院)。二审法院认为原告、被告之间以物权纠纷涉诉,属于平等主体,法院应予以管辖,遂裁定发回南岸区人民法院(以下简称一审法院)重审。一审法院正式受理并开庭审理后,认为:(1) 空白的教案本属于学校所有;(2) 高丽娅的教案不属"作品"范畴,不受著作权法保护;(3) 载有教案内容的教案本所有权的归属法无明文规定,当事人之间也无明确的约定,判决驳回高丽娅的诉讼请求。

高丽娅不服一审判决,再次向二审法院提出上诉。二审法院认定教案包含教师个人的经验及智慧,是教师为完成校方工作任务而创作的职务作品,但二审法院认为这样的职务作品应属于校方所有,遂判决驳回上诉,维持原判。

高丽娅不服二审判决,遂向检察院申请抗诉。本案经南岸区人民检察院、重庆市人民检察院第一分院、重庆市人民检察院三级检察机关仔细审查以后,重庆市人民检察院向重庆市高级人民法院提出抗诉。主要抗诉理由是:(1) 原审判决对于教案应否享有著作权的认定含混不清,杜绝了原告方就教案著作权归属问题寻求法律救济的途径。本案一审判决认定教案不属于"作品范畴",不受著作权法的保护;二审判决虽承认教案属于职务作品,但认为职务作品应当属于校方所有。生效判决的既判力为高丽娅可能从著作权角度寻求司法保护的救济途径设置了不可逾越的障碍。(2) 原审判决对于附有教案内容的教案本所有权归属认识错误,侵犯了原告对其作品载体的所有权。空白的教案本被校方发放到原告手里之后就处于一个不停地被使用和消耗的过程,原告高丽娅在消耗空白教案本的基础上创造了载有教案的教案本,应当原始取得载有教案的内容的教案本的所有权。重庆市高级人民法院受理抗诉后,指令重庆市第一中级人民法院再审。重庆市第一中级人民法院经开庭审理后作出再审判决。认为"高丽娅在向原审法院起诉时的诉讼请求为返还教案本或者赔偿损失,并未涉及著作权问题。原审判决亦没有对教案本是否具有著作权问题作出判决,如高丽娅认为其对教案本享有著作权,可以另案解决";而对于附载教案内容的教案本的所有权问题,再审判决仍然坚持原判决的意见,遂判决维持原判。

随后高丽娅又提起著作权侵权之诉,状告校方私自处理自己教案本的行为侵犯了其对于所写教案的著作权。后法院判决高丽娅对于自己所写教案享有著作权,校方的行为构成侵权。校方败诉后提出上诉,但由于未在指定期间内预交二审案件受理费,二审法院裁定本案按自动撤回上诉处理。一审判决自动生效,高丽娅胜诉。这一围绕著作权而展开的全国首例教案纠纷案终于划上一个较为圆满的句号。

重庆市第一中级人民法院(2005)渝一中民初字第603号民事判决书

对当事人之间的法律关系进行界定或者检索时首先应按从"大属到小种"的顺序进行。先判断是属于物权、债权、婚姻家庭还是知识产权。如果属于债权,再判断属于合同、侵权、无因管理、不当得利还是缔约过失。如果属于合同,再判断属于哪一类合同,买卖合同还是加工承揽合同。以此类推。对于大类,一般都好分析。困惑往往出现在最细的种类上。如建设工程合同和承揽合同。《合同法》第15章规定了承揽合同,第16章又规定了建设工程合同。但由于建设工程合同与承揽合同之间具有很大的共同性,如都以完成一定的工作为目的,标的物都具有特定性等,因而《合同法》第287条规定:"本章没有规定的,适用承揽合同的有关规定。"

但二者还是有以下区别:

第一,工作成果不同。一般承揽合同的工作成果是动产,而建设工程合同的成果主要是建设工程,包括房屋、公路、桥梁、水库等各种建设工程。其主要涉及的是不动产。

第二,权利义务内容不同。在建设工程合同中,如果建筑物的质量不合格,不仅会影响居住者的居住权益,甚至会威胁社会公众的安全。因此,建设工程合同的当事人的权利、义务内容要比一般的承揽合同更为复杂。例如,工程建设不仅有发包、承包、监理和验收等法定程序,还需要遵循法律规定的严格管理要求。

第三,合同主体的资质要求不同。在一般加工承揽合同中,对承揽的资质并无特殊要求,而在建设工程合同中,承包人必须具有相应的资质。

第四,在加工承揽合同中,主要由定作人提供材料,而在建设工程合同中一般由承包人自备材料。合同当事人也可以具体约定究竟由哪一方当事人提供材料。①

第五,合同的要式性不同。根据我国《合同法》的规定,建设工程合同应当采用书面形式;而承揽合同既可以是书面的亦可以是口头形式,而且在定作人为自然人时多采用口头形式。

第六,主要工作可否交由第三人完成不同。在建设工程合同中,总承包人或者勘察、设计、施工承包人经发包人同意,可以将自己承包的部分工作交由第三人完成,但主体工程必须自己完成;而在承揽合同中,除当事人另有约定外,承揽人应当以自己的设备、技术和劳力,完成主要工作。

第七,工作交由第三方完成时责任承担者不同。在建设工程合同中,第三人就其完成的工作成果与总承包人或者勘察、设计、施工承包人向发包人承担连带责任;而在承揽合同中,无论是承揽人经定作人同意将全部工作交由第三人完成,还是将辅助工作交第三人完成,都是由承揽人向定作人承担责任,第三人不向定作人承担责任。

第八,合同计价条款的变动性不同。一般来说,建设工程合同因工程量较大,工期较长,材料和费用在订立合同时难以准确计算,所以在结算时通常可以突破合同的计价条款。而承揽合同中的价款条款较为固定,除经双方协商变更外,一般应当按照合同中约定的价款计算。

第九,合同解除的条件不同。根据法律规定,承揽合同的定作人享有解除权,可以随时解除合同;而在建设工程合同中,除具备双方约定或者法定的解除条件时,是不允许随意解除合同的。

第十,一方违约时的救济方式不同。在承揽合同中,定作人解除合同后,承揽只能要求定作人赔偿损失,而不能要求继续履行;而在建设工程合同中,除特定情形外,一方违约时,对方当事人都可以要求其继续履行。

出现这种情况时就需要律师通过查阅实体法教科书、专门的研究文章、以往的判例加以界定。

在众多实体法律关系中,相对于合同法律关系、物权法律关系等而言,侵权法律关系比较特别。合同、物权等实体法律关系是否成立一般都好判断,仅是被告是否需要承担法律责任较难判断罢了。但有些侵权法律关系不论是成立还是被告需要承担的具体责任都不好判断。由于侵权的对象非常广泛,为了防止提起的侵权诉讼被法院判决驳回,原告一定要根据不同侵权法律关系的构成要件进行仔细分析,以确保侵权法律关系成立。

▶【设例】

申请人张三有一项设备发明专利申请,申请日后一年半公开,两年半授权。李

---

① 王利明:《合同法分则研究》(上卷),中国人民大学出版社2012年版,第400页。

四在申请日前也研制出相同的设备,并在申请日前做好了生产能力为1000台/月的准备,且此时已制造了500台存放其仓库内,从申请日至公开日期间其生产能力不断扩大,达到3000台/月,申请人张三通知李四支付适当费用,李四拒付,继续在公开日生产规模下生产和销售直到授予专利权。此时专利权人张三准备向人民法院提起诉讼。本案中,上述哪些实施行为构成侵权?

[解析] 本设例中,李四在申请日前生产的500台设备不在专利权保护期内制造的,因而不构成侵权行为。由于李四在公开日之前已经做好了生产1000台/月的准备,在此范围内享有先用权,张三对于李四在公开日与授权公告日期间的制造和销售行为虽然可以向人民法院提起诉讼要求其支付适当费用,但不构成侵权行为。故李四从公开日到授权的一年之中所生产、销售的设备中有$1000 \times 12 = 12000$台可以享受先用权,余下的应当支付适当费用。授权后的生产和销售行为通常都构成侵权行为,然而本案中李四由于具有1000台/月的先用权,故其余2000台/月构成侵权行为。

其次,应当分析当事人法律关系有无发生变更或变化。比如,当事人之间签订了合同,但合同可能几经变更,当事人之间的权利义务自然也随之发生变化。变更后的合同关系才是当事人之间真正的法律关系。再比如,当事人发生纠纷后,如果经人民调解委员会就纠纷的处理达成了调解协议,但对方又不愿意申请司法确认,根据《最高人民法院关于审理涉及人民调解协议的民事案件的若干规定》第1条之规定,此时的调解协议具有民事合同性质,合同关系就是双方的实体法律关系。

再次,当出现请求权竞合时,需要根据最有利于证明、有利于避开诉讼时效错过降低败诉风险、有利于最大限度实现当事人的利益原则来选定当事人之间的法律关系,并作为起诉的依据。

最常见就是侵权与合同之间的竞合。二者在诉讼时效、归责原则、管辖、责任形式等方面均存在差异。比如当事人坐公交车受伤,是依据《合同法》还是《侵权责任法》起诉呢?需具体情况具体分析。例如,1986年的《民法通则》第135条规定,向人民法院请求保护民事权利的诉讼时效期间为二年,法律另有规定的除外。第136条规定,身体受到伤害要求赔偿的,诉讼时效期间为一年。如果起诉是在事故发生一年之后,又无中止中断诉讼时效的情形,无疑选择违约最佳。即使没有超过诉讼时效,但受伤不严重,主张精神损害赔偿难以得到支持,则也应选择违约。因为违约实行过错推定,当事人无需证明公交公司存在过错。如果选择侵权的话,鉴于这种受伤实行过错归责,当事人就得举证证明公交公司存在过错,举证责任较重。倘若当事人受伤比较严重,精神损害赔偿有可能得到支持,则应当选择侵权,以便主张精神损害赔偿。另外,二者的管辖也不相同。根据《民事诉讼法》第27条的规定,公路运输合同纠纷提起的诉讼由运输始发地、目的地或者被告住所地人民法院管辖。根据第28条的规定,公路事故请求损害赔偿提起的诉讼,由事故发生地或者车辆最先到达地或者被告住所地人民法院管辖。在其他影响因素都相同的情况下,如想选择最近的法院起诉,则可据此选择法律关系。

对于有些竞合,法律明确规定只能选择某种法律关系时,就只能按照法律的规定,而不能按照自己的意愿进行选择。如《国家赔偿法》第 2 条规定,国家机关和国家机关工作人员行使职权,有本法规定的侵犯公民、法人和其他组织合法权益的情形,造成损害的,受害人有依照本法取得国家赔偿的权利。《最高人民法院关于审理人身损害赔偿案件适用法律若干问题的解释》第 12 条规定,依法应当参加工伤保险统筹的用人单位的劳动者,因工伤事故遭受人身损害,劳动者或者其近亲属向人民法院起诉请求用人单位承担民事赔偿责任的,告知其按《工伤保险条例》的规定处理。

最后,应根据当事人之间的实体法律关系分析被告是否存在法定的事实抗辩事由。诉讼中,被告针对原告所主张的请求原因事实除否认(是指被告向受诉法院陈述原告所主张的请求原因事实不存在)、自认(是指被告向受诉法院陈述原告所主张的请求原因事实是真实的)、沉默(是指被告对原告所主张的请求原因事实既未明确表示争执,亦未作出承认其存在之表示)、不知(是指被告对原告所主张的请求原因事实向受诉法院陈述"不知道、不清楚或不记得")的陈述等四种态度外,更多的就是提出事实抗辩。① 事实抗辩是指被告向受诉法院主张的能否定基于原告所主张之事实产生的法律效果的另一要件事实。此时,被告所主张的抗辩事实与原告所主张的请求原因事实乃两立之事实。比如说,原告起诉被告借钱不还,事实都为真实,但被告主张说此案已过诉讼时效。尽管这两个事实同时成立,但原告要求被告还钱的法律效果会被否定。

事实抗辩都是法律明确规定的,根据当事人之间的实体法律关系要找到它们并不难。但由于抗辩一词被滥用,有很多冠以"抗辩"字眼的规定并不都是事实抗辩,故识别出事实抗辩是第一步。如北京市高级人民法院《专利侵权判定指南》第 111 条以后规定了专利权效力抗辩、滥用专利权抗辩、不侵权抗辩、不视为侵权抗辩、现有技术抗辩及现有设计抗辩、合理来源抗辩等。根据事实抗辩的定义,其中专利权效力抗辩、滥用专利权抗辩、不侵权抗辩等均非事实抗辩。因为这些事实与原告主张的事实不能并存。从事实抗辩中选定抗辩事由后,准确理解该抗辩事由是第二步。如《专利法》第 69 条规定:"专为科学研究和实验而使用有关专利的"不视为侵权。但如何理解该规定,则需要进一步厘清,此时同样需要通过查阅实体法教科书、专门的研究文章、以往的判例加以界定。如北京市高级人民法院《专利侵权判定指南》第 123 条对此作了进一步说明,"专为科学研究和试验"是指专门针对专利技术方案本身进行的科学研究和试验,其目的在于研究、验证、改进他人的专利技术,在已有专利技术的基础上产生新的技术成果。在科学研究、实验过程中使用专利产

---

① 抗辩除了事实抗辩外,还有妨诉抗辩和证据抗辩。关于抗辩的详细论述可参见占善刚:《民事诉讼中的抗辩论析》,载《烟台大学学报(哲学社会科学版)》2010 年第 3 期。

品,其目的不是为了研究、改进他人的专利技术,而是利用专利技术方案作为手段进行其他技术的研究试验,或者是研究实施专利技术方案的商业前景等,其结果与专利技术没有直接关系的行为,该种行为构成侵犯专利权。

在被告可能提出的各种抗辩中,诉讼时效已过是最为常见的抗辩事由。起诉前,当发现原告的权利存在可能错过诉讼时效的情形时,作为原告律师,要学会选择请求权,以规避诉讼时效之错过。尽管《民法总则》第193条规定,人民法院不得主动适用诉讼时效的规定。《关于审理民事案件适用诉讼时效制度若干问题的规定》第3条也规定,当事人未提出诉讼时效抗辩,人民法院不应对诉讼时效问题进行释明及主动适用诉讼时效的规定进行裁判。但千万不能寄希望于被告在诉讼中不会提出诉讼时效抗辩。在提起诉讼时,尽量选择不适用诉讼时效的请求权或者没有错过诉讼时效的请求权。前者如《民法总则》第196条规定,下列请求权不适用诉讼时效的规定:(1)请求停止侵害、排除妨碍、消除危险;(2)不动产物权和登记的动产物权的权利人请求返还财产;(3)请求支付抚养费、赡养费或者扶养费;(4)依法不适用诉讼时效的其他请求权。《关于审理民事案件适用诉讼时效制度若干问题的规定》第1条规定,当事人可以对债权请求权提出诉讼时效抗辩,但对下列债权请求权提出诉讼时效抗辩的,人民法院不予支持:(1)支付存款本金及利息请求权;(2)兑付国债、金融债券以及向不特定对象发行的企业债券本息请求权;(3)基于投资关系产生的缴付出资请求权;(4)其他依法不适用诉讼时效规定的债权请求权。

又如物权不适用诉讼时效,但债权适用。因此,当出现物权和债权竞合时,而债权又过了诉讼时效时,应当选择以物权为依据提起诉讼。

▶【设例】

原告冯老太与前夫共生育了三男、三女六个孩子,前夫于20世纪60年代不幸去世,另有一个女儿未结婚生子,也于80年代去世。两位亡者都未留下遗嘱。原告冯老太与前夫在1964年共同购置了三件红木家具,并一直存放在位于上海市长宁区虹桥地区的住房内,由原告与子女共同使用。90年代时市政动迁后"原拆原回",冯老太被安置与自己的小儿子共同居住。红木大橱和梳妆台一直存放在小儿子使用的大房间内,红木床置放在冯老太自己的小房间内使用。2000年,冯老太再婚,便搬至配偶处居住,而红木家具一直留在原来的房屋内。2010年,冯老太与小儿子为红木家具归属经常发生争执,经居委会协调还是没有结果,冯老太准备起诉。本案中,冯老太应当选择何种权利起诉?

[解析] 从理论上讲有两种选择:一是以继承权被侵犯起诉;一是要求分割共有财产。如果以前者起诉的话,由于《继承法》第8条规定:"继承权纠纷提起诉讼的期限为二年,自继承人知道或者应当知道其权利被侵犯之日起计算。但是,自继承开始之日起超过二十年的,不得再提起诉讼。"最高人民法院《关于贯彻执行〈中华人民共和国继承法〉若干问题的意见》18条规定,自继承开始之日起的第十八年至

第二十年期间内,继承人才知道自己的权利被侵犯的,其提起诉讼的权利,应当在继承开始之日起的二十年之内行使,超过二十年的,不得再行提起诉讼。很显然,冯老太的继承权纠纷已经过了诉讼时效。如果冯老太以后者起诉,仅是将法定继承作为形成共有的原因,现要求分割共有财产,由于这属于物权问题,不适用诉讼时效,也就不存在错过诉讼时效一说。

对于均需适用诉讼时效的债权,由于合同债权和侵权债权的起算点不一样,是否错过诉讼时效自然也不一样。

▶【设例】

甲公司因承接一项政府工程,2011年1月与乙公司签订加工承揽合同一份,由甲公司提供钢材,乙公司负责加工钢桶。甲公司在2013年底之前支付30%的加工费。后甲公司由于承接的政府工程发生变故,钢桶已没有用处,便不再提供钢材制作剩余的钢桶,对已经制作好的钢桶没有要求乙公司交货,也没有向乙公司支付加工费。到2017年,乙公司准备起诉甲公司。本案中,乙公司应如何起诉?

[解析] 很显然,如果乙公司起诉要求甲公司支付30%的预付加工费的话,肯定已经过了诉讼时效。不过,《合同法》第268条规定,定作人可以随时解除承揽合同,造成承揽人损失的,应当赔偿损失。第264条规定,定作人未向承揽人支付报酬或者材料费等价款的,承揽人对完成的工作成果享有留置权,但当事人另有约定的除外。《物权法》第230条规定,债务人不履行到期债务,债权人可以留置已经合法占有的债务人的动产,并有权就该动产优先受偿。如果乙公司将已经制作好的钢桶行使留置权,进行拍卖,拍卖后的价款不足以赔偿自己的加工费损失,再主张赔偿损失的话,就无错过诉讼时效的问题。

第二节 确定应对策略

了解清楚当事人之间的纠纷成因及具体法律关系后,并不是立即起诉对方或者应诉,而是应当根据具体情况选择合适的策略。常见的策略有:

▶一、同对方当事人进行沟通

接受委托后,可以同对方当事人进行联系。目的在于:(1)了解对方当事人对纠纷的描述,看是否与己方当事人的描述相一致。了解对方当事人对纠纷的态度和看法,以便确定双方的分歧之所在。(2)看看有无调解的可能。如果能够通过调解解决的话,既高效又不伤当事人之间的感情,两全其美。(3)即使无法调解的话,也有助于进一步印证对当事人之间实体法律关系的分析。

▶【案例】

北京昌平某村进行拆迁。当事人找到笔者,要求代其起诉在外地的兄长,理由是其兄长霸占了应该属于他的那一部分拆迁款。笔者接受委托后,与其兄长联系。其兄长告诉笔者,事情不是这样的。被拆迁的房屋属于他们父亲的,拆迁款也应属于父亲。鉴于父亲年事已高,同时为了防止兄弟姐妹们争夺拆迁款,他才控制了全部拆迁款。见此情形,笔者问他是否愿意把所有兄弟姐妹召集在一块,商量一个解决办法。他表示完全同意并负责召集其他兄弟姐妹,后在笔者支持下达成一个协议,父亲的拆迁款由这位兄长负责管理,父亲的所有开支从拆迁款里支出,但需有明细和相应凭证。在父亲过世后,剩余的款项在兄弟姐妹之间平均分配。纠纷得到顺利解决。

▶二、向对方发出律师函

如果对方不愿意进行沟通,且对方的行为系持续性侵权行为,那么可以向对方发出律师函,要求对方停止侵权行为。有些侵权人在收到律师函之后,就有可能停止侵权行为,如果没有多大物质损失的话,纠纷就得到了解决。在专利侵权中,在发出的律师函中还可以要求对方与己方签订专利使用许可合同,一旦对方愿意签署,纠纷也就得到了彻底解决。

▶三、决定起诉或应诉

当前述路径都行不通,或者当事人不愿意走前述路径要求直接起诉或应诉时,也可以直接起诉或应诉。

第三节　初步确定证明对象

在决定了要起诉或应诉,确定了当事人之间的实体法律关系及可能的抗辩事由之后,接下来就是要收集证据。要知道收集哪些证据,得知道证明对象是什么,哪些是免证对象。因为证明对象决定了需要的证据。证明对象不同,需要收集的证据也不同。

证明对象可以分为两个层次:一个是理论上的证明对象,一个是诉讼实践中的证明对象。前者主要包括:(1)实体法要件事实;(2)用来推导要件事实是否存在的间接事实;(3)程序性事实,如前置程序问题,当事人适格等;(4)证据事实;(5)外国法律和地方性法规;(6)特殊经验法则。

理论上的证明对象如满足了下列三个条件,就成为了实际诉讼中各个当事人的证明对象。第一,当事人之间对该事实存在分歧、存在争执。第二,该事实对民事纠纷的解决具有法律上的意义。对解决纠纷具有法律意义的事实是指在纠纷的解决过程中不可缺少的事实。第三,该事实不属于免证对象。根据《民事诉讼法解释》第93条的规定,免证事实包括:(1)自然规律以及定理、定律;(2)众所周知的事实;(3)根据法律规定推定的事实;(4)根据已知的事实和日常生活经验法则推定出的另一事实;(5)已为人民法院发生法律效力的裁判所确认的事实;(6)已为仲裁机构生效裁决所确认的事实;(7)已为有效公证文书所证明的事实。起诉前,对于原告律师而言,被告是否有争执尚不清楚,因此,只能按照被告会争执的全部证明对象来收集证据。对于被告律师而言,由于已经收到了原告的起诉书副本,哪些事实自己不认可,自己还会提出哪些抗辩,基本可以确定,证明对象随之也得以确定,收集证据起来相对要精准些。

即使确定了证明对象,但诉讼中通常有两方当事人,即原告和被告。证明还有一个由谁先开始的问题,在应先开始证明的当事人没有证明或者证明没有达到证明标准之前,对方当事人无需进行反证。因此当事人还需清楚某一证明对象应当由谁负责先进行证明。比如违约纠纷。如果原告指控被告作为违约,则"合同成立且有效,被告有作为行为"都应由原告先开始证明。如果原告指控被告不作为违约,则"合同成立且有效"是原告的证明对象,"被告不作为"则不应由原告先开始证明,而应由被告先证明自己的作为。

在诉讼实践中,争议最多的就是与实体法构成要件相对应的要件事实。"要件事实,是与发生某一法律效果(权利的发生、妨碍、消灭、阻止)所必需的法律要件之构成要素相对应的具体事实。"①由于不同的实体权利有不同的构成要件,这些构成要件所对应的不同的要件事实就是诉讼中的证明对象。因此在诉讼开始之前,一定要清楚实体法规定的权利构成要件包括哪些。

比如侵权行为之债,首先得证明是什么权利被侵犯了。有些被侵犯的权利其类型或性质很明显,无需证明,如名誉权、身体权等,但有些则必须证明。比如《反不正当竞争法》第10条规定,不得采用下列手段侵犯商业秘密:(1)以盗窃、利诱、胁迫或者其他不正当手段获取权利人的商业秘密;(2)披露、使用或者允许他人使用以前项手段获取的权利人的商业秘密;(3)违反约定或者违反权利人有关保守商业秘密的要求,披露、使用或者允许他人使用其所掌握的商业秘密(第1款)。第三人明知或者应知前款所列违法行为,获取、使用或者披露他人的商业秘密,视为侵犯商业秘密(第2款)。本条所称的商业秘密,是指不为公众所知悉、能为权利人带来经济利益、具有实用性并经权利人采取保密措施的技术信息和经营信息(第3款)。若原告准备以被告侵犯其商业秘密起诉,鉴于商业秘密是一种信息,原告第一步是提供可感知的信息载体,然后从载体中归纳出商业秘密的内容,即"商业秘密点"。第二步再证明商业秘密点满足以下三个要件:一是,不为公众所知悉;二是,能为权利人带来经济利益、具有实用性;三是,权利人采取了保密措施。

---

① 许可:《民事审判方法:要件事实引论》,法律出版社2009年版,第40—41页。

其次是证明被告的行为是否构成侵权,对此由于归责原则的不同,构成要件也不同。实行过错归责的话,构成要件有四:损害结果、加害行为、二者之间存在因果关系、行为人存在过错。实行过错推定归责、无过错归责或者公平归责的,构成要件有三:损害结果、加害行为、二者之间存在因果关系。

明确了实体法构成要件之后,就需要在当事人之间进行分配,让其成为具体当事人的证明对象,且需让当事人清楚用什么方式来证明。从证明方式上,当事人对于负有证明责任的证明对象应进行证真,另一方负责进行证伪。在结合当事人的身份以及证明方式后,侵权行为的证明对象确定如下:在过错归责的情况下,原告的证明对象就有四个:损害结果、加害行为、二者之间存在因果关系、行为人存在过错。原告需要证实这四个要件都存在。在原告没有证实这四个证明对象之前,被告无需进行反驳。一旦原告证明了这四个构成要件,被告就需要进行证伪,否则就要承担法律责任。但被告只要证伪了四个对象中的任何一个,就可以胜诉。能证伪多个,就更加稳妥。

在过错推定归责的情况下,原告的证明对象有三个:损害结果、加害行为、二者之间存在因果关系。被告反驳的对象也是这三个。即使原告证实了这三个证明对象,被告仍然可以通过证明自己没有过错来使自己免责。

在无过错归责的情况下,原告的证明对象有三个:损害结果、加害行为、二者之间存在因果关系。被告反驳的对象也是这三个。即使原告证实了这三个证明对象,被告仍然可以通过证明存在免责事由来使自己免责。被告负责证真的证明对象是抗辩事由。如《侵权责任法》第73条规定,从事高空、高压、地下挖掘活动或者使用高速轨道运输工具造成他人损害的,经营者应当承担侵权责任,但能够证明损害是因受害人故意或者不可抗力造成的,不承担责任。被侵权人对损害的发生有过失的,可以减轻经营者的责任。其中"受害人故意"和"不可抗力"就属于抗辩事由,系被告的证明对象,并由被告负责证真。

在公平归责的情况下,原告的证明对象有三个:损害结果、加害行为、二者之间存在因果关系。被告反驳的对象也是这三个。一旦原告证实了这三个证明对象,被告就无法逃避责任了。

归责原则	证明对象(原告)				证明对象(被告)
过错	损害结果	行为	因果关系	过错	
过错推定	损害结果	行为	因果关系		没有过错
无过错	损害结果	行为	因果关系		免责事由
公平	损害结果	行为	因果关系		
证明方式	原告证实				被告证伪
	原告证伪				被告证实

以上对侵权诉讼证明对象的分析似乎已经很具体了,但仍只是类型化的结果。在具体的侵权诉讼中,对于其中有些证明对象如侵权行为,还需作进一步的细化,因为不同的侵权行为有不同的表现形式。

侵权行为还可以分为作为的侵权和不作为的侵权,二者的证明方式并不相同。通常,作为的侵权行为由原告证明,不作为的侵权行为由被告证明,但也并不总是如此,比如网络名誉侵权诉讼。《侵权责任法》第36条第2款规定,网络用户利用网络服务实施侵权行为的,被侵权人有权通知网络服务提供者采取删除、屏蔽、断开链接等必要措施。网络服务提供者接到通知后未及时采取必要措施的,对损害的扩大部分与该网络用户承担连带责任。如果原告不知道侵权帖子的发布主体,决定起诉网络服务提供者,就得先确定网络服务者存在侵权行为。这显然是一个不作为侵权。此时原告必须举证证明向网络服务提供者发出了合法的通知,然后再由网络提供者举证自己不删除或断开链接的抗辩事实。根据最高人民法院《关于审理利用信息网络侵害人身权益民事纠纷案件适用法律若干问题的规定》第5条第1款的规定,被侵权人以书面形式或者网络服务提供者公示的方式向网络服务提供者发出的通知,包含下列内容的方为有效:(1) 通知人的姓名(名称)和联系方式;(2) 要求采取必要措施的网络地址或者足以准确定位侵权内容的相关信息;(3) 通知人要求删除相关信息的理由。

在实体法要件事实之外,争议最多的就是诉讼要件。"诉讼要件"是指法院对本案实体权利义务争议问题继续进行审理并作出实体判决的要件。① 主要涉及三个方面:当事人(存在、诉讼行为能力、适格、诉讼实施权)、法院(主管和管辖)和诉讼标的(不曾系属、无发生既判力的裁判、具有诉的利益)。诉讼要件虽然属于法院依职权审查的对象,但对方当事人也有可能提出异议。无论是法院依职权还是对方当事人提出,原告都需要提供证据证明诉讼要件已满足。比如,原告拟起诉在网上发帖损害自己名誉的被告,但由于帖子并没有指名道姓,原告就得预见到被告在诉讼中很有可能提出原告不是适格的当事人,这在诉讼中很有可能成为证明对象。

---

① 关于诉讼要件的详细说明,参见张卫平:《起诉条件与实体判决要件》,载《法学研究》2004年第6期。

第四章 证据的收集与整理

作为原告需要收集的证据主要包括两大类：一类是起诉证据；一类是证明案件事实的证据。最高人民法院《关于民事诉讼证据的若干规定》(以下简称《民事证据规定》)第1条规定，原告向人民法院起诉或者被告提出反诉，应当附有符合起诉条件的相应的证据材料。起诉证据是指原告在起诉时必须提交用以证明当事人身份和法院管辖权的证据，主要包括证明当事人身份、确定管辖、代理权的相关证据，如自然人的身份证复印件、法人的企业法人营业执照复印件、法定代表人身份证明、管辖协议、授权委托书等。证明案件事实的证据在起诉时能交就交，不能交也没关系，可以在举证时限内提交。作为被告，主要是收集证明案件事实的证据、具体反驳原告证据的证据或者抗辩事实的证据。

第一节　收集诉讼证据（证明案件事实的证据）

《民事证据规定》第63条规定，人民法院应当以证据能够证明的案件事实为依据依法作出裁判。证据能够证明的事实与客观事实有可能吻合也有可能不吻合。吻合是最好的，不吻合时则以证据证明的事实为准。因此，证据是诉讼的基石。

▶【案例】

2001年9月3日，原告李兆兴持借款借据、国有土地使用证、购房合同等证据向广东省四会市人民法院提起诉讼。该借条的内容为："今借李兆兴现金壹万元正（1万元）作购房之用（张妙金跟陈超新购入住房一套），现定于今年八月底还清，逾期不还，将予收回住房。此致借款人张妙金、父张坤石、母陆群芳、妹张小娇，2001年5月1日。"李兆兴诉称张妙金等四人未能按期还款，请求法院判令他们归还借款和利息并承担诉讼费用。四会市人民法院经审查认为，原告的起诉符合法律规定的条件，依法决定立案，并确定适用简易程序审理，排定由该院民庭审判员莫兆军独任审判，书记员梁志均担任记录；案件编号为(2001)四民初字第645号，开庭日期为2001年9月27日上午。同月7日四会市人民法院向被告张妙金、张坤石、陆群芳、张小娇送达了原告李兆兴的起诉状副本，以及举证通知书、应诉通知书、开庭传票。2001年9月27日上午，莫兆军法官依照法律规定的民事诉讼简易程序审理这一借款纠纷案。原、被告双方均到庭参加诉讼。莫兆军在庭审的过程中，依照法律规定进行了法庭调查、质证、辩论和调解。经调查，原、被告双方确认借条上"张坤石、陆群芳、张小娇"的签名均为其三人本人所签，而签订借据时张妙金不在现场，其签名为张小娇代签。但被告张小娇辩称，借条是因2001年4月26日其装有房产证的手袋被一名叫冯志雄的人抢走，其后冯志雄带原告李兆兴到张家胁迫其一家人签订的，实际上不存在向原告借款的事实;事发后张氏一家均没有报案。当天的庭审因被告一方表示不同意调解而结束。2001年9月29日,四会市人民法院作出(2001)四民初字第645号民事判决,判令被告张坤石、陆群芳、张小娇于判决生效后10日内清还原告李兆兴的借款1万元及利息,并互负连带清还欠款责任;被告张妙金不负还款责任。同年10月12日,判决书送达双方当事人。原告李兆兴表示没有意见,被告一方认为判决不正确,表示将提出上诉。但直至上诉期限届满,被告一方始终没有提交上诉状和交纳诉讼费用,该民事判决发生法律效力。2001年11月8日,李兆兴向四会市人民法院申请执行。该院依程序于同月13日向被告张坤石等人送达了执行通知书,责令其在同月20日前履行判决。同月14日中午,被告张坤石、陆群芳夫妇在四会市人民法院围墙外服毒自杀。张坤石、陆群芳自杀后,四会市公安机关进行侦查,查明李兆兴起诉所持的"借条"确是李兆兴伙同冯志雄劫取张小娇携带的"国有土地使用证"后持凶器闯入张氏一家的住宅,胁迫张坤石、陆群芳、张小娇写下的。后检察机关以玩忽职守罪对莫兆军法官提起公诉,一、二审法院均认为,被告人莫兆军作为司法工作人员,在民事诉讼中依照法定程序履行独任法官的职责,按照民事诉讼证据规则认定案件事实并作出判决,没有出现不负责任或不正确履行职责的玩忽职守行为,客观上出现的当事人自杀结果与其职务行为之间没有刑法上的必然因果关系,其行为不构成玩忽职守罪。

广东省高级人民法院(2004)粤高法刑二终字第24号刑事裁定书

在证明对象确定后,就可以根据证明对象来收集证据。收集此类证据关键要掌握收集证据的方式。

民事诉讼中,当事人自行取证是原则,法院依职权取证是例外。根据《民事诉讼法解释》第96条的规定,人民法院仅对以下事项依职权取证:(1)涉及可能损害国家利益、社会公共利益的;(2)涉及身份关系的;(3)涉及公益诉讼的;(4)当事人有恶意串通损害他人合法权益可能的;(5)涉及依职权追加当事人、中止诉讼、终结诉讼、回避等程序性事项的。法院依职权取证一般仅发生在诉讼中。

▶ 一、自行取证

律师取证注意的问题主要是要确定取来的证据满足客观性、关联性、合法性的要求,尤其是合法性。合法性主要包括以下三个方面:

(1)证据主体合法。证据主体合法,是指形成证据的主体须符合法律的要求。法律对有些证据的形成主体有特殊要求。比如,鉴定意见一般需委托给具有鉴定资格的单位,由该单位中具有鉴定资格的人员出具。否则就是不合法的证据。再如,《民事诉讼法》第72条第2款规定:"不能正确表达意思的人,不能作证。"如果证人的年龄、智力状况或者精神健康状况与待证事实不相适应,就属于不能正确表达意思的人,其所作的证人证言就不具有合法性。

(2) 取证方法合法。无论当事人、诉讼代理人还是法院取证,都不得违反法律的强制性规定。如《民事诉讼法解释》第106条规定:"对以严重侵害他人合法权益、违反法律禁止性规定或者严重违背公序良俗的方法形成或者获取的证据,不得作为认定案件事实的根据。"再如,第97条规定:"人民法院调查收集证据,应当由两人以上共同进行。调查材料要由调查人、被调查人、记录人签名、捺印或者盖章。"

▶【案例】

在一起离婚诉讼中,丈夫有婚外情,妻子钱某知道丈夫在第三者孙某的住宅后,叫上自家3男3女6个亲戚去"捉奸"。破门进入第三者的住所后,钱某先拍摄了丈夫和第三者同睡一床的照片,然后,同去的3名男性将男方围住,钱某上前殴打第三者,并强行剥去了她的内裤,孙某用毯子遮盖自己的身体,躲闪不及,觉得自己受到了侮辱。为此,她诉至法院,要求钱某赔礼道歉并赔偿精神抚慰金5万元。法院审理后认为,公民享有名誉权,公民的人格尊严受法律保护,钱某调查收集丈夫不忠于妻子的证据未尝不可,但其行为应合乎法律规定。钱某在孙某的房屋内,侵害了其人格权及隐私权,构成了对她的精神损害。因此钱某对此应承担民事责任。

后来这份"捉奸"的证据在离婚诉讼中也没被法院采纳,因为证据取得的方式不合法。

在上例中,如果妻子破的是自家的门,在自家床边,举起照相机、摄像机"咔嚓"摄下床上配偶与第三者有不正当关系的照片,对第三者也没有人身侮辱等过激出格行为,照片也没有外传,所取证据仅用于离婚诉讼,那就是合法的,应会被法院采信。

(3) 证据形式合法。当法律对证据形式有要求时,还必须符合法律规定的要求。例如,《民事诉讼法解释》第115条规定,单位向人民法院提出的证明材料,应当由单位负责人及制作证明材料的人员签名或者盖章,并加盖单位印章。《继承法》第17条第3款规定,代书遗嘱应当有两个以上见证人在场见证,由其中一人代书,注明年、月、日,并由代书人、其他见证人和遗嘱人签名。

取证是律师的基本功,如果取不来证据,有理的官司也赢不了。取证的主要路径有:

第一,通过当事人取证。

了解当事人手上是否持有证据,如合同、借据、结婚证、房产证、购物发票等。如果有则需要查看当事人拥有的证据原件,切记不要仅根据当事人描述的证据就提起诉讼。

▶【案例】

某原告借款给被告,被告用一张16开(与A4相差无几)的纸,写下借据,由于所写内容不多,被告所写借款等内容只占用了该纸的上半部分,被告签名在下半部分。原告当时就将该借据折叠起来保管。后原告多次持借据向被告索要欠款未果,便找律师起诉被告要求归还借款。律师听后觉得案情简单,且原告有借据在手,胜诉应毫无问题。于是在没有查看原告证据原件的情况下便一纸诉状将被告告上法庭。法庭上当原告律师信心十足地准备法庭举证时,原告拿出来的借据让律师大惊失色。原来由于原告多次翻动使用借据,加上借据纸张不好,该借据已从中间断开,且下半页已丢失,被告也不承认借过原告的钱。最终法院以原告证据不足为由判原告败诉。

如果证据不在当事人手上,但通过当事人可以取到,则律师应指导当事人将原件、原物取来。如合同在当事人的朋友手上,则指导当事人从其朋友处将原件取来。当事人知道的证人,通过当事人联系证人,了解证人的年龄、心智、是亲眼目睹、亲耳所闻还是道听途说的案件事实,与当事人的关系等。因为证人的年龄、心智、是否了解案件事实将决定证人是否具备证人资格。了解证人与当事人的关系以判断证言的证明力。如果证人与当事人存在利害关系的话,其证言的证明力将被削弱,根据《民事证据规定》第69条,与一方当事人或者其代理人有利害关系的证人出具的证言,不能单独作为认定案件事实的依据,可能还需要搜集其他证据加以补强。

若证人拒绝出庭作证,则需要当事人帮助做证人的思想工作。对于拟出庭作证的证人,还需要对证人进行培训,告诉其证明对象是什么,如何围绕证明对象进行陈述。如车祸中的证人拟证明被告闯红灯导致车祸发生,则需告知证人说清楚以下事项:自己所处的位置,时间,地点,什么车牌的车撞了什么车牌的车,当时的红绿灯情况,哪个方向是红灯,哪个方向是绿灯。并告知证人出庭作证时的注意事项:如出庭时携带身份证件,开庭时不能旁听庭审、需在庭外等待,作证前需签署如实作证承诺书,作完证后不能马上离开,需等待庭审结束阅读笔录签字等。对于因客观原因如出国或生命垂危等导致日后可能无法出庭作证的证人,则应采取证据保全措施。

需要通过当事人才能偷录偷拍的,律师应指导当事人进行有效的偷录偷拍。偷录偷拍分为有沟通的偷录和无沟通的偷拍。对于偷录应告诉当事人:一是录音应尽早进行。越早进行,取证对象越无防备,特别是在初次交涉时,一般不会歪曲事实,这个时候的谈话录音价值最大。而在几经交涉后,对方往往会从有利自身的角度进行叙述,或者持防备态度。地点的选择,也非常重要,应该尽量寻找比较安静和不受干扰的地方,能够获得较好的录音效果。二是录音器材尽量选择体积小、易隐藏、录音时间长、音质高的设备。手机、相机、采访机、录音笔或带录音功能的MP3都可以,最好是可以进行复制的。三是选择恰当的录音方式。电话录音一般不如现场录音效果好,在谈话出现分歧时,取证对象如果不想继续的话,可能会把电话挂断,而在当面谈话时,即使出现一些争论也能够继续。四是既然是私录,最重要的就是不能让取证对象察觉你是在录音,所以神态、语气都要自然,如果是熟人,更要注意。必要时可以先练习几遍。五是取证前明确取证的事项和希望对方承认的事实。拟好谈话提纲,包括事先考虑好所提示的问题和对方可能的态度、诱导对方表态的方法等。至于是否要事先约见,则应根据情况而定,径直上门容易获得"攻其不备"的效果,但也有可能遇到意外情况,如被对方拒绝或者因其他原因使得谈话被中断。一是谈话开始时交代一下时间、地点,明确各方谈话者的身份和与谈论事实的关系,在交谈时尽量用全名称呼,以增强录音的关联性和可信度。二是注意与其他证据的内容相互印证,因为有其他证据佐证是录音证据被采信的条件。三是谈话内容不要涉及与案情无关的个人隐私或商业秘密,也不要采用要挟口吻,否则可能会被认定为不合法而不予采信。四是着眼于事实的叙述、承认或否认,不要纠缠于法律责任的争论。五是注意控制谈话时间,能问到希望对方承认的事实,说到要点即可。六是必要时可以请公证机关公证录音过程,确保录音证据的合法性。

另外,必要时律师应指导当事人申请国家机关取证。如当事人以婚外情为由起诉时必须取得配偶有婚外情的证据,但当事人不能为了掌握配偶与第三者同居的证据,而擅自闯入他人住宅进行取证。因为这样取证的方式不合法,可能会引发私闯民宅侵权问题。遇到这类情况,应当指导当事人一旦确定配偶与第三者同居,最好的办法就是拨打"110"报警,由执行公务的公安人员进入住宅,然后进行询问笔录,从而证实配偶与第三者的同居事实,这样的证据法庭一般会采纳。

第二,律师自行取证。

对于不存在任何人控制下的证据,如车祸现场、打架斗殴现场,律师应当前往现场进行考察,并绘制现场平面图。这既有利于了解案件的真实情况,也有利于日后盘问证人。

对于在他人控制下的证据,应当持律师证、律师事务所介绍信前往取证。我国《律师法》第35条第2款规定:"律师自行调查取证的,凭律师执业证书和律师事务所证明,可以向有关单位或者个人调查与承办法律事务有关的情况"。现实生活中,有些法律法规明确规定,某些内容如公民个人身份信息只能由律师查询。安徽省公安厅、安徽省司法厅《关于律师查询公民户籍登记资料有关问题的通知》(皖司通〔2015〕1号)第1条就规定,依法取得律师执业证书的执业律师,因所承办法律事务需要可以查询公民户籍登记资料。未取得律师执业证书的律师执业实习人员、律师助理人员不得单独查询公民户籍登记资料。此外,有些单位、企业对于当事人自行取证,不予配合,只接受律师的取证。此时律师就可以持律师证、律师事务所介绍信前往取证。

当从有关机关调取的证据系复印件时,务必要求加盖原件保管机关的公章。这是因为我国《民事诉讼法》第70条规定,书证应当提交原件。物证应当提交原物。提交原件或者原物确有困难的,可以提交复制品、照片、副本、节录本。《民事诉讼法解释》第111条第1款第3项规定,原件在他人控制之下,而其有权不提交的,当事人可以提交复印件。根据《民事证据规定》第65条的规定,审判人员需对复印件、复制品与原件、原物是否相符进行审核认定。

在调取证据时,应当调取证明力最大的证据。比如证明有纳税记录当事人收入的证据,可以是当事人单位出具的收入证明,也可以是税务机关的纳税证明。但因后者是公文书,证明力大于系私文书的前者,故应当调取后者。

第三,申请证据保全。

对于可能毁损、灭失或以后难以取得的证据,如名誉侵权的网页,律师应当代当事人申请证据保全。起诉前,既可以向法院申请证据保全,也可以向公证机关申请保全。

第四,申请鉴定。

对于诉讼中的专业问题往往需要聘请专业机构进行鉴定,以得出鉴定意见。

《民事证据规定》第25条第1款规定,当事人申请鉴定,应当在举证期限内提出。符合本规定第27条规定的情形,当事人申请重新鉴定的除外。第28条规定,一方当事人自行委托有关部门作出的鉴定结论,另一方当事人有证据足以反驳并申请重新鉴定的,人民法院应予准许。根据该规定,无论是在起诉前还是诉讼中,当事人都可以申请鉴定。诉前自然只能由一方当事人自行选定鉴定机构。在诉讼实践中,由于鉴定费用不菲,但鉴定机构作出的鉴定意见不一定对委托人有利,为防止有的委托人找鉴定机构的麻烦,很多鉴定机构不接受个人委托,只接受法院的鉴定委托。因此,代理律师在申请诉前鉴定时一定要询问清楚鉴定机构是否接受委托。诉讼中,鉴定机构的选择可以由当事人协商确定,也可以通过摇号确定。后者使用得最多。在通过摇号确定鉴定机构的过程中,当事人可以在场。

具体鉴定哪些事项遵循处分原则,由当事人提出。不同的纠纷,需要鉴定的事项也不一样。比如,建设工程司法鉴定事项包括建设工程质量缺陷鉴定、质量缺陷修复方案鉴定、建设工程造价鉴定、修复方案造价鉴定、工期索赔(含工期顺延天数和费用损失)鉴定等。对于遗嘱,鉴定事项包括鉴定遗嘱是否系死者亲笔书写、形成时间、是否系原件等。对于医疗纠纷,常见的鉴定事项包括是否存在医疗过错、过错参与度等。

如果鉴定事项有遗漏、表述不明确或者不妥当,有可能导致得出的鉴定意见并不能证明申请人的主张,也有可能导致鉴定无法进行。

▶【案例】

在原告林淑贞与被告山东晟隆实业有限公司(以下简称晟隆实业公司)、晟隆农业科技有限公司(以下简称晟隆科技公司)、山东谷际生物科技有限公司(以下简称谷际生物公司)、山东瑞生置业有限公司(以下简称瑞生置业公司)、冯玲玲、刘园园、徐建飞民间借贷纠纷一案中,被告晟隆实业公司、晟隆科技公司、谷际生物公司提出鉴定申请,理由为:被告晟隆实业公司向原告林淑贞借款200万元,由冯玲玲作为签字代表,并由被告晟隆科技公司、谷际生物公司、冯玲玲、刘园园、徐建飞提供担保,双方签订了编号为HX2011081902的借款合同,该合同载明借款200万元、违约金条款及特别注明的抵押和恢复被告瑞生置业公司股权结构条款,同时,应林淑贞要求,申请人向林淑贞提供了签字盖章的未署名金额空白借条。在其后的合同履行及还款过程中,因林淑贞要求的利息过高,超出约定内容及法律规定,造成双方意见不一致,形成还款违约,本案原告林淑贞提交的借款合同正是由这些签字盖章后的空白借条所产生,系伪造。该伪造合同与申请人于2011年8月19日所签署的编号为HX2011081902借款合同明显存在差异,与原合同内容不符,不是双方的真实意思表示。为保障公平、客观、公正,申请人请求事项为:(1)驳回该证据,(2)对林淑贞提交的该借款合同进行鉴定。

对于被告晟隆实业公司、晟隆科技公司、谷际生物公司申请鉴定内容,法院已明确告知其鉴定事项不明确,无法鉴定,其应明确鉴定事项,但申请人在一定的期限内未提交申请。其后,被告晟隆实业公司、晟隆科技公司、谷际生物公司又提出对其提交的合同中原告的签名及手印进行鉴定,原告以被告未在规定的期限内提交鉴定申请为由不予配合,鉴定部门以无法采集原告的指纹及签名样本为由,予以退检。

济南市历下区人民法院(2013)历商初字第2032号民事判决书

另外,要准备好鉴定材料。《司法鉴定程序通则》第13条第1款规定,委托人应当向司法鉴定机构提供真实、完整、充分的鉴定材料,并对鉴定材料的真实性、合法性负责。诉前的鉴定材料往往是委托人单方提供,并未经对方当事人检验和认可。对方当事人对于己不利鉴定意见的异议往往就是从鉴定材料下手,认为根据未经核对真实性的鉴定资料,做出的鉴定结论本身也就缺乏客观真实性。因此诉前单方申请鉴定,通常会通过公证手段收集鉴定材料。如商标侵权诉讼通常会公证购买侵权商品。诉讼中的鉴定,鉴定材料都是经过双方当事人认可的,日后一般不会对鉴定材料本身提出意见。如果提供不了鉴定材料,包括用来对比的鉴定材料,鉴定就无法进行。

▶【案例】

在原告郭某乙、郭某甲诉被告郭某丙、郭某丁、郭某戊、郭某己、郭某庚继承纠纷一案中,根据被告郭某丙、郭某戊的申请,经摇号,法院依法陆续委托多家鉴定机构对本案检材"2008年2月15日的遗嘱"的形成时间是2008年还是2012年进行鉴定。2014年5月20日,福建澄源司法鉴定所向法院出具退件函,称经对检材初审,该案检材书写形成时间鉴定条件不足,无法鉴定。2014年9月3日,福建南方司法鉴定中心向法院出司法鉴定退鉴函,称因当事人不同意对检材进行切割并且无法提供与检材相同纸质、相同形成工具的样本材料,致无法完成鉴定工作。2014年12月3日,福建中闽司法鉴定所向法院出具退件函,称要求当事人提供同期样本及怀疑时间段样本,当事人答复无法提供任何样本,本案落款时间为2008年,怀疑为2012年形成,必须有两时段的样本比对称才有可能得出鉴定结论,无样本比对的情况下无条件进行鉴定,故将案件退回。因无法获取必要的样材,存在难以解决的技术问题,没有一家鉴定机构能够继续本案鉴定事项,随后法院决定本案终止鉴定。

福州市鼓楼区人民法院(2014)鼓民初字第702号民事判决书

　　需要特别注意的是,鉴定材料与鉴定对象、鉴定事项是两码事,不能等同。《反不正当竞争法》第10条第3款把商业秘密定义为:"不为公众所知悉、能为权利人带来经济利益、具有实用性并经权利人采取保密措施的技术信息和经营信息"。由此可知,商业秘密包含的范围有两类:技术信息和经营信息。商业秘密的构成要件可归纳为三个,即非公知性、价值性和保密性。技术信息通常是一种技术方案,包括工艺流程、设计、程序、产品配方、制作工艺、制作方法等,经营信息则包括管理诀窍、客户名单、货源情报、产销策略、招投标文件及标底等。司法鉴定的目的在于解决不能运用法律知识、审判经验或者通过逻辑推理解决的专门性技术问题,因此商业秘密中的经营秘密一般不需要委托司法鉴定,因为其不涉及专门的技术问题,而只有技术问题才需要。为鉴定技术信息,申请人会提供大量鉴定材料,如技术报告、说明书、设计图纸甚至产品等。但这些都是商业秘密的载体,本身不是鉴定事项。需要鉴定的事项仅是秘密点,即权利人要求保护的与公知信息不同的信息。商业秘密的秘密点就类似于专利技术方案中的区别技术特征,所不同的是专利技术方案的保护范围由专利文件确定,而商业秘密的保护范围需要在诉讼中由原告主张。技术信息一般由公知信息和非公知信息两部分组成,公知信息不具有秘密性,因此申请人应当对商业秘密中的信息进行归纳和整理,提炼出非公知信息,这就是鉴定对象。对该对象需要进行鉴定的内容包括两项:第一是鉴定这些信息的"非公知性"。经过鉴定确定技术信息具有非公知性后,同时该技术信息又满足了价值性和保密性的话,就属于一项完整的商业秘密;第二是作同一性鉴定,即鉴定被告掌握的信息与原告的信息是否相同。

► 【案例】

在南洋厂印字轮生产工艺商业秘密案中,范某系南洋厂印字轮生产车间工人,退休后被该厂返聘,长期从事上胶、光刻、腐蚀工序的操作。范某通过工作便利,擅自拿走南洋厂3种型号共6只印字轮轮坯交给L工贸有限公司。该事实被南洋公司发现,范某承认其利用自己所掌握的南洋厂的印字轮技术工艺为L公司筹办相同的生产设备和提供技术指导。一审中,原告将轮坯整体作为商业秘密要求保护未得到法院支持。因为本案中的轮坯是涉案产品,但并非就是权利客体,因为它只是商业秘密的载体,其中既包括了商业秘密的秘密点,也包括了大量的公知公用信息,必须先将秘密点剥离出来,再与侵权物对应技术特征比较。所以,商业秘密的秘密点往往不是一件完整的产品或技术方案,而是产品的结构特征、设计标准、特定的工艺流程、工艺参数、产品配方等不易通过肉眼观测或反向测绘得到的技术特征。在二审中,上诉人将商业秘密的秘密点具体到印字轮生产的涂胶、光刻、腐蚀三道工序以及这三道工序中所用的专用技术设备。例如,涂胶工艺中四个步骤及其前后顺序:涂胶前工艺处理—调试胶水浓度—涂胶—涂胶后的烘干工艺处理,这四个步骤缺一不可,且前后不能颠倒。将商业秘密的秘密点具体化到工艺流程、工艺设备,其要求保护的范围明确清晰,便于法官与被控侵权产品、技术进行比对分析。①

对于拟鉴定的事项,需确保在技术上可行。有些鉴定必须在一定期限内进行,超过此期限则无法鉴定。有些鉴定需要依赖一定的科学发展,在科学发展水平尚未达到时也无法进行鉴定。

► 【案例】

在原告王瑞生诉被告赵朝军、田朝卫、中国人民财产保险股份有限公司洛阳市分公司(以下简称人民财产保险洛阳市分公司)机动车交通事故责任纠纷一案的案件审理过程中,原告申请对其出院后护理期限、护理人数进行鉴定,被告人民财产保险洛阳市分公司以原告的"糖尿病、高血压、脑梗塞、气管炎"并非本案交通事故引起为由,申请对原告因本案交通事故所受伤害进行治疗所需的合理医疗费用进行鉴定。经过原、被告双方的共同委托,2014年3月22日,洛阳长安法医临床司法鉴定所作出洛长安司鉴所(2013)临鉴字第90号司法鉴定意见书,对上述两项鉴定事项分析说明为:"被鉴定人王瑞生受伤时间为2012年5月23日,经河科大一附院手术等治疗,至今已近2年。骨折愈合过程分为三个阶段:第一阶段为血肿炎症机化期;第二阶段为原始骨痂形成期,一般约需6—8周;第三阶段为骨板形成塑型期,一般约需8—12周。被鉴定人自受伤之时到本次鉴定之日已近两年时间,远超骨折正常愈合期,故不适宜评定护理期限及人数。因缺少被鉴定人王瑞生住院期间会诊记录及病程记录等资料,且无法补充,故费用合理性鉴定不予评定。"鉴定意见为:"1. 被

---

① 参见朱妙春:《商业秘密诉讼案代理纪实》,知识产权出版社2004年版,第86—111页。

鉴定人王瑞生自受伤之时到本次鉴定之日已近两年时间,远超骨折正常愈合期,故不适宜评定护理期限及人数。2. 因缺少被鉴定人王瑞生住院期间会诊记录及病程记录等资料,且无法补充,故费用合理性鉴定不予评定。"

河南省洛阳市涧西区人民法院(2013)涧民四初字第118号民事判决书

完成了前述事项后,接下来就是寻找相应的鉴定机构。有些鉴定只能由特定的鉴定机构进行,如根据《工伤保险条例》第23条的规定,劳动能力鉴定只能由劳动能力鉴定委员会负责。但大部分鉴定无此要求,只需从鉴定机构名册中选择即可。根据《司法鉴定机构登记管理办法》第5条的规定,全国实行统一的司法鉴定机构及司法鉴定人审核登记、名册编制和名册公告制度。我国对于鉴定机构实行登记制度。常规的鉴定都能找到相应的鉴定机构。对此可以登录司法部司法鉴定网或者地方司法局网站查询。对于一些非常规的鉴定,如字画真伪鉴定,就有可能找不到法定的鉴定机构,此时就需要双方协商鉴定人员。

申请人提出的鉴定事项若找不到鉴定机构的话,就要承担举证不能的后果。

► 【案例】

在黄书恒建筑设计咨询(上海)有限公司与昆山锦东大酒店有限公司建筑工程设计合同纠纷一案中,基于昆山锦东大酒店有限公司解约,黄书恒建筑设计咨询(上海)有限公司向昆山锦东大酒店有限公司提出支付已经完成工作设计费和违约解约所导致的损失,经协商无果,故向法院提起诉讼,要求昆山锦东大酒店有限公司支付设计费4405402元,违约金1644587元。为以防万一,黄书恒建筑设计咨询(上海)有限公司还提出,如法院认定合同无效,基于对法院的尊重和自身利益的考虑,我公司同意变更诉讼请求并对已经完成的工作量进行司法鉴定,我方要求原审被告赔偿损失300万元(暂定)。后合同果真被法院认定无效。但因受客观条件限制,未能找到有该项鉴定资质的鉴定机构,导致鉴定未成。一审法院判决:一、原告黄书恒建筑设计咨询(上海)有限公司与被告昆山锦东大酒店有限公司签订的《规划设计监造委托契约书》无效。二、驳回原告黄书恒建筑设计咨询(上海)有限公司要求被告昆山锦东大酒店有限公司赔偿损失3000000元的诉讼请求。案件受理费30800元,由原告黄书恒建筑设计咨询(上海)有限公司负担。原告上诉后被二审法院驳回上诉,维持原判。

江苏省苏州市中级人民法院(2012)苏中民终字第0696号民事判决书

第五,陷阱取证。

现实生活中,对侵权人的某些侵权行为进行取证非常困难。有的受害人便采取欺骗的方式让对方交出证据或者形成证据,如伪装成买家向侵权人购买侵权产品,同时聘请公证处对整个购买过程进行公证,这就是所谓的"陷阱取证"。陷阱取证面临的最大问题就是通过该手段获得的证据是否属于非法证据。因为《民事诉讼法解释》第106条规定,对以严重侵害他人合法权益、违反法律禁止性规定或者严重违背公序良俗的方法形成或者获取的证据,不得作为认定案件事实的根据。

▶【案例】

北大方正公司、红楼研究所是方正世纪rip软件(以下简称方正rip软件)、北大方正postscript中文字库(以下简称方正字库)、方正文合软件v1.1版(以下简称方正文合软件)的著作权人。方正rip软件和方正字库软件系捆绑在一起销售,合称方正rip软件。上述软件安装在独立的计算机上,与激光照排机联机后,即可实现软件的功能。

北大方正公司系日本网屏(香港)有限公司(以下简称网屏公司)激光照排机在中国的销售商,高术天力公司、高术公司曾为北大方正公司代理销售激光照排机业务,销售的激光照排机使用的是方正rip软件和方正文合软件。1999年5月间,由于双方发生分歧,导致代理关系终止。高术公司于2000年4月17日与网屏公司签订了销售激光照排机的协议,约定高术公司销售katana-5055激光照排机必须配网屏公司的正版rip软件或北大方正公司的正版rip软件,若配方正rip软件,高术公司必须通过网屏公司订购北大方正公司正版rip软件。

2001年7月20日,北大方正公司的员工以个人名义,与高术天力公司签订了《电子出版系统订货合同》,约定的供货内容为katanaft-5055a激光照排机(不含rip),单价为41.5万元。合同签订后,北大方正公司分别于2001年7月20日和8月23日,向高术天力公司支付货款共394250元,尚欠货款20750元。高术公司分别于2001年7月23日和8月23日,向北大方正公司的员工出具了收取上述款项的收据。

2001年8月22日,高术天力公司的员工在北京市石景山区永乐小区84号楼503室北大方正公司的员工临时租用的房间内,安装了激光照排机,并在北大方正公司自备的两台计算机内安装了盗版方正rip软件和方正文合软件,并提供了刻录有上述软件的光盘。北大方正公司支付了房租 3000 元。

应北大方正公司的申请，北京市国信公证处先后于 2001 年 7 月 16 日、7 月 20 日、7 月 23 日和 8 月 22 日，分别在北京市石景山区永乐小区 84 号楼 503 室、北京市海淀区花园路 6 号北楼 120 室及南楼 418 室北京后浪时空图文技术有限责任公司（原为北京中唐彩印中心，以下简称"后浪公司"），对北大方正公司的员工以普通消费者的身份，与高术天力公司联系购买 katanaft-5055a 激光照排机设备及高术天力公司在该激光照排机配套使用的北大方正公司自备计算机上安装方正 rip 软件、方正文合软件的过程进行了现场公证，并对安装了盗版方正 rip 软件、方正文合软件的北大方正公司自备的两台计算机及盗版软件进行了公证证据保全，制作了公证笔录五份。北大方正公司支付公证费 1 万元。

2001 年 9 月 3 日，北大方正公司、红楼研究所以高术天力公司、高术公司非法复制、安装、销售行为，侵犯了其享有的计算机软件著作权为由诉至北京市第一中级人民法院，请求判令高术天力公司、高术公司：(1) 停止侵权、消除影响、公开赔礼道歉；(2) 赔偿经济损失 300 万元；(3) 承担诉讼费、保全费、取证费及审计费等。

对于北大方正公司的陷阱取证方式，一审法院认为，北大方正公司为了获得高术天力公司、高术公司侵权的证据，投入较为可观的成本，其中包括购买激光照排机、租赁房屋，采取的是"陷阱取证"的方式，该方式并未被法律所禁止，应予认可。公证书亦证明了高术天力公司、高术公司实施安装盗版方正软件的过程，同时对安装有盗版方正软件的计算机和盗版软件进行了证据保全，上述公证过程和公证保全的内容已经法庭确认，高术天力公司、高术公司未提供足以推翻公证书内容的相反证据。二审法院认为北大方正公司的此种取证方式并非获取高术天力公司、高术公司侵权证据的唯一方式，此种取证方式有违公平原则，一旦被广泛利用，将对正常的市场秩序造成破坏，故对该取证方式不予认可。

再审法院认为，在民事诉讼中，尽管法律对于违法行为作出了较多的明文规定，但由于社会关系的广泛性和利益关系的复杂性，除另有明文规定外，法律对于违法行为不采取穷尽式的列举规定，而存在较多根据利益衡量、价值取向来解决的空间，故对于法律没有明文禁止的行为，主要根据该行为实质上的正当性进行判断。就本案而言，北大方正公司通过公证取证方式，不仅取得了高术天力公司现场安装盗版方正软件的证据，而且获取了其向其他客户销售盗版软件，实施同类侵权行为的证据和证据线索，其目的并无不正当性，其行为并未损害社会公共利益和他人合法权益。加之计算机软件著作权侵权行为具有隐蔽性较强、取证难度大等特点，采取该取证方式，有利于解决此类案件取证难问题，起到威慑和遏制侵权行为的作用，也符合依法加强知识产权保护的法律精神。此外，北大方正公司采取的取证方式亦未侵犯高术公司、高术天力公司的合法权益。北大方正公司、红楼研究所申请再审的理由正当，应予支持。

最高人民法院（2006）民三提字第 1 号民事判决书

如何判断陷阱取证是否合法呢？"陷阱取证"最初运用于刑事诉讼，被称为"警察圈套"，常用于毒品犯罪、假币犯罪的侦查，刑事诉讼中的陷阱取证分为两种基本类型：一种为"机会提供型"，一种为"犯意诱发型"。在"机会提供型"中犯罪嫌疑人本来就有犯罪的故意，侦查人员的诱惑行为只是为犯罪的实施创造了条件，而"犯意诱发型"则不同，嫌疑人原本并无犯罪的意念，是在侦查人员的引诱下才产生犯罪念头和实施犯罪行为的，故对"机会提供型"的陷阱取证各国是认可的，而对"犯意诱发型"则严格禁止。机会提供型的取证有效，犯意诱发型取证无效。

如果本案的被告从未买过盗版软件，并且一开始根本无意买盗版软件，不情愿从事违法活动，但在原告一而再再而三要求下，最终经不起巨大利润的诱惑，才实施盗版行为，原告的行为便属于"犯意诱发型"陷阱取证，对这样的取证行为否定其证据效力完全是合理的，可本案的情况完全不是这样，原告职员提出欲购买盗版软件后，被告员工作出了积极的回应，向其担保盗版软件的质量绝无问题，尤其是后来，原告依据设陷阱获得的线索，通过向工商行政管理部门举报，工商机关随后的调查取证证明了被告此前确实把盗版软件卖给了多家公司，查明了被告一直在从事出卖盗版软件的行为。案件事实表明被告本来就希望通过此种方法促进激光照排的销售，获取更多的利润，原告职工的诱惑行为，只不过是再次向被告提供了实施盗版行为的机会罢了。所以，可以确切地说，本案中原告的陷阱取证行为，是属于"机会提供型"。再审判决表明，这一在刑事诉讼中得到认可的取证方式同样可以用于民事诉讼。①

根据"机会提供型"取证有效、"犯意诱发型"取证无效的判断标准，就可以对下列案例中所取证据是否系非法证据作出判断。

▶【案例】

某甲厂出卖给某乙公司一批精制锅，乙公司又转给某丙公司，丙公司将锅销售到香港。可是，丙公司拖欠乙公司的货款，乙公司拖欠甲厂的货款。就在诉讼时效快过期前，甲厂的业务员把有关与乙公司的销售来往的单据全都丢失，一张也没留。甲厂没有证据不敢贸然起诉乙公司，代理律师于是就玩了一把陷阱取证。一日，自称是甲厂质量检查科的工作人员的代理律师持产品质量跟踪调查表（表上有数量和

---

① 李浩：《利益衡量的杰作 裁判方法的典范——评"北大方正案"的再审判决》，载《人民法院报》2007 年 3 月 26 日。

单价等栏目)到乙公司业务科,询问对甲厂去年销售给乙公司那批锅的质量情况意见。乙公司业务科没有识破,很配合地在表上签写了质量没问题,已经销售到香港反映较好的意见,并盖了公章。代理律师窃喜,表示谢意后立即离开。乙公司可能是查觉到了甲厂来人的用意,打电话让来人再回一趟乙公司,说是还有东西要填写。毫无疑问,代理律师是不会回去的。

第六,从中国大陆以外调取的证据在中国大陆法院之使用。

由于全球经济一体化,涉外纠纷越来越多。不少证据系在中国大陆以外形成,并从中国大陆以外收集。这些证据必须履行一定的手续后方可在国内法院使用。对此,《民事证据规定》第11条规定,当事人向人民法院提供的证据系在中华人民共和国领域外形成的,该证据应当经所在国公证机关予以证明,并经中华人民共和国驻该国使领馆予以认证或者履行中华人民共和国与该所在国订立的有关条约中规定的证明手续(第1款)。当事人向人民法院提供的证据是在香港、澳门、台湾地区形成的,应当履行相关的证明手续(第2款)。

第1款规定的公证和认证好理解,也好操作。第2款对于从港澳台收集的证据仅是说要履行"相关"的手续,比较笼统,具体是指什么呢?比如在我国台湾地区形成的证据、证明材料、文件,根据是1993年5月29日海峡两岸签署的《两岸公证书使用查证协议》。1993年5月11日司法部发布了司发(1993)006号《海峡两岸公证书使用查证协议实施办法》,需要认证的文件首先交由台湾地区公证机构公证,出具公证书。然后将公证书正本交至使用该证据材料所在地省级(省、自治区、直辖市)公证员协会或中国公证员协会,请求进行查证。公证书副本由台湾财团法人海峡交流基金会转递至上述收受公证书正本的公证员协会,相互进行对比,确认真实性并进行认证,出具证明书后,就具有了大陆地区官方认可的法定形式。在大陆地区公证员协会办理公证文件的转递手续时,当事人为个人的提交身份证件原件、复印件;当事人为法人的,提供介绍信,另外提供公证书正本原件,并说明转递文书的使用部门、使用目的。

对于在香港形成的证据,根据最高人民法院、司法部《关于涉港公证文书效力问题的通知》,在办理涉港案件中,对于发生在香港地区的有法律意义的事件和文书,均应要求当事人提交委托公证人出具并经司法部中国法律服务(香港)有限公司审核加章转递的公证证明。需要进一步说明的是,香港律师的公证只是对发生在香港的法律行为、有法律意义的事实和文书的真实性和合法性进行公证,一般不对文件内容的真实性和合法性负责,换言之,香港律师的公证进行的也是形式方面的审查,而不作实质上的审查,对于内容的真实性,仍然需要法院结合其他证据进行审查。

在澳门形成证据的证明材料情况,分2006年2月之前形成和之后形成两种情况分别处理。根据司法部办公厅《关于启用中国法律服务(澳门)公司核验专用章同时废止原转递专用章的通知》，在2006年1月24日前，由于司法部未在澳门建立委托公证人制度，对于发生在澳门地区的有法律意义的事件和文书的证明，经中国法律服务（澳门）有限公司和澳门司法事务室下属的4个民事登记局出具公证证明，即具有证明效力。根据司法部《关于委托林笑云等5名澳门律师为委托公证人的决定》，2006年1月24日以后，在澳门形成的证明材料，也可以由司法部任命的委托公证人出具公证文书，并经中国法律服务（澳门）有限公司审核加章转递，确认使用。

第七，诉讼中持调查令取证。

尽管《律师法》规定了律师有调查取证权，但在实践中，有很多单位并不配合。对于因各种原因实在是取不到的证据，就记录在案，在诉讼中向法院申请调查令。由于全国对此没有统一的规定，需要结合各地高级人民法院的相关规定实施。如重庆市高级人民法院《关于在民事诉讼中试行律师调查令的意见》（渝高法〔2016〕139号）规定，律师调查令的申请应当在案件受理后，举证期限届满前提出。申请调查收集的证据包括由有关单位或个人保存，与案件事实直接相关且当事人及诉讼代理律师因客观原因无法自行收集的书证以及电子数据、视听资料等。

▶二、诉讼中申请法院取证

如果持调查令仍无法调取或者不在调查令的调查范围内，且满足下列条件时，就可以根据《民事诉讼法解释》第94条的规定申请法院收集：（1）证据由国家有关部门保存，当事人及其诉讼代理人无权查阅调取的；（2）涉及国家秘密、商业秘密或者个人隐私的；（3）当事人及其诉讼代理人因客观原因不能自行收集的其他证据。申请法院取证，需提出书面申请，写清楚证据名称、证据所在地及该地的联系方式。如有举证期限的话，应在期限届满前7天提出。

第二节　证据之保管

对于通过各种方式收集来的证据原件，最好让当事人自己保管，律师持有复印件即可，在开庭时让当事人把证据原件带来或在开庭前几天将证据原件交给律师。若基于客观原因由当事人保管证据原件不甚方便，如当事人在外地且本人不参加庭审，律师则可以持有证据原件，但需要妥善保管，以防证据丢失或被抢。如果证据丢失或被抢，有没有什么有效的补救措施？

▶【案例】

2017年3月16日下午，北京某律师事务所的薛律师受被拆迁人委托在四川省泸州市龙马潭区人民法院出庭，起诉石洞镇政府违法强拆了委托人的房屋。开庭结束后，薛律师将案件的文件和证据放到自己的电脑包里，到委托人家附近的餐馆吃饭。等待用餐时,薛律师忽然发现邻座两名男子神态可疑,一直在偷偷反复观察自己,而后突然匆匆离开。薛律师一下子警觉起来,打算尽快离开这个"是非之地"。然而就在出餐馆门赶往机场的路上,包括餐馆中神秘男子在内的八九个男子突然冲过来,几个人拽住薛律师的胳膊,几个人从身后抱住腰,两个人抢下了薛律师斜挎的双肩电脑包。原来包中有今天开庭的重要案卷证据材料(包括被告提交给原告的可以证明强拆事实的证据)、办公用的笔记本电脑!这些证据中包括被拆迁人向法庭提交的被告石洞镇政府领导在强拆现场的视频、国土执法部门制作的执法报告,用以说明被告实施了强拆行为。被告自己提交的证据也明显显示有对被拆迁人房屋实施"强拆"的相关内容。事后薛律师及时报警并拿到了立案回执,调取了在饭馆两位跟踪自己男子的录像,警方已经介入调查此事。①

通过报警,一方面寄希望警察能够将被抢的证据找回来,另一方面也可以证明自己在证据的保管上并无过错,为日后可能发生的索赔诉讼作准备。

若当事人不要求,可不给当事人出具证据材料收据。

▶【设例】

李某因经济合同纠纷被他人诉上法庭。李某委托律师王某为诉讼代理人,并交给王某4份表明已付给对方4万元人民币的原始证据,王某出具了证据材料收据一份给李某。当晚,王某因出差,在外地饮酒过度将装有4份证据的皮包遗失。

后在庭审中,因李某无法向法庭提供证据,加之对方否认,法庭判决李某败诉。李某遂要求王某赔偿,遭到拒绝后,李某将王某所在的律师事务所告上了法庭。经法院调解双方达成协议:由律师事务所赔偿李某人民币2万元,退回全部代理费用。

第三节 证据之整理

对于收集来的众多证据,需要认真分析是否对己方有利。如果属于"似是而非"的证据,即这些证据既具有有利于己方的证明价值,又具有有利于对方的证明价值,甚至对方的证明价值还高于己方,应尽量少交或不交。切忌提交对己方不利的证据。

当证明对象比较多,证据也比较多时,需要对证据进行整理。整理内容之一是对于录音、录像证据,需要刻录成光盘。对于录音证据还要按照时间顺序整理成文字材料。整理内容之二是制作证据目录,并按照证据的顺序将证据整理成册。证据

---

① 《律师出庭,案卷证据遭"抢劫"》,http://www.jinglawyer.com/chaiqianzixun/nongcunchaiqian/8407.html,2017年3月21日访问。

目录并没有统一的格式,但大同小异,基本格式如下:

证据组别	证据编号	证据名称	证据形式	证明对象/证明目的	页码
1	1	合同	原件/复印件	双方存在合同关系	1—10
	2				
	3				
	…				
2					

但整理证据时,哪些证据放在前面,哪些证据放在后面,并非可以随意排列,而必须根据一定的顺序进行排列,这一顺序就是举证顺序。举证顺序表现在两个方面:一是当存在多个证明对象时,应当依据先证明哪个对象,后证明哪个对象的次序;二是当某一要件事实没有直接证据,需要通过多个间接证据证明时依据先出示哪个证据后出示哪个证据的顺序。很多年轻律师在开庭时面对手头的一大堆证据,手忙脚乱,原因就在于没有厘清证明顺序。庭审举证一般都是根据证据目录的顺序进行,看似是证据目录事先编排的顺序决定了举证顺序,实际是证明顺序决定了证据目录的编排顺序,并进而决定了举证的顺序。

由于纠纷的内容不同,证明的顺序也各有不同。不存在放之四海而皆准的证明顺序。由于证明离不开主体,证明顺序的确定也不例外。在诉讼实践中,都是由原告先开始证明,原告对于自己负有证明责任的证明对象,其基本的证明顺序如下:

程序问题应当证明在先,实体问题证明在后。比如当诉讼存在前置问题时,就应先证明前置问题,而不是先证明实体问题。如因劳动纠纷、人事纠纷诉至法院后,原告应当先证明纠纷已经经过劳动仲裁、人事仲裁或者申请劳动仲裁、人事仲裁不被受理。否则的话,被告就会要求法院驳回原告的起诉。

若无前置程序问题,原告则应先证明诉讼要件,尤其是主体要件,如自己是适格原告。如起诉他人专利侵权的话,原告首先应当证明自己是专利权人。非商标注册人起诉时,得证明自己是独占使用许可合同的被许可人;如果是排他使用许可合同的被许可人提起诉讼,就得证明商标注册人不起诉;如果是普通使用许可合同的被许可人,就得证明商标注册人已明确授权自己提起诉讼。网络名誉侵权诉讼中,原告就得举证证明自己就是网络帖子所指之人。如要求他人返还侵占的物品,则必须证明自己是所有权人或者合法的占有人。如被告在答辩中认为自己不是适格被告的话,还需要举证证明对方是适格被告。

若无前置程序问题,也无诉讼要件问题,接下来就是证明实体法要件事实。当实体法的要件事实有多个时,属于前提问题的证明对象应先证明。如离婚案件,存在合法的婚姻关系是离婚的前提,应当先举证证明。要求支付违约金的话,存在合法有效的合同就是前提条件,也应先证明。对于一般的人身侵权诉讼,侵权行为成立是损害赔偿的前提,应当先证明。但在某些诉讼中,如以《反不正当竞争法》为依据提起的诉讼中,侵害对象是否存在又是判断侵权行为成立的前提,故也应当先行证明。譬如在以擅自使用知名商品特有名称、包装、装潢为由的侵权诉讼中,原告就得首先证明自己的商品是知名商品,其次证明该商品的名称、包装、装潢是"特有的"名称、包装、装潢,即具有指示商品来源的作用,能够使社会公众将该商品的名称、包装、装潢与特定的经营者联系起来,换言之,就是存在被侵犯的对象。侵犯商业秘密诉讼就得先证明有商业秘密可供侵犯。

当实体法上多个要件事实存在前后流程关系时,则可按先后流程关系进行证明。比如要求被告归还货款。正常的流程就是先签订合同,然后原告履行合同,被告支付货款。其中前两个要件事实由原告负责证明,其证明顺序也就是先证明合同成立且有效,原告履行了合同。再如一般侵权包括四个构成要件:过错,加害行为,损害结果和因果关系。先有加害行为然后才会有损害结果,故应当先证明加害行为,再证明损害结果。至于过错和因果关系这些并无先后流程关系、处于并列状态的要件事实,原告可以自由决定证明顺序。

需要指出的是,原告在起诉前制作的证据目录都是按照对原告主张的事实被告都会有异议,都需要证明而编制的。在庭前程序或实际开庭时,被告会进行答辩,对其中有些事实有可能自认,鉴于自认的事实原告无需证明,在庭审举证时可以删除与之相应的证据。

被告对于原告的主张,实际上是一种防御,防御的顺序就是证明的顺序。通常情况下,被告会筑起4道防线:第一道是认为本案不属于法院主管,如双方存在有效的管辖协议、纠纷不是民事纠纷等。第二道是认为原告所提之诉缺乏诉讼要件,如原告不适格、被告不适格、重复起诉等。第三道防线是否认原告主张的法律关系。如不当得利不成立、侵权不成立、合同关系不存在等。第四道防线是对原告提出的诉讼请求提出抗辩。如侵权确实成立,但原告自己也有过错,应当减轻被告的赔偿责任。这4道防线属于递进关系,前一道防线如果成功,后面的就无需使用。前一道防线失效则启动第二道防线。被告可以根据实际情形看看有多少道防线可以使用。然后就按照这些防线的顺序确定自己的举证顺序即可。

当一个证明对象需要通过多个间接证据进行证明时,通常都是按照层层递进的顺序进行举证。比如对网络匿名侵权适格被告之证明。先举证发帖网站提供的匿名发帖人的注册信息和发帖IP地址;然后是中国互联网信息中心对发帖IP地址使用人的查询结果;再次是IP地址使用人提供的最终使用人的信息。再比如对于间接交货之证明,原告先举证已将货物交给第一承运人,第一承运人将货物交给第二承运人,第二承运人将货物交给被告。

第五章 诉前其他准备工作

第一节　采取保全措施[①]

在提起诉讼之前,还需要分析判断是否需要申请诉前财产或者诉前行为保全。如果存在不立即申请保全将会使委托人合法权益受到难以弥补的损害的,应当向被保全财产所在地、被申请人住所地或者对案件有管辖权的人民法院申请诉前保全。

申请财产保全应当向人民法院提供明确的被保全财产信息。[②] 查找被告的财产线索,可以采取的措施有:(1) 在往来文件中查找被告的银行账号、应收账款等信息。(2) 到工商局查询被告的工商资料,查找被告的基本账号、对外投资股权、机器设备、货物、资产负债表等登记信息。(3) 根据已经查实的线索,到房地产交易中心查询被告的房产、土地基本情况。(4) 根据法院签发的调查令,委托律师到证券登记结算公司查询被告持有的股票、债券情况。(5) 到公安局车辆管理所查询被告的车辆所有情况。(6) 根据相关公告,查询被告持有的知识产权情况。

根据《民事诉讼法》第101条的规定,申请人申请诉前保全应当提供担保,不提供担保的,裁定驳回申请。[③] 担保方式可以是申请人自行担保,提供的担保物可以是现金,可以是房产或土地。如果申请人本人难以提供,根据《民事诉讼法解释》,还可以采取其他担保方式,如由第三人担保;申请保全人与保险人签订财产保全责任险合同,由保险人为财产保全提供担保;金融监管部门批准设立的金融机构可以独立保函形式为财产保全提供担保。最高人民法院《关于人民法院办理财产保全案件若干问题的规定》第5条第2款规定,利害关系人申请诉前财产保全的,应当提供相当于请求保全数额的担保;情况特殊的,人民法院可以酌情处理。[④]

保全担保一般需要准备以下材料:(1) 保函;(2) 保单;(3) 法院受理案件通知

[①] 诉前保全与诉讼中的保全、法律文书生效后进入执行程序前的保全主要区别在于申请时间不同,其他方面大同小异,因此本部分内容对于后两种保全也适用。

[②] 最高人民法院《关于人民法院办理财产保全案件若干问题的规定》第10条第2款规定:当事人在诉讼中申请财产保全,因客观原因不能提供明确的被保全财产信息,但提供了具体财产线索的,人民法院可以依法裁定采取财产保全措施。

[③] 对于诉讼中的财产保全,最高人民法院《关于人民法院办理财产保全案件若干问题的规定》第9条规定,当事人在诉讼中申请财产保全,有下列情形之一的,人民法院可以不要求提供担保:(1) 追索赡养费、扶养费、抚育费、抚恤金、医疗费用、劳动报酬、工伤赔偿、交通事故人身损害赔偿的;(2) 婚姻家庭纠纷案件中遭遇家庭暴力且经济困难的;(3) 人民检察院提起的公益诉讼涉及损害赔偿的;(4) 因见义勇为遭受侵害请求损害赔偿的;(5) 案件事实清楚、权利义务关系明确,发生保全错误可能性较小的;(6) 申请保全人为商业银行、保险公司等由金融监管部门批准设立的具有独立偿付债务能力的金融机构及其分支机构的。法律文书生效后,进入执行程序前,债权人申请财产保全的,人民法院可以不要求提供担保。

[④] 对于诉讼中的财产保全担保金额,最高人民法院《关于人民法院办理财产保全案件若干问题的规定》第5条第1款规定,人民法院依照民事诉讼法第100条规定责令申请保全人提供财产保全担保的,担保数额不超过请求保全数额的30%;申请保全的财产系争议标的的,担保数额不超过争议标的价值的30%。

书(诉前保全不需要);(4) 申请人身份证明;(5) 代理人委托授权书、代理人身份证明;(6) 担保费银行进账单;(7) 保险公司营业执照、法人代表身份证明、法人代表身份证复印件、提交材料的备案人员授权委托书及身份证复印件;(8) 起诉状;(9) 财产保全申请书;(10) 财产线索。

如果对房屋的权属有争议,如离婚诉讼要求分割房屋,为防止对方当事人出卖房屋,采保全房屋的路径比较烦琐,更便捷的方法就是起诉后持法院的立案通知书向不动产登记中心进行权属异议登记。根据《不动产登记暂行条例》第22条的规定,存在尚未解决的权属争议的,不动产登记机构应当不予登记。对方当事人就无法将房屋转让。

申请诉前保全后,原告务必要在人民法院采取措施后30日内提起诉讼。根据最高人民法院《关于人民法院办理财产保全案件若干问题的规定》第23条的规定,出现下列情形时,需要及时申请解除保全:(1) 采取诉前财产保全措施后30日内不依法提起诉讼或者申请仲裁的;(2) 仲裁机构不予受理仲裁申请、准许撤回仲裁申请或者按撤回仲裁申请处理的;(3) 仲裁申请或者请求被仲裁裁决驳回的;(4) 其他人民法院对起诉不予受理、准许撤诉或者按撤诉处理的;(5) 起诉或者诉讼请求被其他人民法院生效裁判驳回的;(6) 申请保全人应当申请解除保全的其他情形。申请保全人如未及时申请人民法院解除保全,应当赔偿被保全人因财产保全所遭受的损失。

《民事诉讼法解释》第487条规定,人民法院冻结被执行人的银行存款的期限不得超过1年,查封、扣押动产的期限不得超过2年,查封不动产、冻结其他财产权的期限不得超过3年。最高人民法院《关于人民法院办理财产保全案件若干问题的规定》第17条规定,利害关系人申请诉前财产保全,在人民法院采取保全措施后30日内依法提起诉讼或者申请仲裁的,诉前财产保全措施自动转为诉讼或仲裁中的保全措施;进入执行程序后,保全措施自动转为执行中的查封、扣押、冻结措施(第1款)。依前款规定,自动转为诉讼、仲裁中的保全措施或者执行中的查封、扣押、冻结措施的,期限连续计算,人民法院无需重新制作裁定书(第2款)。因此申请保全人需要申请续行保全时,应当在保全期限届满7日前向人民法院提出;逾期申请或者不申请的,自行承担不能续行保全的法律后果。

法院采取诉前保全措施后,如果当事人没有在法定期限内提起诉讼的,保全措施不因此自动解除。仍需作出保全裁定的法院或其上级法院作出解除裁定后才能解除保全措施,其他法院才能对该部分财产采取执行措施。如果作出诉前保全的法院或其上级法院因为疏忽没有及时解除保全措施的,其后受到影响的人可以提起执行异议。如根据最高人民法院《关于人民法院办理执行异议和复议案件若干问题的规定》第5条的规定,当事人以外的公民、法人和其他组织认为人民法院的执行行为违法,妨碍其轮候查封的债权受偿的,可以作为利害关系人对法院的执行行为提出异议。最高人民法院《关于人民法院办理财产保全案件若干问题的规定》第26条规定,申请保全人、被保全人、利害关系人认为保全裁定实施过程中的执行行为违反法律规定提出书面异议的,人民法院应当依照《民事诉讼法》第 225 条规定审查处理。《民事诉讼法》第 225 条则规定,当事人、利害关系人认为执行行为违反法律规定的,可以向负责执行的人民法院提出书面异议。当事人、利害关系人提出书面异议的,人民法院应当自收到书面异议之日起 15 日内审查,理由成立的,裁定撤销或者改正;理由不成立的,裁定驳回。当事人、利害关系人对裁定不服的,可以自裁定送达之日起 10 日内向上一级人民法院申请复议。如果一方就执行异议裁定向上一级人民法院申请复议,另一方当事人若对复议结果不服,还可以向更高一级的法院再申请复议。在裁判终审后,当事人甚至还能向全国人民代表大会内务司法委员会提出执行监督申请。

前述观点可参见如下案例。

▶【案例】

新疆博湖农村商业银行股份公司、段国成与巴州金帆废旧橡胶再生利用有限公司执行案

一、申请执行人段国成因与被执行人巴州金帆废旧橡胶再生利用有限公司(以下简称金帆公司)买卖合同纠纷一案,向新疆库尔勒市中级人民法院申请执行,库尔勒市中级人民法院于 2010 年 1 月 10 日作出(2010)库执字第 383 号民事裁定,将金帆公司位于库尔勒市云崖加油站东侧倪浩峰名下的土地(以下简称案涉土地使用权)过户给段国成所有。

二、新疆博湖农村商业银行股份公司(以下简称博湖农商行)依据博湖县人民法院(以下简称博湖法院)于 2009 年 11 月 26 日作出的(2010)博民保字第 2 号民事裁定已查封案涉土地使用权为由,向库尔勒市中级人民法院提出执行异议,库尔勒市中级人民法院裁定驳回了博湖农商行的异议。

三、博湖农商行不服,向新疆巴州中级人民法院申请复议。巴州中级人民法院支持了博湖农商行的诉请,认为:库尔勒市中级人民法院在博湖法院未解除保全的情况下,要求库尔勒市国土资源局将案涉土地使用权过户给段国成的执行行为不当。故作出(2011)巴执监字第 21 号执行裁定:撤销库尔勒市中级人民法院执行倪浩峰名下案涉土地使用权的行为。

四、段国成不服上述裁定,向新疆高级人民法院申诉,新疆高级人民法院以(2011)新执二监字第 174 号驳回申诉通知书,驳回了段国成的申诉请求。

五、段国成向新疆维吾尔自治区人大常委会内司委提出执行监督申请,新疆高级人民法院再次对该案进行审查。该案经审判委员会讨论,支持了段国成的诉请,作出(2013)新审执监字第 1 号执行裁定,撤销该院(2011)新执二监字第 174 号驳回申诉通知书及巴州中院(2011)巴执监字第 21 号执行裁定。

六、博湖农商行不服,向最高人民法院申诉,请求撤销新疆高院(2013)新审执

监字第 1 号执行裁定。最高人民法院支持了博湖农商行的诉请,裁定:撤销新疆维吾尔自治区高级人民法院(2013)新审执监字第 1 号执行裁定。

最高人民法院(2016)最高法执监 29 号执行裁定书

如果申请人对于保全申请被驳回的裁定,或者被申请人对于法院作出的保全裁定不服,根据《最高人民法院关于人民法院办理财产保全案件若干问题的规定》第 25 条的规定,可以自裁定书送达之日起 5 日内向作出裁定的人民法院申请复议一次。人民法院应当自收到复议申请后 10 日内审查。

第二节 决定当原告还是当被告

当证据收集完之后,就需要根据掌握的证据情况决定做原告还是做被告。通常情况下,都是权利被侵犯的当事人选择做原告,被控侵犯权利的人做被告。如甲方指责乙方侵犯了其专利权利,乙方如认为没有侵犯的,一般都是甲方做原告起诉被告乙。但在某些情况下,被控侵犯权利的人也可以做原告。如乙方做原告起诉,先提起不侵权确认之诉。因此,做原告还是做被告需要具体情况具体分析。

被告一般都是被动的,是因为被人起诉才成为被告。在某些情况下,可以主动争取做被告。如证据在对方手里,无法收集到,此时选择做原告风险就比较大。一旦在诉讼中对方不提交证据,原告就会败诉,此时则应当选择做被告。一旦对方作了原告就会主动提出证据。让对方做原告,自己做被告存在的问题是如果对方不起诉,这个纠纷就有可能永远都无法解决。此时则需要根据实际情况给对方施加一些压力,逼迫对方起诉。

▶【案例】

北京市昌平区某村进行旧村改造,村民都可以购买新建的楼房,但村外的人不能购买。有的村民便倒卖自己的购房指标,由村外人出资以自己的名义去购买,自己收取一定的好处费,然后与村外的实际出资人再签署一个房屋出租合同,村外的人便可以在村里居住了,但实际并不支付租金。村外的人鉴于自己不是名义购房人,担心村里人日后变卦,便让村里人打了一个借条,借款 50 万。其意图是村里人日后如果对房屋买卖不反悔,就不找村里人索要这 50 万。如果村里人反悔要回房屋,自己则找村里人索要这 50 万。后由于房价上涨,村里人反悔,找到笔者要求帮其起诉,要回房屋。

如果仅是要回房屋比较简单，可以直接根据租赁合同以村外人没有交付租金为由起诉，要求解除租赁合同返还房屋即可。这样做的风险是由于欠条在对方手上，不能一并解决村里人给村外人打的那50万欠条问题。最好的办法是让对方先起诉索要50万，通过对方无法证明交付了50万将欠条问题解决。同时提起反诉，要求认定租赁合同无效，要求返还房屋。那怎样才能让村外人起诉呢？笔者建议村里人把房屋的水电掐断，导致村外人无法居住。村外人一看购房目的无法实现，便持借条起诉要求村里人归还借款50万。村里人反诉，后法院查明事实后，判决驳回村外人要求归还50万借款的请求，村外人将房屋返还，村里人将收取的好处费返还。

第三节　审查是否存在起诉的消极条件

在决定做原告并准备起诉之前，需要分析下是否存在起诉的消极条件。起诉条件分为积极条件和消极条件。积极条件就是《民事诉讼法》第119条规定的四个条件（后文详述）：（1）原告是与本案有直接利害关系的公民、法人和其他组织；（2）有明确的被告；（3）有具体的诉讼请求和事实、理由；（4）属于人民法院受理民事诉讼的范围和受诉人民法院管辖。

消极条件是指不能具备的要件。主要有：第一，不属于"一事不再理"。一事不再理具体包括两类情形：其一，前诉判决已经生效，禁止前诉当事人重复起诉；其二，前诉正处于诉讼系属中，禁止前诉当事人重复起诉。所谓诉讼系属系指因起诉而发生的原告之诉讼请求应由特定法院依判决程序加以审理裁判之状态。[①]根据《民事诉讼法解释》第247条的规定，同时符合下列条件的，构成重复起诉：（1）后诉与前诉的当事人相同；（2）后诉与前诉的诉讼标的相同；（3）后诉与前诉的诉讼请求相同，或者后诉的诉讼请求实质上否定前诉裁判结果。但由于学术界对于什么是诉讼标的尚未达成共识，前述界定重复起诉的标准还需在诉讼实践中进一步明确化。

第二，不属于法律规定在特定时期、特定情形下不能提起的民事纠纷。对此《民事诉讼法》第124条第6项明确规定，依照法律规定，在一定期限内不得起诉的案件，在不得起诉的期限内起诉的，不予受理。如《婚姻法》第34条规定，女方在怀孕期间、分娩后1年内或中止妊娠后6个月内，男方不得提出离婚。女方提出离婚的，或人民法院认为确有必要受理男方离婚请求的，不在此限。《民事诉讼法》第124条第7项规定，判决不准离婚和调解和好的离婚案件，判决、调解维持收养关系的案件，没有新情况、新理由，原告在6个月内又起诉的，不予受理。最高人民法院《关于适用〈中华人民共和国婚姻法〉若干问题的解释（一）》（以下简称《婚姻法解释

[①] 由于诉讼系属系依判决程序予以裁判，因此只有诉讼事件才有诉讼系属问题，非讼事件以及诉讼程序中的保全程序、仲裁程序、强制执行程序等均不发生诉讼系属问题。

(一)》)第29条第3款规定,在婚姻关系存续期间,当事人不起诉离婚而单独要求过错方赔偿精神损害赔偿的,人民法院不予受理。

第三,看是否存在提起民事诉讼的前置程序。如有前置程序,在前置程序没有完成前不能提起民事诉讼。如《劳动法》第79条规定,劳动争议发生后,当事人可以向本单位劳动争议调解委员会申请调解;调解不成,当事人一方要求仲裁的,可以向劳动争议仲裁委员会申请仲裁。当事人一方也可以直接向劳动争议仲裁委员会申请仲裁。对仲裁裁决不服的,可以向人民法院提起诉讼。由此可见,劳动争议虽是民事纠纷,但应当先进行劳动仲裁,对劳动仲裁不服才能提起民事诉讼。① 事业单位的员工与单位之间发生人事争议时也应当先进行人事仲裁,对人事仲裁裁决不服才能提起民事诉讼。

第四节 选择好诉的类型

诉有三类:形成之诉(变更之诉)、给付之诉和确认之诉。通常情况下,这三类诉之间区别明显,尤其是确认之诉与形成之诉。在这三类诉中,主要需厘清给付之诉与确认之诉、给付之诉与形成之诉之间的关系。因为确认之诉、形成之诉与给付之诉之间有可能是对抗关系,也有可能是补充关系,须认真分析。对抗关系是指提出确认之诉或形成之诉后,不得再提起给付之诉。如请求确认合同无效,则不能同时再请求继续履行合同;请求解除或撤销合同的同时也不能再请求继续履行合同。补充关系是指仅提出确认之诉或形成之诉的话,有时并不能彻底解决纠纷,此时还需要进一步提出给付之诉。如仅仅要求确认股权,并不要求办理股东资格变更登记手续,尚需另行提起一个股东名义变更登记之诉,只有后者才属于给付之诉。如果仅要求解除合同,并不能处理合同解除的财产返还等问题,还需提出请求对方返还财产或者承担赔偿责任的给付之诉。

对抗关系与补充关系的存在意味着原告在起诉时需要根据自己希望达到的目的,慎重选择诉的类型。当不需要给付时,可以提起确认之诉或形成之诉。当形成之诉成立后会遗留返还原物或赔偿损失等给付问题时,原告尚需同时提出给付之诉。当需要给付时,从理论上讲则不能单独提起确认之诉,必须提起给付之诉。法院在审理给付之诉时,首先需要对给付请求权的存在与否作出确认,然后再处理给付问题,此时给付之诉就吸收了确认之诉。不过,在实际立法中,仅有个别司法解释对此有明确规定。比如,《民事诉讼法解释》第312条第2款规定,对案外人提起的执行异议之诉,案外人同时提出确认其权利的诉讼请求的,人民法院可以在判决中一并作出裁判。但当事人不得单独提出确认之诉。因为执行异议之诉的终极目

---

① 例外是最高人民法院《关于审理劳动争议案件适用法律若干问题的解释(二)》第3条规定,劳动者以用人单位的工资欠条为证据直接向人民法院起诉,诉讼请求不涉及劳动关系其他争议的,视为拖欠劳动报酬争议,按照普通民事纠纷受理。

在终止法院对执行标的物的执行行为。如果案外人仅仅要求确认对执行标的物的权利，这属于确认之诉，不具有执行力，无法终止执行。

►【案例】

在原告中国农业发展银行安徽省分行（以下简称农发行安徽分行）诉被告张大标、第三人安徽长江融资担保集团有限公司（以下简称安徽长江担保公司）执行异议之诉一案中，原告农发行安徽分行诉称：2009年4月7日，农发行安徽分行与安徽长江担保公司签订一份《信贷担保业务合作协议》。该协议第4条明确约定：安徽长江担保公司在原告处开立担保保证金专户，账号为20334999900100000419511；安徽长江担保公司需将具体担保业务约定的保证金在保证合同签订前存入该担保保证金专户，安徽长江担保公司需缴存的保证金不低于所担保贷款额度的10%；未经农发行安徽分行同意，安徽长江担保公司不得动用担保保证金专户内的资金。上述合作协议签订后，农发行安徽分行同安徽长江担保公司就信贷担保业务进行合作。安徽长江担保公司按照协议约定缴存规定比例的担保保证金，并据此为相应额度的贷款提供了连带保证责任担保。截至目前，安徽长江担保公司在农发行安徽分行处承保的贷款本息余额尚有22038万元。2011年12月19日，合肥市中级人民法院在审理张大标（本案被告）诉安徽省六本食品有限责任公司、安徽长江担保公司等民间借贷纠纷一案过程中，根据张大标的申请，对安徽长江担保公司上述保证金账户内的资金1495.7852万元进行保全。该案判决生效后，合肥市中级人民法院将上述保证金账户内的资金1338.313257万元划至法院账户。因农发行安徽分行作为案外人提出执行异议，合肥市中级人民法院于2012年11月2日下达裁定驳回农发行安徽分行的异议，并告知农发行安徽分行有权自裁定书送达之日起十五日内向法院提起诉讼。

农发行安徽分行便提起执行异议之诉，请求判令：农发行安徽分行对安徽长江担保公司在农发行安徽分行处开设的担保保证金账户（账号：20334999900100000419511）内的资金享有质权，人民法院对该账户内资金停止强制执行，本案诉讼费由张大标承担。

安徽省合肥市中级人民法院（2012）合民一初字第00505号民事判决书

法院经审理后，驳回了原告的请求。原告不服，向安徽省高级人民法院提起上诉，请求判令农发行安徽分行对安徽长江担保公司在农发行安徽分行处开设的担保保证金账户内的资金享有质权，人民法院对该账户内资金停止强制执行。

安徽省高级人民法院经审理后判决如下：（1）撤销安徽省合肥市中级人民法院

(2012)合民一初字第00505号民事判决;(2)农发行安徽分行对长江担保公司账户内的13383132.57元资金享有质权。

安徽省高级人民法院(2013)皖民二终字第00261号民事判决书(该案例后被最高人民法院确定为第54号指导性案例。但二审判决并没有对上诉人要求"停止强制执行"的上诉请求作出回应,存在严重瑕疵)。

第六章 确定当事人

第一节　确定适格当事人的标准

《民事诉讼法》第119条规定,起诉的积极条件之一就是原告是与本案有直接利害关系的公民、法人和其他组织;有明确的被告。也就是说,在起诉时一定要确保原告适格,否则的话就有可能导致起诉被裁定驳回,浪费人力物力。虽未要求被告适格,但也要尽量确保适格。否则的话,经过审理后发现被告不适格的话,原告的诉讼请求会被驳回,既没有达到诉讼目的,又浪费了人力物力。《民事诉讼法解释》第53条至第74条就是关于适格当事人的规定。

确定当事人适格的标准有三:第一,诉讼担当人,包括法定担当人和意定担当人。法定诉讼担当人的情形有限,主要有:失踪人的财产代管人、死者的近亲属等。意定的诉讼担当人如代表诉讼中的代表人、著作权集体管理组织等。

第二,在确认之诉中,对诉讼标的有确认利益的人。对此类诉讼适格当事人的判断,不是看该当事人是不是争议的实体法律关系的主体,而是看该当事人对争议的解决是否具有法律上的利益关系。比如在消极确认之诉中,原告只要对诉讼标的有确认利益,即为适格的原告。再比如,《婚姻法解释(一)》第7条规定,有权依据婚姻法第10条规定向人民法院就已办理结婚登记的婚姻申请宣告婚姻无效的主体,包括婚姻当事人及利害关系人。利害关系人包括:(1)以重婚为由申请宣告婚姻无效的,为当事人的近亲属及基层组织;(2)以未到法定婚龄为由申请宣告婚姻无效的,为未达法定婚龄者的近亲属;(3)以有禁止结婚的亲属关系为由申请宣告婚姻无效的,为当事人的近亲属;(4)以婚前患有医学上认为不应当结婚的疾病,婚后尚未治愈为由申请宣告婚姻无效的,为与患病者共同生活的近亲属。也就是说,由于利害关系人对诉讼标的有确认利益,因而属于适格的当事人。

第三,实体法律关系当事人。根据当事人适格的理论,当事人是否适格,主要是看当事人对该诉讼的诉讼标的是否具有法定权益即管理处分权。我国在诉讼标的理论上采的是旧实体法说,诉讼标的指的就是实体法律关系,因此,实体法律关系主体即为适格的当事人,此即我国民事诉讼理论中所谓"直接利害关系人"。

第二节　确定适格原告

在实体法律关系当事人中,谁是适格原告通常情况下很好判断,权利受损者就是适格原告。如果实体权利发生,如债权转移,权利的继受者就是适格的原告。如果权利人死亡,死者的近亲属就是适格原告,等等。

但也存在一些特殊情况,需要特别加以注意。一是只有满足特定条件才能作为适格原告。如最高人民法院《关于审理商标民事纠纷案件适用法律若干问题的解释》第4条第2款规定,在发生注册商标专用权被侵害时,独占使用许可合同的被许可人可以向人民法院提起诉讼;排他使用许可合同的被许可人可以和商标注册人共同起诉,也可以在商标注册人不起诉的情况下,自行提起诉讼;普通使用许可合同的被许可人经商标注册人明确授权,可以提起诉讼。独占使用许可合同的被许可人、排他使用许可合同的被许可人和普通使用许可合同的被许可人能否作为适格原告提起诉讼,就有不同的条件要求。

二是有些纠纷里的适格原告由于司法解释存在冲突,大家的理解也不一致,导致实践中的做法各不一样。比如说最高人民法院《关于审理人身损害赔偿案件适用法律若干问题的解释》第1条第2款规定,本条所称"赔偿权利人",是指因侵权行为或者其他致害原因直接遭受人身损害的受害人、依法由受害人承担扶养义务的被扶养人以及死亡受害人的近亲属。第17条第2款规定,受害人因伤致残的,其因增加生活上需要所支出的必要费用以及因丧失劳动能力导致的收入损失,包括残疾赔偿金、残疾辅助器具费、被扶养人生活费,以及因康复护理、继续治疗实际发生的必要的康复费、护理费、后续治疗费,赔偿义务人也应当予以赔偿。根据前者的规定,被扶养人本人就是权利人,系适格原告。但根据后者的规定,受害人才是适格原告。好在2010年6月30日最高人民法院《关于适用〈中华人民共和国侵权责任法〉若干问题的通知》颁布,第4条规定人民法院适用侵权责任法审理民事纠纷案件,如受害人有被扶养人的,应当依据最高人民法院《关于审理人身损害赔偿案件适用法律若干问题的解释》第28条的规定,将被扶养人生活费计入残疾赔偿金或死亡赔偿金。被扶养人生活费这一赔偿项目不复存在,此后再提起诉讼,适格原告就应是扶养人,前述的冲突也得以解决。

三是一个纠纷里可能涉及多个实体法律关系,存在多个适格原告。如交通事故,由于损害结果不一样,有的可能是当事人死亡,有的没有死亡。死亡的自然人其继承人和需要扶养的人的人数也不一样,从而导致赔偿权利人,即适格原告有各种不同的组合形态。如中华全国律师协会在《律师办理道路交通事故损害赔偿法律事务操作指引》第1章中对损害赔偿权利人的不同形态组合作了详细的列举,现摘录如下:

第9条 道路交通事故损害导致身体伤残的,受害人及依法由受害人承担抚养义务的被扶养人,是损害赔偿的权利人。

前款规定的受害人是精神损害抚慰金的损害赔偿权利人。

第10条 道路交通事故损害导致车辆或者其他财产损失的,车辆实际所有人及财产所有人是损害赔偿权利人。

第11条 道路交通事故损害导致自然人死亡的,依法由受害人承担抚养义务的被抚养人及其近亲属,是损害赔偿权利人。

第12条 因道路交通事故损害死亡的受害人,既有第一顺序继承人,也有第二顺序继承人的,被扶养人和第一顺序继承人为损害赔偿权利人。

第13条 因道路交通事故损害死亡的受害人只有第二顺序继承人的,被扶养人和第二顺序继承人为损害赔偿权利人。

第14条 第一顺序继承人中,先于受害人死亡的,先于受害人死亡的子女与其他第一顺序继承人为损害赔偿权利人,该子女仅享有其父母应该享有的权利。

第15条 因道路交通事故损害导致伤残的受害人,在赔偿前死亡的,按照继承法的规定确定损害赔偿权利人。

第16条 因道路交通事故损害应当赔偿的除精神损害抚慰金以外的财产损失发生让与或者继承的,受让人或者继承人为损害赔偿权利人。

第17条 近亲属以外的第三人实际支出的丧葬费用,第三人不属于损害赔偿的权利人,但可以按照无因管理的有关规定办理。

第18条 符合下列条件之一,赔偿权利人不在交强险中主张精神损害抚慰金的,损害赔偿权利人的精神损害抚慰金可以让与或者继承:

(1) 损害赔偿责任人书面向受害人或者死者的近亲属承诺数额确定的精神损害抚慰金;

(2) 损害赔偿权利人向人民法院起诉且有确定数额的精神损害抚慰金。

符合前款规定的让与人或者继承人为损害赔偿权利人。

第19条 损害赔偿权利人为无行为能力人或者限制行为能力人的,其权利应由其监护人代为行使。

第20条 父母因道路交通事故损害致残,尚未出生的胎儿应当预留赔偿份额,父母是损害赔偿的权利人。

第21条 尚未出生的胎儿的父亲因道路交通事故损害导致死亡的,对胎儿预留的赔偿份额,母亲是损害赔偿的权利人。

第三节 确 定 被 告

《民事诉讼法》第119条规定,起诉得有明确的被告。有明确的被告是指,原告需将被告特定化、具体化。原告提供被告的姓名或者名称、住所等信息需具体明确,足以使被告与他人相区别。

在诉讼实践中,通常情况下被告都很明确,如合同违约中的被告。但在侵权纠纷中,有时会出现被告不明确的情形,如车祸逃逸的被告、网上匿名发帖侵犯名誉权的被告。此时原告就要先想办法找到潜在的被告。比如,对于交通肇事逃逸通常就得先报案,通过公安机关的侦破找到被告,或者在事故发生地寻找目击证人等。那如何寻找在网上匿名发帖损害自己名誉权的被告呢?这个问题在国家互联网信息办公室发布《互联网跟帖评论服务管理规定》之前比较复杂。因为很多人注册时并没有提供真实身份,通常要经过以下三个步骤才能确定:第一步,要求发帖网站经营者提供匿名发帖人的注册资料、发帖时使用的IP地址和发帖时访问的该网站的端口(要求该信息是因为网络服务提供者为提高IP地址的使用率,通常并不会给用户一个固定的IP地址,而是随机分配IP地址,只有知道了访问网站的端口,才能最终确定该IP地址的使用者)。但网站经营者会以保护用户隐私为由拒绝,因而原告往往需要起诉,然后向法院申请让其责令网站经营者提供发帖人上述信息。因为最高人民法院《关于审理利用信息网络侵害人身权益民事纠纷案件适用法律若干问题的规定》第4条第1款规定,原告起诉网络服务提供者,网络服务提供者以涉嫌侵权的信息系网络用户发布为由抗辩的,人民法院可以根据原告的请求及案件的具体情况,责令网络服务提供者向人民法院提供能够确定涉嫌侵权的网络用户的姓名(名称)、联系方式、网络地址等信息。此时可能会出现以下可能性:一是行为人实名注册该网络用户名,提供的注册资料可以找到本人的真实情况,如注册登记使用自己的身份证等。此时寻找被告的目的就完成了。二是行为人并未实名注册网络用户名,而是虚假资料进行注册,从而网络服务提供者也不掌握该网络用户的真实身份。此时就需要通过中国互联网信息中心查询IP地址对应的电脑,如该IP地址对应的电脑不是个人的,而是网络服务提供者的,再通过它查找具体的电脑是哪一台。找到后就可以推定该电脑的所有人或者使用人就是匿名发帖人,否认的,由其负责举证。即使如此,也有可能出现最终无法确定发帖人的情形。在《互联网跟帖评论服务管理规定》颁布之后,寻找匿名发帖人就简单多了。其第5条第1项规定,跟帖评论服务提供者应当严格落实主体责任,依法履行以下义务:按照"后台实名、前台自愿"原则,对注册用户进行真实身份信息认证,不得向未认证真实身份信息的用户提供跟帖评论服务。因此,只需要起诉网络服务提供者让其提供发帖人的真实身份就可以。

对于信息已经明确的被告,接下来就是要判断其是否系适格被告。实体法和司法解释对此都有明确的规定。比如,《侵权责任法》第34条第1款规定,用人单位的工作人员因执行工作任务造成他人损害的,由用人单位承担侵权责任。此时就只能列用人单位为被告。《合同法》第402条规定,受托人以自己的名义,在委托人的授权范围内与第三人订立的合同,第三人在订立合同时知道受托人与委托人之间的代理关系的,该合同直接约束委托人和第三人,但有确切证据证明该合同只约束受托人和第三人的除外。

▶【设例】

赵某系某酒店的服务员,因酒店经营需要,该酒店经理派赵某去购买空调,赵某即到其熟悉的某电器公司购买了三台空调,未付款,由赵某以自己的名义给该电器公司出具了欠款条,该电器公司派安装人员将这三台空调安装在了赵某所在的酒店,同时向该酒店开具了发票,该酒店已将发票作记账凭证入账,因电器公司长期未得到付款,将赵某告到法院,坚决要求赵某向电器公司付空调款。本案中,电器公司的请求能否得到支持?

[解析] 不能。赵某在去电器公司购买空调时，虽然是以自己的名义向电器公司出具的手续，但从电器公司派人到酒店安装电器，并且向酒店开发票等行为可以看出电器公司已经知道了酒店与赵某之间的代理关系。按照《合同法》第402条的规定，电器公司应该向酒店主张权利，其向赵某主张权利没有法律依据。

《合同法》第403条规定，受托人以自己的名义与第三人订立合同时，第三人不知道受托人与委托人之间的代理关系的，受托人因第三人的原因对委托人不履行义务，受托人应当向委托人披露第三人，委托人因此可以行使受托人对第三人的权利，但第三人与受托人订立合同时如果知道该委托人就不会订立合同的除外。

受托人因委托人的原因对第三人不履行义务，受托人应当向第三人披露委托人，第三人因此可以选择受托人或者委托人作为相对人主张其权利，但第三人不得变更选定的相对人。委托人行使受托人对第三人的权利的，第三人可以向委托人主张其对受托人的抗辩。第三人选定委托人作为其相对人的，委托人可以向第三人主张其对受托人的抗辩以及受托人对第三人的抗辩。

► 【设例】

王某在某公司任办公室主任，因该公司需要看望工伤的职工，公司经理派王某去购买礼品，王某便去熟人李某那里购买了价值1000元的礼品，以自己的名义给李某出具了欠款条，未告知李某用途，也未让李某开具发票。后李某向王某追要欠款，王某告知李某所购的货物是用于本单位公务，现单位资金紧张，请求缓一下再还欠款，又过了一段时间，该公司因经营不善倒闭，无力偿还这笔债务。本案中，李某能否要求王某承担责任？

[解析] 可以。在王某向李某披露了其所在单位，李某坚决要求王某偿还欠款，就说明李某行使选择权，选择了王某作为相对人承担债务，李某的主张，符合《合同法》第403条规定的间接代理，但选定王某后，不得再做变更，其诉讼请求应得到支持。

有时司法解释也会对适格被告作出规定。

► 【设例】

被告将位于北京市东城区安外大街20号安圣苑C楼505室出售付给原告，双方签订了《商品房买卖合同》。原告在支付了首付后，余款66万申请贷款。中国建设银行股份有限公司北京西四支行(第三人)与原告(借款人)及被告(保证人)签订了《个人住房贷款借款合同》。第三人将66万全额划入被告账户。被告按约定期限向原告交付了房屋，原告在入住后的三年内因被告不能为其办理产权双方发生争议，诉至法院要求解除与被告之间签订的《商品房买卖合同》，退还首付款及已还贷款及利息。第三人也要求解除与原、被告之间签订的《个人住房贷款借款合同》，并返还贷款。本案中,第三人银行应当要求谁返还贷款?

[解析] 银行虽然将款项直接划入了被告账户,但从法律关系上看,买房人原告才是借贷人,被告仅是保证人,似乎应当由原告返还。但最高人民法院《关于审理商品房买卖合同纠纷案件适用法律若干问题的解释》第25条规定,以担保贷款为付款方式的商品房买卖合同的当事人一方请求确认商品房买卖合同无效或者撤销、解除合同的,如果担保权人作为有独立请求权第三人提出诉讼请求,应当与商品房担保贷款合同纠纷合并审理;未提出诉讼请求的,仅处理商品房买卖合同纠纷。担保权人就商品房担保贷款合同纠纷另行起诉的,可以与商品房买卖合同纠纷合并审理(第1款)。商品房买卖合同被确认无效或者被撤销、解除后,商品房担保贷款合同也被解除的,出卖人应当将收受的购房贷款和购房款的本金及利息分别返还担保权人和买受人(第2款)。由此可见第三人银行应当要求被告开发商返还贷款。

▶【设例】

贾某将一辆旧车卖给朋友丁某,考虑到办理过户手续很麻烦,就没有办理车辆过户。后丁某又将这辆车转卖给刘某,刘某不久前开车将一行人骆某撞成重伤,经交警部门认定为刘某全责。因刘某无钱为骆某医治,骆某向法院提起诉讼。本案中,应当以谁为被告?

[解析] 以刘某为被告。贾某不承担责任。2001年12月31日最高人民法院颁布的《关于连环购车未办理过户手续,原车主是否对机动车发生交通事故致人损害承担责任的请求的批复》规定:"连环购车未办理过户手续,因车辆已交付,原车主既不能支配该车的运营,也不能从该车的运营中获得利益,故原车主不应当对机动车发生交通事故致人损害承担责任。但是连环购车未办理过户手续的行为,违反有关行政管理法规的,应受其规定的调整。"

实体法上的适格被告有些是附有条件的,只有在条件成就时,才是适格被告。如《消费者权益保护法》第40条第2款规定,消费者或者其他受害人因商品缺陷造成人身、财产损害的,可以向销售者要求赔偿,也可以向生产者要求赔偿。属于生产者责任的,销售者赔偿后,有权向生产者追偿。属于销售者责任的,生产者赔偿后,有权向销售者追偿。如果消费者购买的商品仅是不合格,并没有造成消费者人身、财产损害的,就不能直接起诉生产者。

▶【案例】

2004年8月7日,消费者关某从翠微大厦购得苏泊尔经美国杜邦特许制造的苏泊尔炒不怕特富龙铁金刚30CM不粘炒锅。他在得知不粘锅可能致癌后认为生产者和销售者存在欺诈,于是将不粘锅生产企业浙江苏泊尔炊具股份有限公司和销售企业北京翠微大厦股份有限公司告上法庭,要求撤销其与北京翠微大厦股份有限公司不粘炒锅买卖合同,返还不粘炒锅,由北京翠微大厦股份有限公司退还货款196

元并赔偿196元。本案中,浙江苏泊尔炊具股份有限公司是不是适格被告?

[解析] 海淀区人民法院认为,从合同之诉的角度分析,关某向翠微公司付款并购买不粘锅的行为,在双方之间形成买卖合同关系,双方均为合同相对人,而生产者苏泊尔公司并未参与买卖行为,其并非合同相对人,关某与苏泊尔公司之间无约定的权利义务,据此,关某选择苏泊尔公司作为本案被告,主体不适格。消费者因产品缺陷遭受人身、财产损害的,可以向销售者要求赔偿,也可以向生产者要求赔偿,故此情况下消费者可以选择销售者或生产者为被告,也可将销售者、生产者列为共同被告。消费者在未受到人身、财产损害,仅属于购买、使用产品过程中发生如产品买卖行为存在欺诈,产品质量导致退货、维修、更换等,消费者主张权利的相对人应为销售者,而非生产者。在此情况下,生产者不应被列为被告。驳回关某对浙江苏泊尔炊具股份有限公司的起诉。①

但在侵权关系下,尤其是法人不作为侵权时,谁应当是履行职责的人,即谁是适格的被告往往难以判断。此时最稳妥的办法就是将所有可能需承担责任的人都列为被告,通过诉讼来确定谁最终应是适格被告。尤其是要列上有财产的被告,为日后的执行奠定基础。

► 【案例】

王先海是北京飞天木门厂的职工,2005年4月17日晚,王先海为单位承接的碧水庄园木门安装施工后寻找旅馆住宿时,跌进位于京昌高速公路沙河西侧辅路"公路6号界桩"以东一个无盖井中。王先海当即被送往北京市红十字会急诊抢救中心抢救治疗,住院43天。经诊断为:左侧肾破裂、左侧肾动脉断裂、左侧肾静脉断裂、后腹膜巨大血肿、双侧肺挫伤、双侧少量血胸。王先海人体损伤程度经鉴定为七级残疾。王先海因此支出医疗费等费用并遭受相关损失。事后,王先海将北京市市政管理委员会、北京市昌平区市政管理委员会、北京市市政工程管理处、北京市路政局、北京市公路局昌平分局等五部门起诉,索赔38万元。诉讼中,5被告对于伤人的污水井到底属于谁管理分歧严重。

被告市政管理委员会辩称:市政管理委员会是北京市市政管理的行政机关,履行的是行政管理职能,并非民法意义上的管理人,与原告不存在民事法律上的利害关系,故原告起诉市政管理委员会没有法律依据,请求法院依法驳回原告的诉讼请求。

被告市路政局辩称:该污水井是由市政管理委员会和昌平区市政管委负责管理的,他们是实际管理人,且此污水井的所有人也不是市路政局,故市路政局不是此案的赔偿义务人,请求法院驳回原告对市路政局的起诉。

---

① 案例详情可参见《审判前沿新类型案件审判实务》(2006年第2集)(总第16集),法律出版社2007年版。

被告市政工程管理处辩称:我们单位是养护维修的企业,按照《北京市城市道路的管理办法》和《北京市城市排水暂行办法》及地下设施的管理规定相关内容对城市市政公共设施担负养护维修的责任,我单位养护责任的范围是城近郊八个区,不包括昌平区,故本案与我单位没有关系,请求法院驳回原告的诉讼请求。

被告昌平区市政管理委员会辩称:京昌八达岭高速公路及其辅路属于国道,依照《北京市城市道路管理办法》(市政府2005年第156号令)该路段(沙河段)的建设、养护维修和监督管理权不在我方,且该路段从建成至今也没有任何单位将该路段的建设、养护维修和监督管理权移交我方;事后,我单位曾组织公路局昌平分局、首都公路发展有限公司、沙河市政管理所等单位,亲赴现场检查井的所属权,经现场查明,该井未与沙河辖区任何污水井相连,最后确认为道路雨水的支线检查井。综上,原告起诉我单位有误,请求法院驳回原告的诉讼请求。

被告公路局昌平分局辩称:井盖丢失是由于人为盗窃的结果,故井盖丢失造成原告损害应由盗窃井盖的违法行为人承担赔偿责任;原告诉状中称"污水井由北京市市政管委、昌平区市政管委、市政工程管理处共同负责管理和维护",那么本案应由上述三个单位承担赔偿责任,事实上该污水井也不属于我单位管理;我单位作为道路的行政主管部门,履行国家赋予的对道路的行政管理职能,如果我单位因没有认真履行行政管理职能造成原告损害的,也应提起行政诉讼而不是民事诉讼;综上,原告的损害与我单位没有因果关系,请求法院驳回原告对我单位的起诉。

法院最终认定归北京市公路局昌平分局管理,判决其赔偿14万余元。

北京市昌平区人民法院(2005)昌民初字第9923号民事判决书

同样的纠纷,如都是交通事故,由于发生的原因各不一样,司机的身份也不一样,实体法律关系不一样,导致责任人也不一样,需要具体情况具体分析。如中华全国律师协会在《律师办理道路交通事故损害赔偿法律事务操作指引》第1章中对责任人作了详细的列举,现摘录几条如下:

第22条 驾驶员驾驶自己所有的机动车发生道路交通事故损害并负有责任的,驾驶员是损害赔偿责任人。

第23条 专职驾驶员、单位工作人员或者雇员因执行工作任务发生道路交通事故损害并负有责任的,驾驶员执行工作任务的单位或者雇主是损害赔偿责任人。

在劳务派遣期间,被派遣的工作人员因执行工作任务造成他人损害的,以接受劳务派遣的用工单位为当事人。当事人主张劳务派遣单位承担责任的,该劳务派遣单位为共同被告。

第24条 专职驾驶员为个人事务驾驶单位机动车发生道路交通损害的,视为驾驶员执行单位工作任务。

第25条 除专职驾驶员之外的雇员或者单位工作人员擅自驾驶车辆,驾驶行为与雇佣活动、执行工作任务无关的,车辆驾驶人承担赔偿责任,车辆所有人或者管理人有过错的,承担过错赔偿责任。

对于企业法人被告,如果其已经被吊销营业执照,是否还可以作为被告呢?最高人民法院在《关于人民法院不宜以一方当事人公司营业执照被吊销,已丧失民事诉讼主体资格为由,裁定驳回起诉问题的复函》(法经[2000]23号)规定,企业法人营业执照被吊销后,应当由其开办单位(包括股东)或者企业组织清算组依法进行清算,停止清算范围外的活动。清算期间,企业民事诉讼主体资格依然存在。本案中人民法院不应以甘肃新科工贸有限责任公司(以下简称新科公司)被吊销企业法人营业执照,丧失民事诉讼主体资格为由,裁定驳回起诉。后最高人民法院在《关于企业法人营业执照被吊销后,其民事诉讼地位如何确定的复函》(法经[2000]24号)中又再次重申,企业法人被吊销营业执照后至被注销登记前,该企业法人仍应视为存续,可以自己的名义进行诉讼活动。如果该企业法人组成人员下落不明,无法通知参加诉讼,债权人以被吊销营业执照企业的开办单位为被告起诉的,人民法院也应予以准许。其法理依据就是企业法人只有依法完成清算、注销登记的,才能终止。《民法总则》第68条现对此予以了明确规定。

第七章 诉讼请求

第一节　诉讼请求之含义

根据《民事诉讼法》第 119 条的规定,起诉的积极条件之一就是得有具体的诉讼请求。那什么是诉讼请求呢？我国立法机关认为具体的诉讼请求是指,原告必须明确其起诉所要解决的问题,也就是向人民法院提出保护自己民事权益的具体内容。一般有以下几类：一是请求人民法院确认某种法律关系,比如请求确认原被告双方的收养关系,请求确认某公民失踪或死亡；二是请求对方当事人履行给付义务,比如请求对方赔偿损失,请求对方偿还贷款本息,请求对方履行合同约定的义务；三是请求变更或者消灭一定的民事法律关系,比如请求离婚,请求变更或者撤销合同。① 这种理解将认定公民失踪或者死亡也作为诉讼请求,显然将当事人在非讼程序中提出的请求也囊括在内。

鉴于民事诉讼法既包括争讼程序,又包括非讼程序,在争讼程序中,包括一审、二审和再审程序,每种程序中都有诉讼请求,因此,诉讼请求可以按不同的标准作不同的分类。按照程序之功能是解决纠纷还是认定事实,诉讼请求可以分为争讼程序中的诉讼请求和非讼程序中的诉讼请求。按诉的种类可分为确认之诉中的诉讼请求、形成之诉中的诉讼请求和给付之诉中的诉讼请求。对于争讼程序中的诉讼请求,按照审级可以分为一审诉讼请求、二审诉讼请求和再审诉讼请求。二审诉讼请求意在撤销或变更一审诉讼请求；再审诉讼请求意在撤销或变更原审的诉讼请求。按照法律依据可以分为实体法上的诉讼请求、程序法上的诉讼请求。鉴于争讼程序中的一审诉讼请求对当事人影响最大、最为常见,且是二审诉讼请求、再审诉讼请求的基础,因此,一审诉讼请求最基础,也最具有价值。

学界对诉讼请求的理解在表述上虽有区别但差距不大,主流观点认为诉讼请求是原告向被告提出的实体权利主张。诉讼请求是"原告以起诉的方式,通过受诉法院向被告提出的实体权利主张"②。"诉讼请求是原告以诉讼标的为基础提出的具体实体权利请求,即诉讼请求是指原告所要追求的实体上的具体法律地位或者具体法律效果的诉讼主张。具体实体权利请求即原告行使诉权或提起诉讼所欲获得的具体的实体法律地位或实体法律效果,构成了诉讼请求的实体内容。"③不过,主流观点也有值得商榷之处。因为从诉讼请求的依据看,尽管通常都是根据实体法律提出的,但也有一些诉讼请求没有实体法律依据,还有一些诉讼请求是根据程序法提出的,如以《民事诉讼法》第 56 条规定的第三人撤销之诉为依据提出的诉讼请求、以《民事诉讼法》第 200 条第 1 款第 7 项至第 10 项规定的再审事由启动再审后而提出

---

① 全国人大常委会法制工作委员会民法室编：《中华人民共和国民事诉讼法条文说明、立法理由及相关规定》,北京大学出版社 2012 年版,第 199—200 页。
② 江伟主编：《民事诉讼法学原理》,中国人民大学出版社 1999 年版,第 593 页。
③ 罗筱琦：《民事判决对象的比较研究》,载《比较民事诉讼法》1999 年第 1 期。

的诉讼请求。因此从诉讼请求追求的利益看,既包括实体权益也包括程序权益。从诉讼请求针对的主体看,一是被告,二是法院。如果将法院排除在外的话,就无法将诉讼请求与权利人直接要求义务人承担法律责任区分开来。从诉讼请求的目的看,一是原告向被告主张自己的权利,如要求被告认可自己是权利主体或要求变更二者之间的法律关系,或要求被告承担法律责任等;二是原告要求法院以特定的形式对自己的权利进行保护,如作出给付判决、变更判决或形成判决。质言之,诉讼请求包括两个部分:"原告针对被告的一定法的利益之主张,以及原告针对法院的承认主张并作出判决(胜诉的给付判决、确认判决及形成判决)之要求"。① 因此,诉讼请求就是原告向人民法院提出的要求以特定形式,按特定、具体的内容解决自己与被告间纠纷之主张。

第二节 诉讼请求提出之要求

由于诉讼请求实行处分原则,法院只能在当事人所提诉讼请求范围内下判,对于当事人该提而没有提的诉讼请求,法官即使发现了也不能自作主张予以裁判。因此,诉讼请求提得全面不全面、好不好、妥当不妥当对维护当事人的合法权益至关重要。对于诉讼请求提出之要求,《民事诉讼法》第119条仅规定"具体",但没有解释何谓"具体",除此之外并未提出其他要求。那诉讼请求不"具体"有什么后果呢?什么样的诉讼请求算"具体"的呢?除"具体"之,是否还需要遵循其他要求呢?

▶一、一般要求

在提出诉讼请求时,除了遵循"具体"的要求外,还需要遵循很多《民事诉讼法》没有提出,但在法理上或实体法上存在的要求。这些要求包括:

(一)与诉讼类型保持一致

诉有三种类型:给付之诉、形成之诉和确认之诉。这三类诉对诉讼请求的要求不一样。比如确认之诉通常就只有一个诉讼请求。典型特征是表述中带有"确认"二字:请求确认原告李枝银与被告炉坪煤矿之间从1997年1月至2014年1月22日期间存在劳动关系。

四川省宣汉县人民法院(2014)宣汉民初字第178号民事判决书

---

① 〔日〕新堂幸司:《新民事诉讼法》,林剑锋译,法律出版社2008年版,第216页。

请求确认被告与第三人以原告名义签订的《回购协议》无效。

北京市西城区人民法院(2014)西民初字第14368号民事判决书

请求确认原告在户外运动内层服装上使用"Baselayer"标志不侵犯被告所拥有的第8022378号"BaseLayer"注册商标专用权。

上海市徐汇区人民法院(2013)徐民三(知)初字第653号民事判决书

对于形成之诉,则是要求法院判决撤销、变更或者解除等。根据案件的具体情形其诉讼请求通常会分别带有上述三个词语之一。如请求解除原被告之间的婚姻关系;请求判决原告变更为被告李艳明赡养,由被告李艳明承担对原告的赡养之责,原告的责任田交由被告李艳明耕管。

云南省富民县人民法院(2014)富民初字第365号民事判决书

请求依法解除双方于2001年2月1日签订的《学校租赁合同》。

山东省昌乐县人民法院(2013)乐红民初字第147号民事判决书

至于给付之诉,由于给付的对象很多,一般没有典型的"给付"字眼,而是其他的动词词汇,如"给付""继续履行""归还""赔礼道歉""停止侵害"等。

(二)与所选择的法律关系保持一致

提出诉讼请求时都需要依据,不论是实体法依据还是程序法依据,哪怕是法理依据。

▶【案例】

杨先生刚买19天的蓝鸟轿车被许先生驾驶的小客车撞坏,交管部门认定许先生负事故全部责任。事后,小客车车主崔先生承担了杨先生车辆修理的全部费用。

但是杨先生认为修复后的车子的性能已经打了折扣,实际价值发生了损失,随后向法院提起诉讼,向许先生和崔先生索要达4万元的"贬值费"。杨先生的主张在法院一审时遭到了驳回,法院认为杨先生索要"贬值费"的主张没有法律依据。二审时法院接受了杨先生的司法鉴定申请,委托国家发展改革委价格认证中心对修复后的蓝鸟车进行了鉴定,鉴定车辆的"贬值费"为2.5万元。法院据此判决被告赔偿杨先生"贬值费"2万元。

不同的法律依据决定了不同的诉讼请求,尤其是出现请求权竞合时,一定要根据当事人希冀达到的目标慎重选择实体法律关系,然后根据选择的实体法律关系提出诉讼请求。比如以侵权作为起诉依据时,不要提违约金的诉讼请求;以违约作为起诉依据时,不要提精神损害赔偿的诉讼请求。

再比如提起执行异议之诉,根据《民事诉讼法解释》第305条之规定,应有明确的排除对执行标的执行的诉讼请求,且诉讼请求与原判决、裁定无关。因此,执行异议之诉中的诉讼请求就应当是这样:对讼争标的物三江花园富春苑××幢×单元×××室及浙A×××××福特蒙迪欧牌轿车停止执行。

杭州市下城区人民法院(2014)杭下执异初字第1号民事判决书

如果是根据《民事诉讼法》第56条第3款提起第三人撤销之诉,则其诉讼请求就是这样:请求依法撤销西安市碑林区人民法院(2012)碑民一初字第00736号民事判决书。

西安市碑林区人民法院(2013)碑民初字第00457号民事判决书

大部分诉讼请求都是根据实体法提出的,我国的实体立法是按照权利—义务—责任的方式进行立法的。诉讼请求实际上就是权利人要求义务人应承担的责任。实体法在规定责任时,采用的是集中规定的方式,如《民法总则》第179条规定,承担民事责任的方式主要有:(1)停止侵害;(2)排除妨碍;(3)消除危险;(4)返还财产;(5)恢复原状;(6)修理、重作、更换;(7)继续履行;(8)赔偿损失;(9)支付违约金;(10)消除影响,恢复名誉;(11)赔礼道歉。法律规定惩罚性赔偿的,依照其规定。《物权法》第33—38条规定的责任形式有:(1)请求确认权利;(2)返还原物;(3)排除妨害或者消除危险;(4)修理、重作、更换或者恢复原状;(5)损害赔偿。根据《侵权责任法》第15条的规定,承担侵权责任的方式主要有:(1)停止侵害;(2)排除妨碍;(3)消除危险;(4)返还财产;(5)恢复原状;(6)赔偿损失;(7)赔礼道歉;(8)消除影响,恢复名誉。《合同法》第107条规定,当事人一方不履行合同义务或者履行合同义务不符合约定的,应当承担继续履行、采取补救措施或者赔偿损失等违约责任。以上承担侵权责任的方式,可以单独适用,也可以合并适用。不同的法律关系,承担责任的方式肯定是不一样,故一定要根据具体的法律关系选择准确的责任形式,尤其是在请求权竞合时更要谨慎。具体而言,通常要注意下列问题:

第一,鉴于具体的实体法律关系决定诉讼请求,因此,先要确定法律关系有效还是无效,因为二者的责任形式完全不一样。比如合同关系是有效的,就可以主张违约责任、损害赔偿等。若合同关系是无效的,由于《合同法》第58条规定合同无效或者被撤销后,因该合同取得的财产,应当予以返还;不能返还或者没有必要返还的,应当折价补偿。有过错的一方应当赔偿对方因此所受到的损失,双方都有过错的,应当各自承担相应的责任。因此原告只能主张返还财产、赔偿损失,不能主张违约责任。当合同关系发生变动时,则要根据最新的法律关系选择诉讼请求。

▶【设例】

原告从被告某建筑材料商贸有限公司处购买地板砖66箱,每箱3块,共计198块,货款共计5742元。被告第一次送货58箱,第二次送货8箱。但颜色与第一次送货颜色不一致,并称厂家同一颜色地板砖无货。双方经协商,被告同意退还此8箱地板砖货款,且该8箱地板砖归原告使用。后原告到被告处取货款,被告拒绝。原告起诉到法院要求被告将地板砖更换为同一颜色,并赔偿经济损失3900元。本案中,该诉讼请求能否得到法院支持?

[解析] 不能。被告第一次违约后,原告有多种救济途径。原告选择了协商解决。双方对第一个合同予以了变更。原告所提诉讼请求在诉讼前已经为原被告双方所放弃。对于被告的再次违约,原告不能按照之前的合同内容寻求救济,只能遵照变更后的合同要求被告承担退还货款的责任。

第二,法律关系的效力确定后,需要根据法律关系的具体内容确定诉讼请求。鉴于有的责任是约定的,有的责任是法定的;对于约定的责任一定要看当事人之间是否有约定以及如何约定。比如有效合同里的违约责任,就要看合同是否有约定,有约定的话,约定是何种责任形式,是违约金还是定金。如果约定的是违约金责任就不能要求对方承担定金责任。

► 【设例】

原告某公司与被告朱某于2016年8月9日签订一份买卖面粉设备合同,约定朱某的一套面粉设备以6000元的价格卖给某公司,当年8月底交货付款,某公司给付定金500元。合同没有违约金条款。合同签订后,原告给付定金500元。8月26日,被告擅自将该套面粉设备卖与他人。原告无奈,诉至法院,要求被告支付违约金1000元。本案中,该请求能否得到支持?

[解析] 不能。因为合同约定的是定金责任,而不是违约金责任,尽管要求的违约金金额与执行定金罚则的金额一样,但二者是两种完全不同的责任。

诉讼请求应当与所选择的法律关系保持一致,这只是一个底线。但并不是说绝对不能提出法律关系没有规定的诉讼请求。在确保底线的基础上,出于日后调解的需要,可以策略性地提出一些被告显然做不到的诉讼请求,以便给对方施加压力。因为调解就意味着权利人要让步,日后调解时,放弃这些被告做不到的诉讼请求,从而全面保留自己应得的利益,有些类似丢卒保车。

► 【设例】

一对夫妇满心欢喜地到医院去生孩子,又含辛茹苦地把孩子养育了十几年,突然有一天发现这孩子不是自己的亲生骨肉,自己的孩子又苦觅无踪。原告起诉医院,要求赔偿,合理合法。原告要求医院归还自己的孩子可不可以呢?既然孩子确已无法找回,原告要求医院归还自己的孩子的请求当然无法实现,况且既然已经要求医院因丢失自己的孩子而要求赔偿,又要求归还岂不是重复请求?但这个请求非常合情,能反映原告内心深处的真切意愿,也能博得理解和同情,不增加诉讼负担,日后调解时可以放弃,提出来未尝不可!

(三) 确保提出的诉讼请求能够实现

尽管实体法有时对某一法律关系规定了很多责任形式,如《合同法》第107规定:当事人一方不履行合同义务或者履行合同不符合约定的,应当承担继续履行、采取补救措施或者赔偿损失等违约责任。但有时有些责任方式在特定的情形下无法兑现,因此,《合同法》第110条又进一步规定:当事人一方不履行非金钱债务或者履行非金钱债务不符合约定的,对方可以要求履行,但有下列情形之一的除外:(1) 法律上或者事实上不能履行;(2) 债务的标的不适于强制履行或者履行费用过高;(3) 债权人在合理期限内未要求履行。最常见的情形就是一房两卖、一物两卖。当房屋已经过户,动产已经交付后,权利人不得要求再交付,只能请求支付违约金或赔偿损失。

► 【设例】

某交管站与某村经济合作社协商后在流经该村的丁堡河南闸段处安装3吨的

固定吊机一台。后交管站对外发出公告,出售吊机和码头。汪某前去报名,并向交管站缴纳竞标报名费2万元。因在公告期内只有汪某一人报名,交管站同意以7万元的底价将吊机及码头出售给汪某,但双方未签订书面协议,也未对何时履行作出约定。后来交管站将上述吊机和码头出售给齐某,双方签订了资产转让协议,办理了公证手续。同日,齐某缴纳了7万元,双方实际履行了合同。因此汪某经交管站通知取回了报名费。原告认为交管站未能履约,故请求判令交管站按约定全面履行合同。本案中,原告的诉讼请求能否得到支持?

[解析] 不能。《物权法》第23条规定,动产物权的设立和转让,自交付时发生效力,但法律另有规定的除外。本案中的吊机已经交付,齐某已经取得了所有权。再要求交管站交付吊机属于在法律上不能。

确保诉讼请求能够实现的第二个方面就是要考虑执行,即考虑诉讼请求得到法院支持后如何有效地强制执行,尤其是有多个被告时。进入执行后,有的被告有财产,有的被告可能没有财产。只有牢牢抓住有财产的被告,原告的合法权益才能最大限度地实现。对于多个被告之间的责任,实体法中规定有连带责任、不真正连带责任、补充责任等。这些责任形式对于强制执行都会产生重大影响。所谓的连带责任是指当事人按照法律的规定或者合同的约定,连带地向权利人承担责任。在此种责任中,权利人有权要求责任人中的任何一个人承担全部的或者部分的责任,责任人也有义务承担部分的或者全部的责任。根据债权人不同的要求,每一个债务人可以清偿全部的或者部分的债务。任何一个连带债务人对于债权人作出全部的清偿,都将导致责任消灭。① 由于最高人民法院《关于审理人身损害赔偿案件适用法律若干问题的解释》第5条第1款规定,赔偿权利人起诉部分共同侵权人的,人民法院应当追加其他共同侵权人作为共同被告。赔偿权利人在诉讼中放弃对部分共同侵权人的诉讼请求的,其他共同侵权人对被放弃诉讼请求的被告应当承担的赔偿份额不承担连带责任。责任范围难以确定的,推定各共同侵权人承担同等责任。这一条并没有赋予原告选择被告的权利,因此学理认为连带责任并不体现在起诉的选择上,而体现在执行中的选择上。在执行阶段,债权人可以依据生效判决,请求人民法院对一部分债务人强制执行,从而实现部分或全部债权。"受害人可在执行阶段选择共同侵权人之一、数人或全体承担责任,这与连带债务理论并无不合,只不过将其选择权的实现后置到连带债务经诉讼确定后的执行阶段而已,对债权人有益无害。"② 不真正连带责任是指多数债务人就同一内容之给付,各负全部履行之义务,而因一债务人之履行,则全体债务消灭之债务。③ 如《侵权责任法》第43条规定,因

---

① 王利明著:《民法总论》,中国人民大学出版社2009年版,第311页。
② 奚晓明主编,最高人民法院侵权责任法研究小组编著:《〈中华人民共和国侵权责任法〉条文理解与适用》,人民法院出版社2010年版,第74页。
③ 郑玉波著、陈荣隆修订:《民法债编总论》(修订版),中国政法大学出版社2004年版,第425页。

产品存在缺陷造成损害的,被侵权人可以向产品的生产者请求赔偿,也可以向产品的销售者请求赔偿。产品缺陷由生产者造成的,销售者赔偿后,有权向生产者追偿。因销售者的过错使产品存在缺陷的,生产者赔偿后,有权向销售者追偿。补充责任是责任人在行为人自己不足以赔偿某行为所致损害时,就其不足部分承担的赔偿责任。① 如《担保法》第17条第2款规定,一般保证的保证人在主合同纠纷未经审判或者仲裁,并就债务人财产依法强制执行仍不能履行债务前,对债权人可以拒绝承担保证责任。一般保证人承担的就是补充责任。"补充责任的顺序性应当具体转化为强制执行申请权之顺序性,在确定直接责任与补充责任之后,有权利人按照先申请强制履行直接责任后申请履行补充责任之顺序实现"。②

这就意味着只有原告提出要求被告承担连带责任的诉讼请求并得到了法院的支持,在强制执行中才能行使选择权。如在原告黎家宏诉被告吴俊、陈敏峰、邝友军身体权纠纷一案中,原告诉请判令:三被告连带赔偿原告各项损失合计2798.90元。法院最终判决被告吴俊、陈敏峰、邝友军于本判决生效之日起10日内连带赔偿原告黎家宏1681.90元。

广东省佛山市三水区人民法院(2014)佛三法民一初字第211号民事判决书

在补充责任中,原告若主动提出补充责任对自己不利,可以提出要求被告承担连带责任。在诉讼中,被告会提出自己只承担补充责任,若查明的事实确实如此,法院会判决被告仅承担补充责任。如在原告盛述进与被告刘传众、高凤龙、刘启林民间借贷纠纷一案中,尽管原告请求判决被告刘传众返还借款10万元,被告高凤龙承担连带偿还责任。法院在查明高凤龙提供的是一般保证后,判决(1)被告刘传众返还原告盛述进借款本金10万元,于本判决生效后10日内付清;(2)在被告刘传众经依法强制执行仍不能履行债务时,由被告高凤龙对该10万元借款不能偿还部分承担保证责任;(3)被告高凤龙承担保证责任后,有权向被告刘传众追偿。

山东省曹县人民法院(2015)曹民初字第2705号民事判决书

----

① 《北京大学法学百科全书:民法学 商法学》,北京大学出版社2004年版,第7页。
② 肖建国、宋春龙:《民法上补充责任的诉讼形态研究》,载《国家检察官学院学报》2016年第2期。

（四）诉讼请求最好一次全部提出

在有些诉讼中，当事人可以提出很多诉讼请求，如人身侵权中，受害人可以要求物质损害赔偿、精神损害赔偿、赔礼道歉等。如果受害人仅要求物质损害赔偿和赔礼道歉，而没有要求精神损害赔偿，在胜诉后，再次起诉要求精神损害赔偿的话，法院将不再受理。因为最高人民法院《关于确定民事侵权精神损害赔偿责任若干问题的解释》第6条规定，当事人在侵权诉讼中没有提出赔偿精神损害的诉讼请求，诉讼终结后又基于同一侵权事实另行起诉请求赔偿精神损害的，人民法院不予受理。但是不是可以就此认为，只要没有一次提出的诉讼请求，以后都不能提出呢？也不是。最高人民法院《婚姻法解释（一）》第24条规定，人民法院作出的生效的离婚判决中未涉及探望权，当事人就探望权问题单独提起诉讼的，人民法院应予受理。《民事诉讼法解释》第328条规定，在第二审程序中，原审原告增加独立的诉讼请求或者原审被告提出反诉的，第二审人民法院可以根据当事人自愿的原则就新增加的诉讼请求或者反诉进行调解；调解不成的，告知当事人另行起诉。

在诉讼实践中，更常见的一种情形是将一笔金钱债权分为几次诉讼，如债权人金融公司甲对债务人乙有1亿元债权，但乙仅有100万元净资产，故甲请求法院判决乙先行偿还100万元①，对于剩余的9900万元日后还能否再诉。再比如在借贷纠纷案件中能否先诉本金后诉利息。这些问题涉及的都是"一事不再理"问题。学术界对于这种先诉一部分、再诉一部分的情况称为部分请求。应否允许部分请求，不论是学术界还是实务界目前的观点不一。有的支持②，有的反对。③ 各地法院的态度不一。尽管最高人民法院在中国长城资产管理公司乌鲁木齐办事处与新疆华电工贸有限责任公司、新疆华电红雁池发电有限责任公司、新疆华电苇湖梁发电有限责任公司等借款合同纠纷案中持支持态度。

最高人民法院（2008）民二终字第79号民事判决书

但为稳妥起见，所有诉讼请求最好还是一次提出。

需要注意的是，一审法庭辩论结束后因新发生的事实引发的纠纷可以再诉，因为既判力的基准时就是一审法庭辩论结束时，即对此之前发生的事实所产生的法律

---

① 参见吴庆宝主编：《最高人民法院专家法官阐释民商裁判疑难问题》，人民法院出版社2007年版，第244页。
② 参见严仁群：《部分请求之本土路径》，载《中国法学》2010年第2期；黄毅：《部分请求论之再检讨》，载《中外法学》2014年第2期。
③ 蒲菊花：《部分请求的理性分析》，载《现代法学》2005年第1期。

关系产生遮断效力,当事人不得再诉。此后发生的事实引发的法律关系可以再诉。比如《民事诉讼法解释》第218条规定,赡养费、扶养费、抚育费案件,裁判发生法律效力后,因新情况、新理由,一方当事人再行起诉要求增加或者减少费用的,人民法院应作为新案受理。最高人民法院《关于审理人身损害赔偿案件适用法律若干问题的解释》第19条第2款规定,医疗费的赔偿数额,按照一审法庭辩论终结前实际发生的数额确定。器官功能恢复训练所必要的康复费、适当的整容费以及其他后续治疗费,赔偿权利人可以待实际发生后另行起诉。但根据医疗证明或者鉴定结论确定必然发生的费用,可以与已经发生的医疗费一并予以赔偿。

在诉讼实践中,比较容易忘记提出的诉讼请求是请求判决由被告承担原告的律师代理费,因为在我国原则上败诉方不承担胜诉方的律师费。但也有部分司法解释规定胜诉方可以要求被告赔偿原告方聘请律师的费用。如最高人民法院《关于审理商标民事纠纷案件适用法律若干问题的解释》第17条规定,《商标法》第56条(现为第63条)第1款规定的制止侵权行为所支付的合理开支,包括权利人或者委托代理人对侵权行为进行调查、取证的合理费用(第1款)。人民法院根据当事人的诉讼请求和案件具体情况,可以将符合国家有关部门规定的律师费用计算在赔偿范围内(第2款)。最高人民法院《关于适用〈中华人民共和国合同法〉若干问题的解释(一)》(以下简称《合同法解释(一)》)第26条也规定,债权人行使撤销权所支付的律师代理费、差旅费等必要费用,由债务人负担;第三人有过错的,应当适当分担。①

有些诉讼请求在起诉时如果确实忘了提出或者提得不妥,则可以利用诉讼请求变更制度,在法庭辩论终结前对诉讼请求加以补充完善。但在变更诉讼请求时,需要注意是否会导致管辖法院的变更。一旦导致先前的法院没有管辖权,而被告又提出管辖异议的话,就有可能导致移送管辖或者驳回起诉。如最高人民法院《合同法解释(一)》第30条规定,债权人依照《合同法》第122条的规定向人民法院起诉时作出选择后,在一审开庭以前又变更诉讼请求的,人民法院应当准许。对方当事人提出管辖权异议,经审查异议成立的,人民法院应当驳回起诉。

▶【案例】

沈先生一家三口人乘坐由沈阳飞往昆明的东航云南公司航班前往昆明旅游。飞机到达郑州机场后,要进行中转。因飞机晚点,沈先生向沈阳市仙桃机场所在地东陵区法院起诉,要求航空公司承担违约责任,返还飞机票款1110元、赔偿损失200元,并当面赔礼道歉。不久,沈又追加了东航的侵权责任,提出了数额为1元钱的精

---

① 由败诉方承担律师费的案件主要有:法律援助案件、著作权侵权案件、商标侵权案件、专利侵权案件、不正当竞争案件、合同纠纷中债权人行使撤销权诉讼案件、担保诉讼案件、商事仲裁案件、合同中明确约定律师费由败诉方承担的案件等。

神赔偿请求。东航云南公司向东陵区法院提出管辖权异议,认为此案应当由被告所在地昆明市官渡区法院管辖。本案中,法院应当如何处理该案?

[解析] 裁定驳回起诉。因为沈先生第一次是按照合同纠纷起诉的。仙桃机场所在地东陵区法院作为运输合同的始发地法院有管辖权。变更诉讼请求后,沈先生的起诉依据是侵权纠纷,就只能由被告住所地或者侵权行为地法院管辖。仙桃机场所在地东陵区法院既非被告住所地也非侵权行为地,因而没有管辖权。法院应当驳回沈先生的起诉。

要求对方承担诉讼费用的请求可以提也可以不提。因为此项诉讼请求即使原告没有提出,法院也会依职权作出处理。

(五)提出多个诉讼请求时,要确保这些诉讼请求相互不冲突,但预备之诉讼请求除外

由于《民法总则》《合同法》《物权法》等都规定了多种责任形式,有时当事人确实又可以提出多个诉讼请求,如开发商迟延交房,购房人可以要求继续履行、支付违约金等。此时要特别注意诉讼请求之间是否存在冲突。像《合同法》所规定的责任形式有的建立在解除合同的基础上,如退货、解除合同等;有的建立在继续保留合同的基础上,如继续履行、修理、更换、重作、减少价款或者报酬等违约责任。即使责任形式都是建立在保留合同基础上,有些责任形式也不可并存,如《合同法》第116条规定,当事人既约定违约金,又约定定金的,一方违约时,对方可以选择适用违约金或者定金条款。再如《合同法》第114条第2款规定,约定的违约金低于造成的损失的,当事人可以请求人民法院或者仲裁机构予以增加;约定的违约金过分高于造成的损失的,当事人可以请求人民法院或者仲裁机构予以适当减少。最高人民法院《关于适用〈中华人民共和国合同法〉若干问题的解释(二)》(以下简称《合同法解释(二)》)第29条进一步规定,当事人主张约定的违约金过高请求予以适当减少的,人民法院应当以实际损失为基础,兼顾合同的履行情况、当事人的过错程度以及预期利益等综合因素,根据公平原则和诚实信用原则予以衡量,并作出裁决。当事人约定的违约金超过造成损失的30%的,一般可以认定为《合同法》第114条第2款规定的"过分高于造成的损失"。

常见的相冲突的责任形式包括:(1)退还与修理;(2)继续履行合同与解除或撤销合同;(3)违约金与定金;(4)违约金和赔偿损失;(5)所有权保留买卖合同中取回权和货款支付权。

《合同法》第167条规定,分期付款的买受人未支付到期价款的金额达到全部价款的五分之一的,出卖人可以要求买受人支付全部价款或者解除合同。出卖人解除合同的,可以向买受人要求支付该标的物的使用费。

▶【案例】

原告东莞市捷扬机械有限公司(以下简称捷扬公司)诉称,被告东莞市兴通电线有限公司(以下简称兴通公司)、王明球分别于 2012 年 12 月 6 日、2013 年 4 月 8 日共同向原告订购了 24 台 150#立式成型机,价值 450660 元,双方约定被告付清货款之前,原告供应给被告的机械所有权仍然应当归属原告。原告依照约定向被告销售了 24 台 150#立式成型机,但被告仅仅支付了原告 130660 元,尾款 320000 元一直没有支付。请求法院判令:(1) 被告立即向原告支付货款 320000 元以及利息(利息从起诉之日按照银行同期逾期贷款利率计算直至全部货款付清之日为止);(2) 依法判令确认在被告付清全部货款之前,案涉的 24 台 150#成型机归原告所有;(3) 本案的诉讼费用由被告负担。本案中,第一个、第二个诉讼请求能否并存?

广东省东莞市第三人民法院(2013)东三法民二初字第 1500 号民事判决书

[解析] 对于原告要求确认在被告付清全部货款之前案涉的 24 台 150#成型机归原告所有的诉请,由于所有权保留并非是永久性保留,所有权只能保留到买卖合同中双方约定的付款期限届满出卖人作出选择时为止。出卖人可以选择所有权,也可以选择债权,但二者不能并存。在诉讼实践中,法院最终支持了原告的第一个诉讼请求,驳回了第二个诉讼请求。

(六) 诉讼请求原则上不得附条件

对于当事人提出的诉讼请求,无论其有无法律依据,法院均负有作出判决的义务。而附条件之诉讼请求,乃指是法院对于诉讼请求所负审判义务之发生或消灭,附以停止或解除条件。在民法上有附条件的法律行为,"条件"是指决定民事法律行为效力产生和消灭的未来不确定的事实。① 由于条件不确定,对于附解除条件的法律行为而言,法律行为的效力何时停止不确定。对于附停止条件的法律行为而言,法律行为何时生效不确定。

▶【设例】

男女恋爱,女殴男,男诉至法院要求赔偿。诉讼请求:请求判决女方赔偿 1 万元。若女方愿意与我结婚,则不要求赔偿。此案中的诉讼请求附的是何种条件?

---

① 王利明:《民法总论》,中国人民大学出版社 2009 年版,第 256 页。

[解析] 此案中的诉讼请求,附的是解除条件。如果女方同意结婚,法院无须判决。

▶【设例】
某人被一穷光蛋殴打,诉至法院要求赔偿。诉讼请求:待其有钱时,请判决赔我5万元。此案中的诉讼请求附的是何种条件?

[解析] 此案中的诉讼请求,附的是停止条件。等到被告有钱时,法院才需要判决。

民事诉讼中不允许提出附条件的诉讼请求,是因为民事诉讼有审限要求,必须在法定期限内审理完结。如果允许附条件的话,鉴于条件是否成就具有不确定性,进而导致法院何时开始判决或何时无需判决不确定,使得审理在审限内无法完成。

例外是预备之诉讼请求。预备之诉讼请求是指在一个诉中,当事人提出多个诉讼请求,但诉讼请求之间存在冲突,一个诉讼请求成立,则另一个诉讼请求就不成立。此时当事人要求在第一个诉讼请求不成立时,对第二个诉讼请求进行审理并判决。第一个诉讼请求得到支持就成了解除第二个诉讼请求判决的条件。这种情形之所以允许不在禁止之列,是因为第一个诉讼请求能否得到支持在审限内可以确定,不会导致第二个诉讼请求在审限内无法完成。

▶【案例】
2009年7月10日,黄书恒建筑设计咨询(上海)有限公司(以下简称黄书恒公司)与昆山锦东大酒店有限公司(以下简称昆山公司)签订规划设计监造委托契约一份,后者委托前者承担锦东大酒店新建工程建筑、景观及其内装、家具、家饰之规划、设计、监造、咨询服务等事宜。2009年7月30日,黄书恒公司与苏州立诚建筑设计院有限公司(以下简称立诚公司)签订建设工程设计契约书,委托第三人承担部分工作,工作范围为锦东大酒店新建工程(包含建筑、机电、线路管道及景观等工程及其室内装修、家具、家饰)之规划、设计、咨询服务、相关政府部门许可申办等事宜。

黄书恒公司在与昆山公司签订合同后进行了设计工作,2009年11月昆山市锦溪镇人民政府同意将锦溪东方老爷度假酒店新建工程基本设计(方案文本)报告书上报昆山市规划局审批,申请表中设计单位为立诚公司。后规划局将该申请予以退回,黄书恒公司陈述是规划局要求修改游轮造型,但是昆山公司坚持游轮造型导致项目无法继续进行。2010年3月,昆山公司委托律师发函给黄书恒公司,陈述其存在多项问题,且因为A基地工程无法取得政府部门审批故要求解除合同。昆山公司已经支付黄书恒公司款项共计376418元。

后黄书恒公司起诉,要求原审被告支付设计费4405402元,请求判令原审被告支付违约金1644587元。其坚持认为合同是有效的,如法院认定无效,基于对法院的尊重和自身利益的考虑,同意变更诉讼请求并对已经完成的工作量进行司法鉴定,要求原审被告赔偿损失300万元(暂定)。本案中的诉讼请求是否符合要求?

江苏省苏州市中级人民法院(2012)苏中民终字第0696号民事判决书

[解析] 本案中黄书恒公司的第一个诉讼请求建立在合同有效的基础上,第二个诉讼请求建立在合同无效的基础上,二者相互冲突,不能并存。原告要求法院在否定了第一个请求的前提下审理第二个诉讼请求。因此第二个诉讼请求属于预备的诉讼请求,符合要求。在实际诉讼中,法院认定合同无效,并开始审理第二个诉讼请求。但由于无法对已经完成的工作量进行鉴定,最终判决驳回了黄书恒公司的全部诉讼请求。

需要注意的是,预备之诉讼请求与存在必要牵连关系的诉讼请求是两码事。存在必要牵连关系诉讼请求是指某一诉讼请求的不成立是其他诉讼请求不成立的前提。比如,在离婚诉讼中通常原告会提出多个诉讼请求:解除婚姻关系、分割共有财产、由自己抚养孩子等。实际上,这是由多个诉合并而产生的诉讼请求合并。但法院支持解除婚姻关系这一诉讼请求是可能支持后两个诉讼请求的前提。换言之,如果法院判决不予离婚,后两个诉讼请求不予审理。与此类似的还有《婚姻法》第46条,根据该条的规定,重婚,有配偶者与他人同居,实施家庭暴力,虐待、遗弃家庭成员四种情形导致离婚的,无过错方有权请求损害赔偿。最高人民法院《婚姻法解释(一)》第29条规定,人民法院判决不准离婚的案件,对于当事人基于《婚姻法》第46条提出的损害赔偿请求,不予支持(第2款)。在婚姻关系存续期间,当事人不起诉离婚而单独依据该规定提起损害赔偿请求的,人民法院不予受理(第3款)。也就是说,判决离婚是支持损害赔偿的必要条件。

▶ 二、"具体"之要求

前述有关诉讼请求的要求,都比较清晰,好理解,也容易遵守。最不好理解、不好把握的是"具体"这一要求。如果诉讼请求不"具体"会对民事诉讼实务产生怎样的影响呢?

▶【案例】

在原告郝群(笔名慕容雪村)诉被告北京百度网讯科技有限公司侵犯著作权一案中,原告提出的诉讼请求有四项:(1) 立即停止侵权,采取有效措施制止侵犯我著作权的行为再次发生;(2) 关闭百度文库(网址为 wenku.baidu.com);(3) 持续7天在百度文库首页向我赔礼道歉;(4) 赔偿我经济损失 48000 元(按照 300 元/千字×版权页字数)并承担我为制止侵权支出的合理费用 4038 元(包括律师费 3800 元和公证费 238 元)。一审法院最后的判决是:(1) 本判决生效之日起 10 日内,被告北京百度网讯科技有限公司赔偿原告郝群经济损失 27700 元及合理开支 4000 元;(2) 驳回原告郝群的其他诉讼请求。也就是说,原告提出的四项诉讼请求,除第四项部分得到了支持外,其余三项均被驳回。法院驳回原告第一项诉讼请求的理由是:郝群提出的要求百度公司采取有效措施制止侵犯郝群著作权的行为再次发生的主张,至于何为有效措施,郝群未给予说明并提交证据,且有效措施会随着认识的提高和技术的发展不断完善,具有不确定性,故本院对郝群的此项请求不予支持。驳回第二项诉讼请求的理由是:关于关闭百度文库的主张,实际与郝群提出的停止侵权、采取必要措施制止侵权的诉讼请求相矛盾,郝群未对此矛盾作合理解释。而且,百度文库属于百度公司商业经营模式之一,一定程度上具有文化传播等方面的进步意义,具有实质性非侵权用途。百度公司作为经营百度文库的信息存储空间服务提供者,在对百度文库的经营管理中,有自己法定的权利和义务,也会为自己的违法行为承担相应的法律责任,故要求关闭百度文库的主张并无法律依据,本院对此不予支持。法院驳回第三项诉讼请求的理由是:关于赔礼道歉的主张,郝群未能解释其法律依据,亦未主张其著作人身权被侵犯,故本院对此项请求无法予以支持。

北京市海淀区人民法院(2012)海民初字第 5549 号判决书

受诉法院之所以驳回原告的第一项诉讼请求是因为原告请求被告制止侵犯其著作权的"有效措施"不明确、不确定,实际上就是认为原告的诉讼请求不具体,不符合《民事诉讼法》第 119 条之规定。问题是该条仅要求诉讼请求"具体",并没有对它进行解释,也没有提出具有操作性的判断标准,该如何认定某一诉讼请求是否达到"具体"的要求呢?

由于诉可以分为三类,诉讼请求也可以分为确认之诉中的诉讼请求、形成之诉中的诉讼请求和给付之诉中的诉讼请求。诉讼请求是否具体需要按不同的种类分别确定。

(一) 确认之诉、形成之诉诉讼请求具体之判断

确认之诉是指原告要求人民法院确认实体法上的权利或法律关系存在不存在之诉。① 鉴于权利是法律关系的必备内容之一，确认之诉可以进一步简化要求确认实体法律关系存在不存在之诉。尽管有的实体法使用的是权利的字眼，如我国《物权法》第33条规定，因物权的归属、内容发生争议的，利害关系人可以请求确认权利。其最终目的仍是要求确认当事人之间是否存在实体法律关系。只要当事人之间的实体法律关系确定，原告的法律地位或者说原被告之间的法律效果相应地会得到确定，从而起到预防纠纷发生的作用。比如一旦确定原告享有所有权，则法律效果就是原告之外的包括被告在内的所有人都是义务主体。因此，可以说原告提起确认之诉要求确认原被告之间的实体法律关系是手段，确定原告的法律地位或者原被告间的法律效果是终极目的。确认法律关系存在的属于积极确认之诉，确认法律关系不存在的属于消极确认之诉。

形成之诉者，要求法院确定私法上形成权存在，同时因形成权之行使，依判决宣告法律关系发生、变更或消灭之诉。② 当形成权需要通过法院或者仲裁机关行使时，就会产生形成之诉。当原告提起形成之诉时，就意味着原告认为自己可以干预自己与被告之间的或者数个被告之间的实体法律关系。前者如婚姻请求权，后者如《合同法》第74条规定的债权人撤销权。由此可见，形成之诉针对的对象也是法律关系，只不过追求的法律效果是法律关系的变更或消灭。

相对于给付之诉而言，确认之诉与形成之诉的诉讼请求是否具体比较好判断，原因有二：一是原告追求的法律效果简单。确认之诉中是确认民事法律关系存在或不存在；形成之诉中是发生、变更或消灭民事法律关系。二是二者都不存在履行或强制执行问题，无需考虑执行对具体化问题的影响。因此，只要对象与法律效果具体了，这两类诉讼中的诉讼请求相应地就具体了。

详言之，在这两类诉讼中，"具体"的判断标准有二：一是看法律效果是否具体。由于确认之诉的责任形式只有两种：法律关系存在或不存在；形成之诉也只有三种：发生、变更或消灭。这些法律效果都只有质，没有量。明确了性质就达到了具体的要求。二是看对象是否具体，即看民事法律关系是否具体。在法律效果非常简单的情况下，只要对象具体了，整个诉讼请求也就具体了。这两类诉讼针对的都是民事法律关系。因此关键在于如何判断民事法律关系是否具体。具体的民事法律关系都包括三个部分：主体、客体和内容。各种民事法律关系相互之间能够区分开来就是因为在这三个方面各不相同。只要将这三个方面具体化了，整个民事法律关系就具体了。主体由于在起诉书的当事人部分已经明确，只需进一步明确民事法律关系

---

① 王锡三：《民事诉讼法研究》，重庆大学出版社1996年版，第166页。
② 王甲乙、杨建华、郑健才：《民事诉讼法新论》，台湾广益印书局1983年版，第243页。

的内容和客体即可。民事法律关系的内容已为立法定型化或当事人约定,并被赋予不同的名称,如所有权关系、共有关系、婚姻关系、买卖合同关系等。只要指明了具体法律关系的名称,内容相应也就具体了。在诉讼实践中,很多法院都要求原告在起诉书中注明案由,如所有权确认纠纷、担保物权确认纠纷等,实际上就是要求原告表明其所选择的是何种实体法律关系。客体则可通过时间、空间、行为、名称、物理性质等加以具体化。客体可以在诉讼请求中直接描述,也可以在起诉书的事实与理由部分描述。

因此,确认之诉的诉讼请求可有以下两种表达方式。一是同时描述内容与客体,如"要求确认位于北京市怀柔区东关二区95号院内北方东数第1间和西厢房北数第1间为原告所有"。

北京市怀柔区人民法院(2014)怀民初字第02028号民事判决书

"要求法院确认原告对北京市丰台区马家楼村×号院×楼×房屋享有居住权"。

北京市丰台区人民法院(2013)丰民初字第9388号民事判决书

"请求判令我与被告于2007年1月9日签订的补充协议合法有效"。

北京市海淀区人民法院(2014)海民初字第13441号民事判决书

二是将客体描述放在事实与理由部分,诉讼请求只描述内容。如"原告刘×1诉称:我与刘×2、刘×3系姐弟、姐妹关系。2010年在父亲刘×4的主持下,四人对父亲刘×4原居住房屋门头沟×街×排×号房产拆迁换得的两套楼房及拆迁款的分配和老人的赡养问题达成了一致意见。协议签订后老人于2013年8月在养老院中去世(系自然死亡)。2014年春节后被告刘×2表示反悔。为避免日后亲人间产生不必要的家庭矛盾,我提起民事诉讼,请求法院依法确认赡养分房协议有效"。

北京市门头沟区人民法院(2014)门民初字第1125号民事判决书

单看诉讼请求,分房协议针对的是哪儿的房并不具体,一旦结合事实与理由就具体了,这种方式也符合具体化的要求。

对于形成之诉,只要将具体的法律关系与追求的法律效果结合起来就满足了具体化的要求。如请求判决解除原被告之间的婚姻关系或收养关系。在诉讼实践中,虽然有的当事人请求法院撤销某种法律行为,如在某债权人撤销权纠纷中,原告请求法院判令:1. 撤销徐和与徐西西关于北京市朝阳区××小区甲1号7层B801号房屋的买卖行为;2. 撤销徐和与徐西西关于北京市朝阳区××小区甲5号A座27层3006房屋的买卖行为。撤销之要求与撤销的对象均很具体。

北京市海淀区人民法院(2013)海民初字第07865号民事判决书

有的当事人请求撤销书面协议,如请求:(1) 撤销原告陈秋季、黄德样与被告签订的《债权债务清结确认书》;(2) 撤销原告陈秋季、黄德样与被告签订的《谅解确认书》。

浙江省平阳县人民法院(2014)温平鳌民初字第463号民事判决书

由于民事法律行为会在当事人之间产生民事法律关系,因此撤销民事法律行为实际上还是要求法院撤销基于这些民事法律行为产生的法律关系。只要法律关系被撤销,就对双方没有约束力。书面协议或房屋只不过是法律关系的承载体而已。

当要求变更民事法律关系的主体、客体和内容中的某一个或多个时,说清楚具体的变更内容就满足了具体之要求。如请求判令将×××在公司30%的股权变更登记至原告的名下,或请求判令将女儿的抚养权由被告变更为原告,变更的就是主体。

（二）给付之诉中诉讼请求"具体"之判断

给付之诉是原告基于给付请求权请求法院责令被告履行给付行为的诉讼。根据《民法通则》开创的，并为《民法总则》继承的权利—义务—责任之立法结构，给付之诉都是因为被告违反了法定或约定义务，双方无法自行解决，原告只得请求法院判决被告承担给付责任。给付之诉中的诉讼请求就是原告要求被告承担某种给付行为的主张。我国立法规定了众多的给付责任形式。如《民法总则》第134条规定了11种民事责任：（1）停止侵害；（2）排除妨碍；（3）消除危险；（4）返还财产；（5）恢复原状；（6）修理、重作、更换；（7）继续履行；（8）赔偿损失；（9）支付违约金；（10）消除影响、恢复名誉；（11）赔礼道歉。《侵权责任法》第15条仅是删除了《民法总则》中的支付违约金和修理、重作、更换，继续履行，保留了所列举的其他8种责任形式。《物权法》第32—37条从请求权的角度规定了权利人可以请求确认权利；请求返还原物；请求排除妨害或者消除危险；可以请求修理、重作、更换或恢复原状；请求损害赔偿等。从义务人的角度看，实际上就是责任形式。《合同法》第7章规定了继续履行，采取补救措施，赔偿损失，修理、更换、重作、退货，减少价款或者报酬，违约金，定金等责任形式。

给付之诉中的诉讼请求是否具体则不好判断。一是尽管给付的对象可以归结为财产和行为两类，但由于财产和行为的具体表现形式多种多样，因而导致责任形式的具体承担方式多种多样。二是对于金钱类请求而言，还存在数量问题。对于行为类责任而言，存在作为和不作为两种情形。对于物而言，存在种类物和特定物问题。给付的类型不同，对具体的要求也不同。三是给付之诉的判决需要履行或强制执行，导致具体之程度不好把握，不够具体与过于具体都会造成履行或强制执行困难。

判断给付之诉中的诉讼请求是否"具体"，第一是看原告是否提出了要求被告承担的具体责任形式，即责任形式之具体。《民法总则》《物权法》《合同法》《侵权责任法》等采取的是集中规定责任形式，而不是在各种法律关系与责任形式之间进行一一对应规定的方法。但这并不表明无论什么法律关系发生争议，原告可以主张所有的责任形式。由于当事人之间发生争议的法律关系各不一样，原告可以要求被告承担的具体责任也不一样。需要从法理上对发生争议的法律关系进行具体分析，从众多的责任形式中提出合适的、具体的、与争议法律关系相适应的责任形式。比如人身侵权可以要求精神损害赔偿，但合同违约则不可以；在合同违约中可以主张定金罚则，但在人身侵权中则不可以；对于已经结束的侵权，不得请求停止侵害；对于原物不存在的，只能请求赔偿，不能请求返还原物，等等。

第二是原告还需从履行或强制执行的角度分析所选择的责任形式是否需要进一步具体化，即责任内容之具体。立法规定的责任形式仅是一个非常笼统的模糊概念。有的责任形式没有明确其组成部分，如赔偿损失；有的则没有明确实现的方式，如赔礼道歉，消除影响，恢复名誉。若不对其进一步具体化的话，日后义务人无法主动履行,法院也无法强制执行。至于如何具体,财产类责任和行为类责任有所区别。

1. 财产类诉讼请求"具体"之判断

财产责任可以细分为金钱类责任和非金钱类责任。对于非金钱类责任,如交付物、返还财产等,诉讼请求的具体程度取决于要求交付的是种类物还是特定物。如果是要求交付特定物,具体程度必须达到仅凭诉讼请求本身或者与事实理由相结合后就能将交付的对象特定,能与别的特定物区分开来,否则就不够具体。如请求法院判决被告"将车牌号为京 GA2007 的桑塔纳小轿车一辆返还我"。

北京市通州区人民法院(2014)通民初字第 15249 号民事判决书

该诉讼请求就属于凭自身就达到具体了。如果要求交付的是种类物,其虽然无需达到交付特定物那样的具体程度,但也不能仅指出物的通用名称,而必须具体到物的类名称。比如说,请求法院判决被告交付 3 万块砖的诉讼请求。砖显然属于种类物,但其可以根据不同的标准作不同的分类,如空心砖和实心砖、红砖与水泥砖。如果原告在事实理由里没有对砖的种类加以具体化,且被告生产的砖又有好几种的话,该诉讼请求显然不够具体,无法履行或强制执行。

对于金钱类责任形式,比如赔偿损失,是否具体需要分三步进行分析:第一步是具体损失的种类。关于损失种类,有的司法解释已经对其作了一定程度的具体化。比如最高人民法院《关于审理人身损害赔偿案件适用法律若干问题的解释》第 17 条规定了三类不同的损失情形,并且对每种情形下的损失种类也作了具体规定。受害人遭受人身损害,因就医治疗支出的各项费用以及因误工减少的收入,包括医疗费、误工费、护理费、交通费、住宿费、住院伙食补助费、必要的营养费,赔偿义务人应当予以赔偿(第 1 款)。受害人因伤致残的,其因增加生活上需要所支出的必要费用以及因丧失劳动能力导致的收入损失,包括残疾赔偿金、残疾辅助器具费、被扶养人生活费,以及因康复护理、继续治疗实际发生的必要的康复费、护理费、后续治疗费,赔偿义务人也应当予以赔偿(第 2 款)。受害人死亡的,赔偿义务人除应当根据抢救治疗情况赔偿本条第 1 款规定的相关费用外,还应当赔偿丧葬费、被扶养人生活费、死亡补偿费以及受害人亲属办理丧葬事宜支出的交通费、住宿费和误工损失等其他合理费用(第 3 款)。第 18 条还规定了精神损害赔偿。因此,对于损害赔偿而言,提出损失种类属于完成了具体化的第一步。

赔偿损失具体化的第二步就是提出具体的赔偿数额或计算方法。对于损失额度已经确定的损失种类,如医疗费、误工费、残疾赔偿金、死亡赔偿金、精神损害赔偿等就需要提出具体的赔偿数额,方能视为满足具体的要求。由于费用种类不同,确定具体金额的方法也就不同。有的有计算方法,如残疾赔偿金;有的则没有,如精神损害赔偿。正是因为精神损害赔偿没有准确的计算依据,基本靠估算,特别容易出现高估,一旦没有得到支持的精神损害赔偿部分特别多的话,就有可能出现获得的赔偿抵不上自己需要承担的案件受理费。因此,在提精神损害赔偿时不可狮子大开口。

▶【案例】

钱缘诉上海屈臣氏日用品有限公司侵害名誉权案

上海市第二中级人民法院(1998)沪二中民终字第 2300 号民事判决书

1998 年 7 月 8 日上午十时许,当钱缘离开上海屈臣氏日用品有限公司四川北路店时,店门口警报器鸣响,该店一女保安员上前阻拦钱缘离店,并引导钱缘穿行三处防盗门,但警报器仍鸣响,钱缘遂被保安人员带入该店办公室内。女保安用手提电子探测器对钱缘全身进行检查,确定钱缘在髋部带有磁信号。在女保安员及另一女文员在场的情况下,钱缘解脱裤扣接受女保安的检查。店方未检查出钱缘身上带磁信号的商品,允许钱缘离店。但钱缘向店方提出抗议,要求店方赔偿精神损失,并表示要向有关部门投诉。钱缘以自己在四川北路店无端遭到搜身,被两次脱裤检查,使自己心理受到极大伤害为由,便起诉上海屈臣氏日用品有限公司和四川北路店,要求二者公开登报赔礼道歉,赔偿精神损失费人民币 50 万元。

一审法院判决被告上海屈臣氏日用品有限公司四川北路店应赔偿钱缘精神等损失费人民币 25 万元(此款于本判决生效之日起 10 日内一次付清);被告上海屈臣氏日用品有限公司承担连带责任。

二审法院改判上海屈臣氏日用品有限公司应对钱缘精神损害赔偿人民币 1 万元(该款自本判决生效之日起 3 日内给付)。

由于 50 万元的精神损害赔偿最终只支持了 1 万元,49 万元部分的案件受理费就只能自己承担。根据当时的诉讼费用计算办法,49 万元部分的案件受理费远不止 1 万元,也就是说,钱缘获得的赔偿不抵应交的案件受理费。①

---

① 也正是因为精神损害赔偿没有精确的计算方法,容易出现得不偿失的情形,而精神损害赔偿又经常出现在人格权侵权诉讼中,因此我国现行的《诉讼费用交纳办法》将此类诉讼改为原则按件征收,达到一定金额后才按比例征收。其第 13 条第 2 款第 2 项规定,侵害姓名权、名称权、肖像权、名誉权、荣誉权以及其他人格权的案件,每件交纳 100 元至 500 元。涉及损害赔偿,赔偿金额不超过 5 万元的,不另行交纳;超过 5 万元至 10 万元的部分,按照 1% 交纳;超过 10 万元的部分,按照 0.5% 交纳。

对于那些有具体计算方法的赔偿项目,各自的计算方法也不相同,故在具体化请求金额时一是要掌握计算方法,二是要算清账。如果客观条件限制无法根据计算方法计算出准确的赔偿额,那就只能估计一个赔偿额度。如果法律规定有法定赔偿范围,那就在该范围确定一个赔偿金额。如《专利法》第65条规定,侵犯专利权的赔偿数额按照权利人因被侵权所受到的实际损失确定;实际损失难以确定的,可以按照侵权人因侵权所获得的利益确定。权利人的损失或者侵权人获得的利益难以确定的,参照该专利许可使用费的倍数合理确定。赔偿数额还应当包括权利人为制止侵权行为所支付的合理开支。权利人的损失、侵权人获得的利益和专利许可使用费均难以确定的,人民法院可以根据专利权的类型、侵权行为的性质和情节等因素,确定给予1万元以上100万元以下的赔偿。

对于某些会随着时间推移发生变化的损失,如利息损失,必须得有具体的截止日期,才能计算出具体的金额。这个截止日期应当计算到何时非常复杂,后文将开辟专节详述。

也有些法律或司法解释对如何计算赔偿额作了明确规定,如最高人民法院《关于审理人身损害赔偿案件适用法律若干问题的解释》第19—29条规定了各类损失的计算方法。只是其中有些项目计算方法并不特别详细、清晰,详述如下:

(1) 医疗费。根据医疗机构出具的医药费、住院费等收款凭证,结合病历和诊断证明等相关证据确定。医疗费的赔偿数额,按照一审法庭辩论终结前实际发生的数额确定。也就是说,截止时间为一审法庭辩论终结时。

(2) 误工费。根据受害人的误工时间和收入状况确定。具体计算公式为:

有固定工资的:误工费赔偿金额 = 误工时间(天) × 日平均工资(元/天)。日平均工资标准 = 受害人年固定工资 ÷ 12个月 ÷ 21.75天/月(法定月计薪天数)。工资由下列六个部分组成:计时工资;计件工资;奖金;津贴和补贴;加班加点工资;特殊情况下支付的工资。而不仅仅是指标准工资、基本工资。

无固定工资的又分两种情况:

第一种情况:能够证明其最近三年的平均收入的状况的,按照其最近三年的平均收入计算。误工费赔偿金额 = 误工时间(天) × 最近三年日平均工资(元/天);

第二种情况:不能够证明其最近三年的平均工资收入状况的。误工费赔偿金额 = 误工时间(天) × 受诉法院所在地相同、相近行业上一年度的职工日平均工资(元/天)。①

---

① 上一年度的"城镇居民人均可支配收入""农村居民人均纯收入""城镇居民人均消费性支出""农村居民人均年生活消费支出""职工平均工资"均由各省、自治区、直辖市统计局发布。由于各省、自治区、直辖市统计局是每年5月下旬公布上一年度在岗职工分行业平均工资统计数据,每年1月至5月底辩论终结时,上一年度的统计数据必然还没有公布,只能按省、自治区、直辖市统计局公布的前一年度在岗职工分行业年平均工资统计数据计算受害人各种费用。由于工资水平逐年提高,前一年度的工资水平低于上一年度的工资水平,按前一年度统计数据计算各种费用,原告肯定吃亏,但为不影响案件审理期限,只能如此。

(3) 护理费。根据护理人员的收入状况和护理人数、护理期限确定。

护理人员有收入的,参照误工费的规定计算。

护理费赔偿金额 = 护理时间(天) × 日平均工资(元/天) × 护理人数。

护理人员没有收入或者雇用护工的,参照当地护工从事同等级别护理的劳务报酬标准计算。

护理费赔偿金额 = 当地护工同等级别护理劳务报酬标准 × 护理依赖系数(完全护理依赖100%,大部分护理依赖80%,部分护理依赖50%) × 护理天数 × 护理人数。

其中:护理人员原则上为一人,但医疗机构或者鉴定机构有明确意见的,可以参照确定护理人员人数。护理期限应计算至受害人恢复生活自理能力时止。受害人因残疾不能恢复生活自理能力的,可以根据其年龄、健康状况等因素确定合理的护理期限,但最长不超过20年。护理级别可以参照公安部颁布的于2009年1月1日实施的《人身损害护理依赖程度评定(GA/T800-2008)》确定,其规定的标准适用于因人为伤害、交通事故、意外伤害等因素所造成的人身伤残、精神障碍护理依赖程度的评定。该规定按日常生活活动能力十个项目分别评分,每项10分,总分值100分。总分值在61分以上,日常生活活动基本自理,为不需要护理依赖。总分值在60分以下,为需要护理依赖。护理依赖程度总分值在60—41分,为部分护理依赖。总分值在40—21分,为大部分护理依赖。总分值在20分以下,为完全护理依赖。护理依赖赔付比例分以下三等:一是完全护理依赖100%;二是大部分护理依赖80%;三是部分护理依赖50%。

需要注意的是,如果是工伤,确定护理依赖时的依据是中华人民共和国《职工工伤与职业病致残程度鉴定标准(GB/T16180-2006)》。根据该规定,护理依赖指伤、病致残者因生活不能自理需依赖他人护理者。生活自理范围主要包括下列五项:进食;翻身;大、小便;穿衣、洗漱;自我移动。护理依赖的程度分三级:一是完全护理依赖指生活不能自理,上述五项均需护理者。二是大部分护理依赖指生活大部分不能自理,上述五项中三项需要护理者。三是部分护理依赖指部分生活不能自理,上述五项中一项需要护理者。《工伤保险条例》中生活护理费按照生活完全不能自理、生活大部分不能自理或者生活部分不能自理3个不同等级支付,其标准分别为统筹地区上年度职工月平均工资的50%、40%或者30%。

虽都是护理依赖程度的鉴定,但系不同的评定标准,适用的对象也不一样,在依据护理等级鉴定计算护理费用时,也须按照不同的赔付比例(或称护理依赖系数)进行计算。

(4) 残疾赔偿金。根据受害人丧失劳动能力程度或者伤残等级,按照受诉法院所在地上一年度城镇居民人均可支配收入或者农村居民人均纯收入标准,自定残之日起按20年计算。但60周岁以上的,年龄每增加一岁减少一年;75周岁以上的,按5年计算。

具体计算公式是:

残疾赔偿金＝受诉法院所在地上一年度(城镇/农村)居民人均收入×赔偿年限×伤残赔偿指数。

受诉法院所在地上一年度(城镇/农村)居民人均收入由省市自治区统计局发布。

由于城镇居民人均可支配收入通常要高于农村居民人均纯收入,于是就出现了城镇居民获赔额要高于农村居民获赔额,即"同命不同价"的现象。为改变这一不合理的现象,广东、江西、江苏、山东、安徽、河南、重庆、广西、河南等省、市、自治区高级人民法院纷纷出台相关法规和法律文件明确规定,对已经在城镇居住、工作、生活且达到一定期限的农村居民,应视为城镇居民,其人身损害赔偿按照城镇居民的标准对待。如河南省高级人民法院制定的《关于加强涉及农民工权益案件审理工作,切实保护农民工合法权益的意见》(豫高法发(2006)14号)第15条规定:"受害人为农民工的医疗损害、交通肇事及其他损害赔偿案件审理中,凡在城镇有经常居住地,且其主要收入来源地为城镇的,有关损害赔偿费用根据当地城镇居民的相关标准计算。"对此,作为原告系农村居民的代理律师,一定要查阅当地高级人民法院有无此类规定。有的话,应积极收集证据,证明原告在城镇有经常居住地,比如居住地居委会的证明,居住地派出所户口证明,居住证,在城市里购有住房等。

伤残赔付指数是指与伤残等级相对应的赔偿比例。伤残等级分为十级,一级最重,十级最轻,相对应的赔偿比例分别是100%,90%,……10%。

如果一个受害人出现多个伤残等级,如一个五级伤残、一个九级伤残,该如何确定赔偿比例指数呢? 对此,《最高人民法院关于审理人身损害赔偿案件适用法律若干问题的解释》并没有加以规定。对于这种情况,可以参照中华人民共和国《道路交通事故受伤人员伤残评定标准(GB18667-2002)》伤残赔偿附加指数的规定。该标准规定,构成多个伤残等级的残疾赔偿金按照以下公式计算:

$$C = C_t \times C_1 \times (I_h + \sum I_{a,i}) \quad (\sum I_{a,i} \leq 10\%, i = 1,2,3\cdots\cdots n, 多处伤残)$$

各符号含义:

C:伤残者的伤残实际赔偿额;

C_t:伤残赔偿总额,按其中最高一个级别计算;

C_1:赔偿责任系数,即赔偿义务主体对造成事故负有责任的程度,$0 \leq C_1 \leq 1$;

I_h:多个伤残等级中最高一个的伤残赔偿指数(比例),用百分比(%)表示;

I_a:伤残赔偿附加指数,即增加一处伤残所增加的赔偿比例,用百分比表示 $0 \leq I_a \leq 10\%$。

"伤残赔偿附加指数"是指在有多个伤残等级时,由于只计算最高等级的伤残赔偿指数,其他的伤残等级不再计算相应的伤残赔偿指数,而是每增加一处伤残按另外的赔偿比例计算,该赔偿比例是附加计算的,因此被称为伤残赔偿附加指数。用百分比表示,伤残赔偿附加指数 I_a 取值范围为:$0 \leq I_a \leq 10\%$。赔偿指数合计不超过

100%,即存在一级伤残时,其他等级被吸收,不计算伤残赔偿附加指数。伤残附加指数如何与伤残等级对应,该标准也没有具体规定,各地法院做法不一。Ia 的合理取值应为:一级,10%;二级,9%;三级,8%;四级,7%;五级,6%;六级,5%;七级,4%;八级,3%;九级,2%;十级,1%。

▶【设例】

某交通事故中王某其脾破裂伤残程度为八级,其肋骨骨折伤残程度为十级,其结肠破裂修补伤残程度为十级,伤残赔偿总系数就是 30%(赔偿指数)+1%(附加指数)+1%(附加指数)。

(5)被扶养人生活费。被扶养人是指受害人依法应当承担扶养义务的未成年人或者丧失劳动能力又无其他生活来源的成年近亲属。被扶养人生活费,是指加害人非法剥夺他人生命权,或者侵害他人健康权致其劳动能力丧失,造成受害人生前或丧失劳动能力以前扶养的人扶养来源的丧失,应依法向其赔偿的必要的费用。

需要注意的是,由于《侵权责任法》第 16 条规定:侵害他人造成人身损害的,应当赔偿医疗费、护理费、交通费等为治疗和康复支出的合理费用,以及因误工减少的收入。造成残疾的,还应当赔偿残疾生活辅助具费和残金赔偿金。造成死亡的,还应当赔偿丧葬费和死亡赔偿金。该条没有将被抚养人生活费这一赔偿项目单独列出。因此,最高人民法院《关于适用〈中华人民共和国侵权责任法〉若干问题的通知》第 4 条规定:人民法院适用侵权责任法审理民事纠纷案件,如受害人有被扶养人的,应当依据最高人民法院《关于审理人身损害赔偿案件适用法律若干问题的解释》第 28 条的规定,将被扶养人生活费计入残疾赔偿金或死亡赔偿金。由于该通知仅是取消了被扶养人生活费这一名称,但没有取消这一赔偿费用,故仍需掌握被扶费人生活费的计算方法。

单个被扶养人生活费的计算公式为:

受诉法院所在地上一年度城镇居民人均消费性支出/农村居民人均生活消费支出 × 扶养年限 ÷ 对被扶养人承担扶养义务的人数 × 伤残赔偿指数(受害人死亡的,不乘以伤残赔偿指数)

其中:

被扶养人范围包括未成年人和没有劳动能力又没有其他生活来源的成年人。具体范围以扶养人受伤时间点确定。没有劳动能力通常需要鉴定。但达到一定年龄或达到法定退休年龄的人,可以推定为丧失劳动能力人。"无其他生活来源"是指除子女赡养外无其他生活收入的情况。完全没有其他收入的当事人当然应当认定其无生活来源。对于享有退休金的当事人应当认定为有生活来源的人。对于被扶养人虽有收入,或偶有收入但收入不足以维持本人生活的城镇和农村居民均应确定为无其他生活来源。

被扶养人有数人的,年赔偿总额累计不超过上一年城镇居民人均消费性支出或农村居民人均年生活消费支出额。

赔偿期限:

未成年人:18 – 被扶养人实际年龄;

成年人:年龄在18—60周岁间但无劳动能力又无其他生活来源的:计算20年;

60—74周岁:20 – (被扶养人实际年龄 – 60);

75周岁以上:按5年计算。

▶【设例】

北京市城镇居民赵C死亡,有一子7周岁,需要11年生活费,一女儿不满1周岁,需要18年生活费;其父母2人均是65岁,需要15年生活费,赵C共有兄妹3人。2016年北京城镇居民人均消费性支出52859元。被扶养人的生活费如何计算?

对此有两种计算方法。方法一:

男孩每年的生活费是:26429.5元(52859÷2,赵C和妻子两人抚养);女孩每年的生活费是:26429.5元(52859÷2,赵C和妻子两人抚养);父每年的生活费是:17619.7元(52859÷3,赵C兄妹三人抚养);母每年的生活费是:17619.7元(52859÷3,赵C兄妹三人抚养)。

A. 由于赔偿数额不得超过52859元,因其子要11年才满18周岁,4人前11年的生活费分别计算为:先计算出赔偿比率:【消费性支出52859元÷88098.4(4人的年生活费之和)】=59.99%。

男孩的生活费是:26429.5元×59.99%×11年=174405.63元;

女孩的生活费是:26429.5元×59.99%×11年=174405.63元;

父亲的生活费是:17619.7元×59.99%×11年=116270.64元;

母亲的生活费是:17619.7元×59.99%×11年=116270.64元;

B. 女孩、父亲、母亲后4年生活费计算:由于赔偿数额不得超过52859元,因女孩和其父母还需4年生活费,3人后4年的生活费分别计算为:先计算出赔偿比率:【消费性支出52859元÷61668.9(3人的年生活费之和)】=85.71%。

女孩的生活费是:26429.5元×85.71%×4年=90610.90元;

父亲的生活费是:17619.7元×85.71%×4年=60407.38元;

母亲的生活费是:17619.7元×85.71%×4年=60407.38元;

C. 女儿后3年的生活费计算:其女儿还要3年才年满18周岁

女孩的生活费是:52859元×100%×3年÷2=79288.5元;

方法二:

A. 4人前11年的生活费之和超过人均消费性支出52859元。

第12年开始到第15年的生活费,仅有女孩和父母,共3人的生活费之和也超过人均消费性支出52859元

前15年的生活费为:15年×52859元=792885元;

B. 女孩的生活费还有3年,应为:3年×52859元÷2人(赵C和妻子两人抚养)=79288.5元;

两相比较,第二种计算方法更为简洁。

由于受诉法院所在地上一年度城镇居民人均消费性支出一般比农村居民人均生活消费支出要高,当扶养人系城镇居民,而被扶养人系农村居民,在计算被扶养人生活费时是以扶养人还是被扶养人的身份来确定计算依据呢?各地法院做法不一。有的按照被扶养人身份确定。

▶【案例】

在原告晁某某诉被告魏某某、中国平安财产保险股份有限公司咸阳中心支公司机动车交通事故责任纠纷一案中,原告晁某某事发前一年以上一直在礼泉县城工作居住,原告晁某某的母亲杨纺绸67岁,原告晁某某育有一女晁颖16岁,均为农村家庭户口。一审法院认为,原告伤残赔偿金应按城镇居民上年度人均可支配收入22858元×20年×30%=137148元;被扶养人生活费应参照农村居民消费性支出5724元/年×13年×0.3/2(母亲)+5724元/年×2×0.3/2(女儿),合计为12020.4元。

陕西省咸阳市秦都区人民法院(2014)秦民初字第00978号民事判决书

有的按照扶养人身份确定。

▶【案例】

林法仁与陈常富海上人身伤亡损害赔偿纠纷一案,林法仁不服一审判决,提起上诉,理由之一就是:(1) 不以被扶养人的生活费支出标准,而是以扶养人的生活费支出标准首先不当。因为,被扶养人生活费,顾名思义就是被扶养人生活所需的支出,不是扶养人自己的生活支出,那么就应当适用被扶养人的户籍(住所)地或经常居住的为标准。例如,某被扶养人户籍在北京,经常居住在上海,而扶养人在浙江象山且又是在农村,该被扶养人的生活费标准是适用上海,而不是适用北京的,更不是适用浙江象山农村的。(2) 不以被扶养人的住所(户籍)地的生活费支出标准,而是扶养人早已离开的户籍地的生活费支出标准,更是不当。原判却是混淆了概念,将属地选择换成了属人选择,适用法律明显不当。

二审法院审理后认为,被扶养人生活费是根据被扶养人丧失劳动能力程度,按照受诉法院所在地上一年度城镇居民人均消费性支出和农村居民人均年生活消费支出标准计算的,本案被扶养人虽居住生活在城镇,但因被扶养人的生活来源是靠扶养人收入来支付的,本案中扶养人不仅户籍在农村,而且从事的也为农、牧、渔性质的工作,因此原审法院以扶养人户籍所在地标准计算被扶养人的扶养费也无不当。

浙江省高级人民法院(2008)浙民三终字第153号民事判决书

(6)死亡赔偿金。计算公式为:死亡赔偿金按照受诉法院所在地上一年度城镇居民人均可支配收入或者农村居民人均纯收入标准×赔偿期限。

赔偿期限:

60周岁以下:20年;60周岁以上的:为20 - (实际年龄 - 60);75周岁以上的:按5年计算。

(7)丧葬费。丧葬费赔偿金额 = 死者所在地上一年人均收入 ÷ 12个月 × 6个月。

(8)住院伙食补助费 = 国家机关一般工作人员出差伙食补助标准(元/天) × 住院天数。

(9)医疗费 = 诊疗费 + 医药费 + 住院费 + 其他。

第三步是存在多数被告时,需对他们之间承担财产责任的方式予以具体化。比如在侵权诉讼中,当被告为多人时,他们之间既存在对外的责任问题,还存在内部的责任分担问题。尽管内部责任最终都是按份责任,但对外责任却有不同形式。如《侵权责任法》第8条规定,二人以上共同实施侵权行为,造成他人损害的,应当承担连带责任。第12条规定,二人以上分别实施侵权行为造成同一损害,能够确定责任大小的,各自承担相应的责任;难以确定责任大小的,平均承担赔偿责任。第40条规定,无民事行为能力人或者限制民事行为能力人在幼儿园、学校或者其他教育机构学习、生活期间,受到幼儿园、学校或者其他教育机构以外的人员人身损害的,由侵权人承担侵权责任;幼儿园、学校或者其他教育机构未尽到管理职责的,承担相应的补充责任。也就是说,在多人侵权的情况下,他们之间的责任关系可能是连带责任,也可能是分别责任,还有可能是补充责任。要求被告承担连带责任、分别责任和补充责任需不需要原告将诉讼请求予以具体化呢?诉讼实践中,原告由于对法律不熟悉或担心过于具体对自己不利,通常仅是要求被告共同赔偿,并不提出承担连带责任、分别责任或补充责任的诉讼请求。根据处分权原则,法院往往只判决数个被告共同赔偿,并不对每个被告应当承担的数额进行明确。这种建立在诉讼请求不具体基础上的判决一旦进入执行就会遇到麻烦。由于每个被告应当承担多少赔偿金额不具体,同时也没有判决要求每个被告承担连带责任、分别责任或者补充责任,被告之间以责任不明确为由互相推诿,使得判决无法执行。有的法院为了克服这个问题,在原告没有提出要求被告承担连带责任或者补充责任的情况下,主动判决被告承担连带责任或者补充责任,前者如杨锐鑫与吉瑞翔、洛阳市实验中学健康权纠纷案,判决被告洛阳市实验中学承担30%的补充责任。

河南省洛阳市老城区人民法院(2013)老民初字第649号民事判决书

后者如张利锋与张刘朝、张利旺一般人格权纠纷案,法院判决两被告互负连带责任。

河北省武安市人民法院(2014)武民初字第1137号民事判决书

但这显然与处分权原则相悖。因此,原告应当具体化被告之间承担责任的方式。如现请求判令:(1)被告人民保险公司、人寿保险公司在保险责任限额范围内先予赔偿原告王家斌医疗费、后续治疗费、误工费、护理费、营养费等共计510959元(后附赔偿清单项目);(2)被告邢景星、洪瑞豪、新世纪汽车公司、陈策、李士磊、李丹对原告的损失在上述保险公司理赔后不足部分承担连带赔偿责任。

温州市鹿城区人民法院(2013)温鹿民初字第2308号民事判决书

2. 行为类诉讼请求"具体"之判断

由于行为包括作为和不作为两类,对于作为类法律责任,原告同样需要从履行或强制执行的角度看看所选择的责任形式是否需要进一步具体化。比如继续履行。我国《合同法》第107条规定,当事人一方不履行合同义务或者履行合同义务不符合约定的,应当承担继续履行的违约责任。如果原告仅提出继续履行是否符合具体的要求呢？显然不符合。继续履行实际上就是要求被告继续履行合同义务。"合同的义务包括给付义务和附随义务。给付义务分为主给付义务与从给付义务。"①比如买卖合同，根据《合同法》第135条的规定，卖方的主义务是交付标的物或提取标的物的单证，并转移标的物所有权的义务，如办理房屋的过户手续。根据第136条的规定，从义务包括交付提取标的物单证以外的有关单证和资料。根据第150条的规定，出卖人就交付的标的物，负有保证第三人不得向买受人主张任何权利的义务则属于附随义务。因此，作为买方的原告仅提出继续履行的诉讼请求，法院与被告均不知道原告到底要求被告履行的是给付义务还是附随义务，是给付义务中的主给付义务还是从给付义务。为使继续履行的内容具体化，北京市高级人民法院在《关于审理房屋买卖合同纠纷案件若干疑难问题的会议纪要》第11条明确规定：当事人要求继续履行房屋买卖合同，但诉讼请求中没有具体履行内容的，法院应当向当事人释明，要求其变更诉讼请求明确具体履行内容，如支付购房款、交付房屋、办理房屋过户登记等，并告知仅判决继续履行合同存在履行内容不明确无法执行的风险。因此，对于继续履行而言，只有明确了继续履行的具体义务才是一个具体的诉讼请求。

再如赔礼道歉。实体法虽然规定了这种责任形式，但对以什么方式（口头还是书面）、在什么媒体（《南方周末》还是搜狐）、在什么范围（在北京市还是全国抑或全球）、刊登几次（1次还是7次）等问题均没有规定。如果原告在诉讼请求中没有将上述问题具体化的话，法院根据原告的请求仅判决赔礼道歉，日后必将造成义务人履行或人民法院强制执行困难，甚至引发新的纠纷。比如原告的本意是要求被告在全国发行的报纸上道歉，被告很有可能仅是将一张书面道歉贴在原告家的大门上。此时该如何判断被告有没有履行法院的生效判决呢？因此，只有将上述问题都具体化才能实现原告的目的。如在戴皎倩与厦门美莱医疗美容门诊部有限公司名誉权纠纷一案中，原告戴皎倩要求被告在《法制日报》等全国公开发行的报纸以及网站www.mlylmr.com中连续一个月刊登、发布经法院审查的道歉信以向原告公开道歉，这就非常具体。

北京市朝阳区人民法院（2014）朝民初字第09070号民事判决书

消除影响、恢复名誉也不例外，实体法也没有对消除的范围（在侵权行为的实施地还是在结果发生地）、内容（通过澄清事实真相消除因侵权行为给受害人造成的不

---

① 王利明、崔建远著：《合同法新论·总则》，中国政法大学出版社2000年版，第213页。

良社会影响还是通过否定侵权行为的合法性来消除影响)、形式(书面、口头还是视听)和实施主体(原告自己还是被告实施)等作出规定。原告若不将上述内容具体化的话,日后也必将面临履行或执行困难。

需要特别指出的是,对侵权人不执行生效判决,不为对方恢复名誉、消除影响、赔礼道歉的,根据最高人民法院《关于审理名誉权案件若干问题的解答》,人民法院可以采取公告、登报等,将判决的主要内容和有关情况公布于众,费用由被执行人负担的方式进行强制执行。那对于恢复名誉、消除影响、赔礼道歉的诉讼请求是不是越具体越好呢? 如在柳岩与北京东方美莱医疗美容门诊部有限公司人格权纠纷一案中,原告要求被告在全国公开发行的报纸上向原告公开道歉,致歉内容包含本案判决书案号、侵权图片名称、侵权图片及使用位置,致歉版面面积不小于6cm×9cm。

北京市朝阳区人民法院(2013)朝民初字第41532号民事判决书

由于媒体刊登判决的协助义务并非法定义务,如果诉讼请求过于具体,如要求刊登在特定媒体的头版,很有可能因与媒体的性质、受众范围等不符而遭到媒体的拒绝。如果诉讼请求只选定了一家媒体的话,一旦被其拒绝,将没有其他媒体可以替代。因此,对于需要依赖他人协助执行之诉讼请求,其具体程度还要考虑第三人的协助可能性与法院的选择空间。诉讼请求过于具体化,容易遭到第三人的拒绝,同时也会导致法院在强制执行时没有选择空间,反而导致原告的诉求无法实现。

对于不作为类法律责任,最常见的责任形式就是停止侵害。停止侵害也需要进一步具体。侵害的对象不同,侵害的方式也就不同,停止侵害的方式自然也有区别。比如不论是侵犯著作权、商标权、专利权的行为,都可以适用停止侵害。但具体如何停止,则因为著作权、商标权和专利权有区别,因而需要进一步具体化。对商标专用权的停止侵害,需要根据《商标法》第57条的规定进行具体化。对著作权的停止侵害,则需要根据《著作权法》第47条、第48条进行具体化。对专利权的停止侵害,需要根据《专利法》第11条的规定进行具体化。因为不是所有的行为都会构成对知识产权的侵犯,只有法律明文列举的行为才是。比如在远东电缆有限公司与汤尧、祝敏侵害商标权纠纷一案中,原告在事实理由部分描述了被告在销售带有自己注册商标"远东电缆""远东"的电缆,然后在诉讼请求部分要求判令被告立即停止侵犯原告注册商标专用权的行为。实际上就是要求被告停止《商标法》第57条第3项"销售侵犯注册商标专用权的商品的"行为,将事实理由与诉讼请求结合起来就很具体了。法院最终判决被告汤尧、祝敏应于本判决生效之日起立即停止销售侵犯原告远东电缆有限公司"远东""远东电缆"文字及图形注册商标专用权的商品。

安徽省蚌埠市禹会区人民法院(2014)禹知民初字第00031号民事判决书

(三) 诉讼请求"具体"之缓和

诉讼请求"具体"之缓和表现在两个方面,一是诉讼请求具体化的时间之缓和。《民事诉讼法》第119条明确规定,起诉时必须得有具体的诉讼请求。由此可见,诉讼请求具体化的时间原则上应是原告起诉时。因为它是被告答辩和法院审理的对象。只有在起诉时诉讼请求具体化了,被告的答辩和法院的审理才能有针对性。但在有些案件中,由于原告缺乏信息,在起诉时无法将诉讼请求具体化,需要经审理后原告才能将诉讼请求具体化。对于此类案件,不能强求原告在起诉时必须完成具体化,而应允许延迟至审理中,待相关信息具备后,再由原告通过变更或增加诉讼请求来实现具体化。此类情形主要发生在要求继承人偿还债务的案件。比如在一起被继承人债务清偿纠纷案中,因债务人死亡,原告就起诉了债务人的5个法定继承人,但由于不知道债务人遗留的遗产有多少,每个继承人继承了多少,只得请求法院判令5被告返还借款28.75万元。原告的法律依据显然是《继承法》的第33条第1款:继承遗产应当清偿被继承人依法应当缴纳的税款和债务,缴纳税款和清偿债务以他的遗产实际价值为限。继承人放弃继承的,对被继承人依法应当缴纳的税款和债务可以不负偿还责任。超过遗产实际价值部分,继承人自愿偿还的不在此限。若法院仅是判决支持原告的诉讼请求,但在审理中没有查明债务人有无遗产,每个继承人继承了多少,每个继承人应当偿还多少债务,最终就会导致判决无法执行。

北京市昌平区人民法院(2012)昌民初字第6140号民事判决书

二是诉讼请求具体化的内容之缓和。诉讼请求的具体化主要体现在请求内容上。但对于有些类型的诉讼请求而言,如果一定要求原告必须具体化的话,可能会超出原告的能力。此种情况主要发生在公害的不作为请求中。不作为请求的实体法律依据主要包括两大类:一类是绝对权,如所有权、人格权等私权利和环境权等公权利。权利人之外的其他人都是义务主体,负有不得妨碍权利人行使权利或者不得损害权利人权利的义务。私权绝对权,如《物权法》第35条规定,妨害物权或者可能妨害物权的,权利人可以请求排除妨害或者消除危险。公权绝对权,如《噪声污染防治法》第61条规定,受到环境噪声污染危害的单位和个人,有权要求加害人排除危害;造成损失的,依法赔偿损失。对公权绝对权的违反就是公害。另一类是基于契约义务人负有不作为的义务,如竞业禁止的义务,不得在特定地区开展营业的义务等。就第一类绝对权而言,不作为诉讼要求被告承担的责任也包括两种情况:其一是侵害发生以后,在侵害继续不断的情况下,要求不要继续侵害,即停止侵害。如消除噪音。其二是在侵权行为还没有发生之前就要求可能加害之人不侵害自己,即消除危险。如砍伐电力线路下生长过高的树木,以消除对电力线路安全运行的危险。

对于公害不作为请求诉讼,原告的诉讼请求要达到何种程度才能视为满足了"具体"之要求呢?比如对于噪音污染,由丁一般生活所能忍受的噪声为55分贝,因此原告要求法院判决被告采取防止措施,不要让超过55分贝的声音流入原告的住房。此请求是否"具体"呢?日本法院的观点不一。日本地方法院认为原告的权利存在,而且请求的手段及方法适当,而判决他胜诉。可是经被告上诉到第二审法院,结果第一审的判决被推翻,认为原告所提起的诉之声明不特定,因为只要求被告工厂所发出的噪音超过55分贝的范围不要流入原告的住房里面,却没有进一步特定防止噪音流入的技术和方法手段,所以从欠缺权利保护要件的观点,废弃原判决驳回原告之诉。① 对此问题,从我国的诉讼实践看,有的原告仅要求停止侵害,消除噪声污染。如"龙坑村径下高架桥"通车后对原告在"安怀居"正常居住所造成的严重环境噪声污染,请求判令被告立即停止侵害,消除环境噪声污染。

广东省梅州市中级人民法院(2015)梅中法民一终字第327号民事判决书

另一案件中,原告要求被告立即停止噪声污染侵权行为,赔偿经济损失3万元,赔偿精神损害费5000元。

辽宁省大连市中级人民法院(2014)大民一终字第645号民事判决书

---

① 陈石狮等:《不作为请求之特定》,载《民事诉讼法之研讨(三)》,台湾三民书局1990年版,第42—43页。

也有原告提出了具体的防止噪音的方式,或搬迁或拆除。如判决锦泰公司及京都公司将京御名都 2 栋地下室配电房在 30 天内全部搬迁至不影响唐进、彭先富、司学林、张义来正常生活的地方,且搬迁手续和费用由锦泰公司及京都公司负责。

湖南省怀化市中级人民法院(2015)怀中民一终字第 176 号民事判决书

有一案件中,原告要求被告立即停止侵害,将产生噪音的移动信号塔拆除,排除对原告正常居住和生活的妨碍;要求被告支付原告精神损害赔偿金 3 万元。

浙江省温岭市人民法院(2013)台温民初字第 519 号民事判决书

停止侵害、消除危险无疑是原告追求的结果,但要达到该结果往往需要通过被告积极作为方能实现。有些不作为请求诉讼,尤其是对私权绝对权的侵犯,原告可能很清楚要求被告为何种行为就能实现自己追求的结果。比如邻居的蜂箱离自家太近,有蜇伤自己的风险,起诉要求邻居将蜂箱迁移走。

辽宁省本溪市中级人民法院(2015)本民三终字第 00181 号民事判决书

电力线路下的树木已经危及线路完全运行,供电公司起诉要求被告砍伐或移走树木。

山东省烟台市中级人民法院(2014)烟民四终字第 921 号民事判决书

对此类诉讼原告完全有能力满足诉讼请求"具体"之要求。但是对于公害类不作为请求诉讼,如噪音污染通过何种方式可以降低,可能有很多种方式,通过安装隔音屏或建设隔音墙也可以降低噪音,通过技术改造同样可以降低噪音,其中有的原告知道,有的原告不知道,并且何种方式最可行、最经济,原告可能并不知道。此时,一定要求原告在诉讼请求中明确具体降低或者消除噪音的方法,显然超出了原告的能力。对此,应当缓和诉讼请求的具体化要求,而是承认在事实认定、诉讼审理的过程可为探索式特定,亦即,一边进行形成心证作业,一边特定请求的范围及内容。①比如,在中华环保联合会与宜兴市江山生物制剂有限公司环境污染公益诉讼一案中,中华环保联合会关于公害不作为的诉讼请求是:判令被告立即停止对环境的侵害、排除危害,不得通过雨水管道排放污水。最终法院对该项请求的判决分为四项:(1)被告宜兴市江山生物制剂有限公司必须严格按照环保部门批复的环境影响申报表或报告表的要求组织生产经营,禁止宜兴市江山生物制剂有限公司向周边环境排放污水和其他污染物、污染破坏环境;(2)被告宜兴市江山生物制剂有限公司按宜兴市环境保护局《宜兴市江山生物制剂有限公司整改验收意见》第 2 条的要求,在本判决生效之日起 3 个月内制定完善的环境管理体系和环境管理制度,落实各项防范措施,坚持环保治理设施长期有效运行,确保达标排放;并在本判决生效满 3 个月之日起 10 日内向本院及环境保护部门提交一份环境整改实施情况报告;(3)被告宜兴市江山生物制剂有限公司在本判决生效之日起 3 个月内每月向本院提交一份由宜兴市环境保护局或无锡市环境保护局对企业生产排污情况进行监测、检查的报告;(4)如被告宜兴市江山生物制剂有限公司不按期提交环境整改实施情况报告、环保部门监测检查报告,或者环保部门监测检查报告显示被告宜兴市江山生物制剂有限公司存在违法排污或其他污染环境行为,则依照我国《民事诉讼法》第 111 条第 1 款第 6 项之规定追究被告宜兴市江山生物制剂有限公司的法律责任。

江苏省无锡市中级人民法院(2014)锡环公民初字第 2 号民事判决书

(四)诉讼请求具体化之例外

诉讼请求具体化之例外是指原告在起诉时无需具体化诉讼请求,即使具体化了诉讼请求,其对法院也没有约束力。此种情况主要发生在探望权、分割共有财产等诉讼请求上。②

---

① 陈石狮等:《不作为请求之特定》,载《民事诉讼法之研讨(三)》,台湾三民书局1990年版,第76页。
② 我国台湾地区认为对不动产的归属没有意见,仅就经界有争执而定其界线所在的经界诉讼,原告所提界线对法院也没有约束力,因而也属于诉讼请求具体化之例外。参见曾华松等:《经验法则在经界诉讼上之运用》,载《民事诉讼法之研讨(六)》,台湾三民书局1997年版。我国大陆不存在此种诉讼。

在我国,探望权有两种。我国《婚姻法》第38条第1款规定,离婚后,不直接抚养子女的父或母,有探望子女的权利,另一方有协助的义务。我国《老年人权益保障法》第18条规定,家庭成员应当关心老年人的精神需求,不得忽视、冷落老年人。与老年人分开居住的家庭成员,应当经常看望或者问候老年人。用人单位应当按照国家有关规定保障赡养人探亲休假的权利。在诉讼实践中,有的原告仅要求法院判决:被告刘强前往探望原告。

成都市金牛区人民法院(2015)金牛民初字第4243号民事判决书

有的要求判决原告于每个月第一、三周末探视胡某乙。

江苏省宿迁市宿豫区人民法院(2015)宿豫皂民初字第00009号民事判决书

有的要求判决:准予原告每月探望儿子范某乙四次,每次两天,具体方式为:每月的每周五放学后原告至学校将儿子范某乙接到原告处,周日晚上将儿子范某乙送回被告处,被告应协助原告行使探望权。

浙江省平湖市人民法院(2012)嘉平民初字第834号民事判决书

就上述三个实例而言,似乎第一个最简单,没有满足具体化的要求,最后一个最具体,已完全满足具体化的要求,但诉讼实务并不认为第一个实例中的诉讼请求不符合要求。

原因在于身份关系诉讼因涉及公共利益,处分权主义受到限制,而是实行国家干预主义,法院不受原告所提诉讼请求约束。具体表现在两个方面:一是当事人没有提出的诉讼请求,法院也可以判决。在离婚诉讼实践中,当事人即使不提探望权的请求,法院最后也可依职权判决探望权。二是对于当事人已经提出的诉讼请求,也可以不受其具体内容的约束。如我国台湾地区"民事诉讼法"第572条之一规定,撤销婚姻或离婚之诉,当事人得于第一审或第二审言词辩论终结前,附带请求法院于认原告之诉为有理由时,并定对于未成年子女权利义务行使负担之内容及方法(第1款)。前项情形,法院亦得依职权定之。但于裁判前,应使当事人有陈述意见之机会(第2款)。因此,原告在探望权这一诉讼请求上无需具体探望的方式(看望式还是逗留式)、探望的频率(一周一次还是几次)、探望的时间(周五还是周六)、探望的时长(一小时还是一天)、探望的地点(学校还是家里)等内容。

另一类就是共有财产分割之诉讼。从实体法的角度看,共有财产的分割主要有三种情况。一是我国《物权法》第99条规定,共有人约定不得分割共有的不动产或者动产,以维持共有关系的,应当按照约定,但共有人有重大理由需要分割的,可以请求分割;没有约定或者约定不明确的,按份共有人可以随时请求分割,共同共有人在共有的基础丧失或者有重大理由需要分割时可以请求分割。因分割对其他共有人造成损害的,应当给予赔偿。第100条规定,共有人可以协商确定分割方式。达不成协议,共有的不动产或者动产可以分割并且不会因分割减损价值的,应当对实物予以分割;难以分割或者因分割会减损价值的,应当对折价或者拍卖、变卖取得的价款予以分割。二是我国《婚姻法》第39条第1款的规定,离婚时,夫妻的共同财产由双方协议处理;协议不成时,由人民法院根据财产的具体情况,照顾子女和女方权益的原则判决。三是我国《继承法》第29条的规定,遗产分割应当有利于生产和生活需要,不损害遗产的效用。不宜分割的遗产,可以采取折价、适当补偿或者共有等方法处理。

不论实体法律依据是什么,共有人之间就共有物之分割发生纷争之形态可能有二:(1)对于共有物可否分割发生争执,例如共有人中有人请求分割,有人主张有《物权法》第99条约定不得分割之情形存在,或者有遗嘱不能分割。(2)共有人全体对于消灭共有关系皆无异议,仅因共有人之间不能就分割方法达成协议。一旦共有人之间就分割方法达不成协议,提起诉讼时,是否需要提出具体的分割方法呢?

学理认为,对于共有物分割之诉中的第二种争议情形,此时两方间并无争执之法律关系存在,所争者,为确定分割方法,以使共有人能依合理、适当方式单独取得所有权。可知此类型之裁判,并非以确定法律关系为对象,而系透过法院所作合理、适当之分割方法,代替共有人不能协议达成之分割方法。重在合目的性之达成,而非司法作用。故有理论上言,此种事件性质上应属非讼事件。当事人提起分割共有物之诉只要声明"某某号共有之土地准予分割"就好了。至于怎么样分,不属于声明的事项,同时当事人就是声明了,法院就其所为的声明不采用时,也不另外作驳回的表示。①

---

① 陈计男等:《分割共有物之诉之审理及其裁判之效力》,载《民事诉讼法之研讨(二)》,台湾三民书局1987年版,第518—519页。陈荣宗教授认为关于诉之声明事项,应分为三种情况来考虑:第一种如果当事人就分割共有物量的方面有所声明,例如原告主张应分到共有物的几分之几。依我个人看法,法院应受拘束。第二种是质的问题有所声明,例如原告要求原物分配,或要求不要原物分配,而要价金分配。法院有裁量权。第三种是对分割方法的问题有所声明;我个人以为质的问题与分割方法的问题声明,可依裁量权的原则,法院可以不受拘束。如果是量的声明,我想法院要受拘束。同前书,第531页。

离婚诉讼中财产分割请求正如诉讼案件中的"请求的目的"那样,并非要求确定分割的数额及方法,判例和通说认为,"只要抽象性地提出财产分割请求即可"。另外,当当事人就财产的分割提出了具体数额及方法时,通说认为,法院的审判也不会因此受到当事人申请的拘束,法院可以作出超过当事人请求范围的财产分割命令。①

从诉的种类看,共有物分割方法之诉属于形式的形成之诉。之所以称为形式的形成之诉是因为这种诉讼没有实体法上的形成原因,但其目的与形成之诉相同,在于变更或消灭现存的法律关系。这种诉的特点是:(1)法院不能够以本案判决驳回原告之诉,法院一定要给出一个判决,但是法院可以原告之诉不合法,裁定驳回或诉讼判决把它驳回。(2)法院不受原告诉之声明的拘束,法院可以下一个判决比原告自己所讲的有利于原告,原告自己也不必要说出一个分割的方法,就好比原告自己不需要讲出一条经界,由法院来给他划经界。由法院来给他分割,这说明具体的分割方法不需要。(3)排除不利益变更禁止原则。一般在上诉的时候有不利益变更禁止的适用或利益变更禁止的适用,就是说上诉人不能越上诉越糟糕。但是,在分割共有物诉讼中,如果也把它看做是形式的形成诉讼,那么这一点也要被排除。(4)我们说上诉的意义,通说是采取形式的不服说,但是关于分割共有物,这个形式的不服说也被排除,采取实体的不服说。②

从我国的诉讼实践看,遵循的也是上述原理。如在依据《物权法》进行分割的诉讼中,有的原告仅要求分割×号房屋,没有声明分割方法,被告也同意分割。法院最后在判决主文中明确了分割方法:(1)×号房屋归原告所有;(2)原告于本判决生效后30日内向被告支付房屋折价款152.834万元。

北京市海淀区人民法院(2014)海民初字第11644号民事判决书

有的原告提出了多种具体的分割方法,如请求法院判令:原告按照市场评估价格分别向四被告购买余富达名下的位于广州市越秀区惠福西路走木街18号804房的二分之一产权;或对房屋进行实物分割,或折价变卖、拍卖分割。法院最后采纳了原告购买的方法,即选择了第一种方法。

---

① 参见〔日〕松本博之:《日本人事诉讼法》,郭美松译,厦门大学出版社2012年版,第269页。
② 参见陈计男等:《分割共有物之诉之审理及其裁判之效力》,载《民事诉讼法之研讨(二)》,台湾三民书局1987年版,第537—538页。

广东省广州市越秀区人民法院(2014)穗越法民三初字第 773 号民事判决书

有的原告提出了分割请求和具体分割方法,请求法院判决:原、被告对涉讼房屋各享有 50%的产权,并进行分割;分割方式为原告取得产权,向被告支付 50%产权的折价款。但法院最后的判决是房屋产权归被告所有,被告向原告支付补偿款。法院并没有采纳原告主张的分割方法,但也没有驳回原告的诉讼请求,而是采用了自己认为比较合适的分割方法。

上海市长宁区人民法院(2013)长民三(民)初字第 1042 号民事判决书

在离婚诉讼中,原告对于夫妻财产的分割,一般仅是主张"依法分割",并不提出具体的分割方案。在杨某与毛某某离婚纠纷一审中,原告杨某仅是主张对"夫妻共同财产依法分割"。法院最后判决:(1)原告杨某个人财产被褥四床及个人衣物一宗,归原告杨某所有;被告毛某某个人财产沙发及茶几一套,归被告毛某某所有。(2)原告杨某与被告毛某某夫妻共同财产:车牌号鲁 A2P773 吉利汽车一辆,归原告杨某所有;29 寸 TCL 王牌电视一台、海尔冰箱一台、餐桌一套、床两张、自动缝纫机一台、联想电脑一台、空调一台,归被告毛某某所有。

山东省肥城市人民法院(2015)肥民初字第 1802 号民事判决书

在遗产继承纠纷中,遗产有可能包括房屋、金钱等。原告在起诉时一般只要求分割遗产,并不提出具体的分割方案。如张一×、刘××与徐××、张二×法定继承纠纷一案中,二原告仅主张继承分割被继承人遗产 57934 元。法院最后判决:(1)位于天津市宝坻区××湾花园 9-1-302 房屋归被告徐××、张二×所有,剩余房屋贷款由被告徐××、张二×负责偿还;(2)被告徐××、张二×于判决生效后 10

日内给付原告张一×、刘××房屋折价款62516.1元。

天津市宝坻区人民法院(2014)宝民初字第4407号民事判决书

第三节 逾期损失之请求

在借贷合同中,如民间借贷,如果债务人没有及时还贷,原告除了要求被告归还本金外,往往还要求支付逾期利息。对于非借贷类的金钱给付之诉,如拖欠货款、租金、工程款等纠纷,当合同中没有约定违约金时,对于逾期付款,债权人虽不能要求债务人支付逾期利息①,但可以根据《合同法》第113条的规定要求赔偿损失。该条规定:当事人一方不履行合同义务或者履行合同义务不符合约定,给对方造成损失的,损失赔偿额应当相当于因违约造成的损失,包括合同履行后可以获得的利益,但不得超过违反合同一方订立合同时预见到或者应当预见到的因违反合同可能造成的损失。此类案件中常见的损失就是利息损失,对此不少司法解释均有规定。如最高人民法院《关于审理建设工程施工合同纠纷案件适用法律问题的解释》第17条规定:当事人对欠付工程价款利息计付标准有约定的,按照约定处理;没有约定的,按照中国人民银行发布的同期同类贷款利率计息。最高人民法院《关于审理商品房买卖合同纠纷案件适用法律若干问题的解释》第17条第1款规定:商品房买卖合同没有约定违约金数额或者损失赔偿额计算方法,违约金数额或者损失赔偿额可以参照以下标准确定:逾期付款的,按照未付购房款总额,参照中国人民银行规定的金融机构计收逾期贷款利息的标准计算。

▶ 一、利率之确定

不论是借贷合同中的逾期利息还是非借贷类合同的利息损失,从操作上讲,具体金额都取决于三个因素:本金(非借贷类中称呼不一,但本质一样)、利率和逾期时间。其中本金相对容易确定。对于利率,如果当事人有约定,自然从约定。当事人没有约定时如何处理,最高人民法院的司法解释一直处于变动之中。大致的变动情况如下:

---

① 参见潘文杰、俞新江:《本案不宜直接支持逾期利息》,载《人民法院报》2008年7月17日第6版。

最高人民法院关于逾期付(贷)款违约金计算标准一览表

计算标准	计算标准适用期	最高人民法院的司法解释和复函	银行相关规定	适用范围
最高不得超过银行同类贷款利率的4倍(包含利率本数)	1991.8.13—2015.9.1	《关于人民法院审理借贷案件的若干意见》法(民)发〔1991〕21号		民间借贷案件
逾期付款金额的每日3‰	1994.3.12—1996.5.15	1994年3月12日《关于逾期付款违约金应依据何种标准计算问题的复函》法函〔1994〕10号复函	中国人民银行银发〔1990〕97号《违反银行结算制度处罚规定》付款人对托收承付逾期付款的,银行按照逾期付款金额每日3‰对其计扣赔偿金。	经济合同法及其有关条例中规定的逾期付款的违约金
逾期付款金额的每日5‰	1996.5.16—1999.2.15	《〈关于逾期付款违约金应当依据何种标准计算问题的批复〉的批复》法复〔1996〕7号	中国人民银行银发(1994)256号的《异地托收承付结算办法》和《异地托收承付结算会计核算手续》付款人开户银行对付款人逾期支付的款项,应当根据逾期付款金额和逾期天数,按每日5‰计算逾期付款赔偿金。	同上
逾期付款金额的每日4‰	1999.2.16—2000.11.20	《关于逾期付款违约金应当按照何种标准计算问题的批复》法释〔1999〕8号	中国人民银行1996年4月30日发布的银发〔1996〕156号《关于降低金融机构存、贷款利率的通知》	同上
逾期付款金额的每日2.1‰	2000.11.2—2003.12.31	《关于修改〈最高人民法院关于逾期付款违约金应当按照何种标准问题的批复〉的批复》法释〔2000〕34号	中国人民银行银发(1999)192号中国人民银行关于降低存、贷款利率的通知	同上
借款合同载明的贷款利息水平上加收30%—50%	2004.1.1—目前		中国人民银行银发〔2003〕251号关于人民币贷款利率有关问题的通知	借款合同

(续表)

计算标准	计算标准适用期	最高人民法院的司法解释和复函	银行相关规定	适用范围
贷款逾期后改按罚息利率计收复利	2001.4.23—目前	《关于审理涉及金融资产管理公司收购、管理、处置国有银行不良贷款形成的资产的案件适用法律若干问题的规定》法释〔2001〕12号	中国人民银行《人民币利率管理规定》	借款合同
按照中国人民银行发布的同期同类贷款利率计息	2005.1.1—目前	《关于审理建设工程施工合同纠纷案件适用法律问题的解释》法释〔2004〕14号		建设工程合同
按中国人民银行同期同类人民币贷款基准利率为基础,参照逾期罚息利率标准计算	2012.7.1—目前	《关于审理买卖合同纠纷案件适用法律问题的解释》法释〔2012〕7号		买卖合同
按照年利率6%支付资金占用期间利息	2015.9.1—目前	《关于审理民间借贷案件适用法律若干问题的规定》法释〔2015〕18号		民间借贷合同
加倍部分债务利息按每日1.75‰计算	2014.8.1—目前	《关于执行程序中计算迟延履行期间的债务利息适用法律若干问题的解释》		执行案件

从上表可以看出,除已经失效的司法解释外,尚有效的司法解释不仅各自的适用范围有别,规定的逾期利率标准也各不一样。属于上述司法解释范围内的案件,原告自然可以按照司法解释确定的利率标准计算逾期损失。问题是不属于上述范围的案件,如逾期支付委托合同的律师费、逾期支付房租等,该按哪个逾期利率计算呢？由于各司法解释规定不一,造成当事人在提出诉讼请求时无所适从。基于民事法律可以类推,于是不少原告类推适用不同司法解释中的利率标准作为计算依据。有的选择民间借贷利率。比如在原告徐建忠诉被告桐乡市科力复合材料有限公司

租赁合同纠纷一案中,原告请求法院判令被告承担逾期支付利息5838.5元(按银行同期贷款基准年利率6%计算)。

浙江省桐乡市人民法院(2015)嘉桐崇商初字第172号民事判决书

有的选择银行同期贷款利率。如在原告宣城市盛昌钢管租赁站(以下简称盛昌钢管租赁站)起诉被告安徽安超建设工程有限公司(以下简称安超建设公司)租赁合同纠纷一案中,原告请求法院判令安超建设公司立即支付租金42967元及逾期付款利息(自起诉之日即2015年11月19日起按中国人民银行同期同类贷款基准利率计算至实际给付之日止)。法院最终也予以了支持。

安徽省宣城市宣州区人民法院(2015)宣民二初字第00865号民事判决书

还有原告仅要求支付利息损失,没有选择具体利率标准,而是交由法院决定。如在原告吴晓春诉被告上海唐朝酒店经营管理有限公司房屋租赁合同纠纷一案中,法院最终判决被告承担利息损失(以未付租金为本金,按照中国人民银行同期同类贷款基准利率计算,从应付之日起计算至实际履行之日止)。

上海市嘉定区人民法院(2015)嘉民三(民)初字第1542号民事判决书

▶二、逾期损失的起止期间

决定逾期损失多少的另一个因素是起止时间。虽然有些司法解释对逾期损失的起算时间作了明确规定,如最高人民法院《关于审理建设工程施工合同纠纷案件适用法律问题的解释》第18条规定,利息从应付工程价款之日计付。当事人对付款时间没有约定或者约定不明的,下列时间视为应付款时间:(1)建设工程已实际交付的,为交付之日;(2)建设工程没有交付的,为提交竣工结算文件之日;(3)建设工程未交付,工程价款也未结算的,为当事人起诉之日。但并没有规定利息损失的截止日期。鉴于逾期利息与因逾期产生的利息损失在本质与计算方法上并无区别,下文以民间借贷合同为例,探讨逾期利息的截止时间。

由于不同的纠纷解决方式需要的时间不一样,因而逾期时间的长短需要根据当事人采用的纠纷解决方式进行具体分析。如果通过民事诉讼来处理民间借贷纠纷的话,可以将逾期时间分为三段:自借款人违约之日到起诉之日;自起诉之日到生效判决确定的履行期限届满之日,即诉讼期间;从履行期限届满之日到强制执行结束之日,即执行期间。就这三个时间段而言,除了自借款人违约之日起到起诉之日止的时间段是明确的,相应的逾期利息金额可确定外,另外两个时间段,即诉讼期间和执行期间均不确定,逾期利息金额自然也无法确定。在逾期利息金额不能确定的情况下,当事人是如何提出诉讼请求,法院又是如何判决的呢?

根据处分权原理,原告的逾期利息请求是法院判决的基础,法院的逾期利息判决又是日后强制执行的基础。在这连锁反应中,当事人的逾期利息请求无疑最为重要。诉讼实践中,在借贷合同本身没有约定利率时,当事人提出的逾期利息请求,五花八门,并没有一个统一的模式。大类可以分为三大类:

第一类是仅要求支付逾期利息,但没有提出计算逾期利息的具体起止期间。①有的仅要求判决利息,如马树基诉张占彪民间借贷纠纷案。

河南省巩义市人民法院(2011)巩民初字第40号民事判决书

有的要求以本金为基数,按照中国人民银行同期贷款利率计算支付资金占用损失,如顾某某诉孙某某民间借贷纠纷案。

重庆市沙坪坝区人民法院(2011)沙法民初字第09199号民事裁判书

第二类是提出了逾期利息计算的终止日期,但没有起算日期。如有的要求按中国人民银行同期贷款利率计算至实际给付之日止的利息,如贾某某与张某、谢某某民间借贷纠纷案。

---

① 需要注意的是,当事人在起诉书中很少使用逾期利息这一术语,而是直接使用利息这一术语或其他表述方式。如果合同本身没有约定利息,可以推知当事人主张的实际上是逾期利息。如果合同本身约定有利息,当事人可能会把合同期限内的利息和逾期利息一起称为利息,需要仔细分辨。

北京市第一中级人民法院(2012)一中民终字第9337号民事判决书

第三类是虽提出了逾期利息计算的起始日期和终止日期,但各自逾期利息的起算点和终止点并不相同。如有的要求支付自起诉之日起按中国人民银行同期同类贷款利率计至实际还清之日止的利息,如邵清岩诉李文佐民间借贷纠纷案。

福建省厦门市同安区人民法院(2012)同民初字第3142号民事判决书

有的要求判决自违约之日起至判决生效之日止的利息,如王某某与宋某某民间借贷纠纷上诉案。

北京市第一中级人民法院(2012)一中民终字第12049号民事判决书

基于当事人提出的逾期利息请求各不一样,法院作出的判决也是各不相同。区别依然体现在逾期利息的起算与终止点上。大致可分为四类:第一类是判决被告支付从违约之日起至判决确定的还款之日止,按中国人民银行同期贷款利率标准计算的利息,如前述的马树基诉张占彪民间借贷纠纷案。

第二类是判决被告支付从立案之日到本判决发生法律效力之日止,按照中国人民银行同期流动资金贷款利率计算的利息,如前述的顾某某诉孙某某民间借贷纠纷案。

第三类是判决被告支付自违约之日起至实际给付之日止,按中国人民银行同期同类贷款利率四倍计算的利息,如周伟、陆义虎等与李荣光、顾卫清民间借贷纠纷案。

广西壮族自治区北流市人民法院(2014)北民初字第1811号民事判决书

第四类是判决被告支付自借款之日起至本判决书执行完毕止的利息,如叶某某诉汤某某民间借贷纠纷案。

安徽省颍上县人民法院(2011)颍民一初字第959号民事判决书

从以上考察可以看出:第一,当事人对于逾期利息都没有提出具体的金额,仅要求支付逾期利息或者要求特定时间段内的利息。第二,不论当事人有没有提出逾期利息的起止日期,法院都会在判决中确定逾期利息的起止日期。第三,当事人要求或法院判决的逾期利息的起算日和终止日虽各不一致,但起算点日都是在以下几种情形中选择:借款之日、违约之日、起诉之日、立案之日。终止日则是在以下几种情形中选择:判决生效之日止、判决确定的给付之日、付清之日止、执行完毕之日。就第一、二个结论而言,需要探讨的是原告能否提出没有具体金额,甚至也没有起止日期的逾期利息。就第三个结论而言,需要探讨的是逾期利息的起止日期定在何时最为合理、公平。

当事人之所以没有具体的逾期利息金额,甚至也不提出计算逾期利息的起止日期,一方面可能是不知道如何确定起止日期。因为没有相关的法律对此作出规定。另一方面可能是觉得一旦确定了计算逾期利息的起止日期,一旦有误,根据处分权原则,法院不能在当事人的请求范围之外裁判,容易给自己造成损失。不如不提,让法院直接裁决即可。

但从诉讼法理上看,当事人的此类请求——不提出具体的逾期利息金额,甚至不提出具体的计算逾期利息的起止日期——不符合主张具体化的要求。主张具体化包括两个要求:其一,当事人向受诉法院主张法律要件事实时,不能仅抽象为之,而应作具体的陈述。其二,当事人所为之事实主张不能是凭空捏造的或仅为射幸式的陈述,而应当具有一定的线索或根据。[①] 原告提出的逾期利息诉讼请求不具体,往往就是因为对逾期的事实陈述不具体导致,比如何时逾期、逾期了多长时间、应支付多少逾期利息等。此外,根据《民事诉讼法》第119条的规定,原告提起诉讼时,应当有明确的诉讼请求,对于金钱给付之诉而言,则要列明请求给付的金钱数额。虽然在某些情形下,如原告对于损害额事实难以证明或不能证明时,如果要求其对损害赔偿数额予以明确和具体,有违诉讼公平和诉讼经济。因此,有些国家和地区的民事诉讼法允许适当减轻权利人损害赔偿额的主张责任。在德国,对于应当由法院确定的判决金额,已经许可不用数字表示的申请,但诉为了合法起见必须说明申请的

---

① 占善刚:《主张的具体化研究》,载《法学研究》2012年第2期。

金额在哪一个等级——例如 5000 欧元或者 1 万欧元——浮动。如果缺少该说明，则诉应被视为不合法而被驳回。① 再如我国台湾地区"民事诉讼法"第 244 条规定："起诉，应以诉状表明下列各款事项，提出于法院为之：一、当事人及法定代理人。二、诉讼标的及其原因事实。三、应受判决事项之声明。诉状内宜记载因定法院管辖及其适用程序所必要之事项。第 265 条所定准备言词辩论之事项，宜于诉状内记载之。第一项第三款之声明，于请求金钱赔偿损害之诉，原告得在第一项第二款之原因事实范围内，仅表明其全部请求之最低金额，而于第一审言词辩论终结前补充其声明。其未补充者，审判长应告以得为补充。前项情形，依其最低金额适用诉讼程序。"

由此可见，赔偿额主张之缓和仅是不要求原告提出精确的赔偿数额，但并非不要求提出任何赔偿数额，其仍需提出一个最低数额，哪怕是一个匡算的大致金额或法定数额。原因是损失数额的主张困难与证明困难虽有联系，但却是完全不同的两码事，采取的解决方式也不同。前者主要通过缓和主张的具体化来解决，如主张一个大致的金额。后者则是通过减轻证明度和赋予法官自由裁量权来解决。② 因此，我国《专利法》第 65 条第 2 款规定："权利人的损失、侵权人获得的利益和专利许可使用费均难以确定的，人民法院可以根据专利权的类型、侵权行为的性质和情节等因素，确定给予 1 万元以上 100 万元以下的赔偿"。我国《侵权责任法》第 20 条规定："侵害他人人身权益造成财产损失的，按照被侵权人因此受到的损失赔偿；被侵权人的损失难以确定，侵权人因此获得利益的，按照其获得的利益赔偿；侵权人因此获得的利益难以确定，被侵权人和侵权人就赔偿数额协商不一致，向人民法院提起诉讼的，由人民法院根据实际情况确定赔偿数额。"逾期利息作为损失之一种，虽然存在一定的计算困难，可在一定程度上缓和主张责任，但并非可以完全不遵循主张具体化的要求。

逾期利息难以确定主要源于逾期时间不好确定。就逾期时间而言，诉讼本身需要一定的时间虽然是确定的，但具体需要多久却是不确定的，有几个月就结案的，也有一年半载才结案的，两三年才结案的也不罕见。在诉讼开始时无法预见诉讼将在何时结束。因此，要求当事人在诉讼开始时提出精确的逾期利息金额有可能是不合理的（但可以将不确定的部分限制在很小的范围内），但要求当事人提出逾期利息的起止时间则并非不合理。

在原告没有提出逾期利息的起止时间的情况下，法院在判决中直接确定逾期利息的起止时间不仅违背了"无诉则无审判"的民事诉讼原理，而且也无法保证法院确定的逾期利息的起止时间就一定符合当事人的本意。

要求原告在起诉时就确定逾期利息的起止时间，那界定在何时比较合理呢？若

---

① 〔德〕奥特马·尧厄尼希著：《民事诉讼法》（第 27 版），周翠译，法律出版社 2003 年版，第 217 页。
② 相关理论探讨参见毋爱斌：《损害额认定制度研究》，载《清华法学》2012 年第 2 期。

将逾期利息的起算之日定在借款之日，显然不合理。如果合同约定有利息，合同期限内虽会产生利息但不属于逾期利息。如果没有，合同期限内就不应当计算利息，更不存在逾期利息。定在起诉之日也不合理。借款人违约之后，基于各种原因，如想协商解决或太忙暂时顾不上等，出借人有可能没有立即起诉。待其过了一段时间再起诉时，该时间段内的逾期利息却不能计算在内，显然是对出借人利益的损害。定在受理之日就更不合理。根据《民事诉讼法》第 123 条的规定，符合起诉条件的，应当在 7 日内立案。不仅原告从被告违约之日到起诉之日的逾期利息不能主张，法院审查其起诉期间的逾期利息也不能主张，对出借人的利益损害更加严重。由此可见，逾期利息应当从借款人违约之日起开始计算。

逾期利息的终止之日又应当界定在何时呢？若界定为判决生效之日，显然不合理，这会导致原告的利益受损。因为在金钱给付之诉判决中，法院一般都会给被告一个履行期限，如 10 日或 15 日。该期限是在判决生效之后供借款人主动履行义务之期限。出借人不可以在此期限内申请强制执行。如果履行期限届满借款人仍不履行判决的话，出借人就可以申请强制执行。将逾期利息截止到判决生效之日，还意味着一旦借款人在履行期内不主动履行判决，出借人申请强制执行的话，根据我国《民事诉讼法》第 253 条的规定，被执行人未按判决、裁定和其他法律文书指定的期间履行给付金钱义务的，应当加倍支付迟延履行期间的债务利息。强制执行期间的利息虽然不会损失，但履行期间的逾期利息，因判决书上没有裁决则无法要求借款人支付。

界定为判决所确定的支付之日也不合理。原因之一是因为法院不会在判决中规定一个具体的支付日，只会规定一个履行期限。该期限自判决生效之次日起计算。原因之二是如果说判决确定有支付之日的话，也只能是将履行期限的最后一日视为判决确定的支付之日。但这种理解又会损害被告的利益。假设要求被告在判决生效后 10 天内履行，被告在判决确定的履行期限内的第一日就履行了义务，按此理解，被告对于履行期限届满之前的其他 9 天仍需支付逾期利息。

界定为实际给付之日或全部款额付清之日依旧不合理，仍有可能会损害被告的合法权益。原因之一是在实践中，实际给付之日可以有 3 种理解：第一种是执行申请人收到被执行人钱款之日；第二种是法院收到被执行人钱款之日；第三种是被执行人将抵债物交给法院，准备拍卖、变卖变现，法院收到抵债物之日，或者竞拍人举牌成交之日或拍卖行收到拍卖款之日。① 实际交付之日具体是指何日呢？若按第二种或第三种理解，问题是：出借人在此日并没有实际占有资金，对资金也不能实际使用，逾期利息损失仍在延续。借款人应当继续向其支付逾期利息。这样执行对借款人不公，因为很有可能是其他原因，如法院或拍卖公司没有及时将钱交给出借人导致。

---

① 王建平：《利息判决及其执行疑难问题探析》，载《人民司法》2012 年第 3 期。

按第一种理解虽不存在前述问题,但又存在其他问题。实际给付之日有可能发生在履行期间,也有可能发生在强制执行期间。如果是后者,就等于法院在判决中要求债务人支付强制执行期间的逾期利息。在强制执行期间,被执行人需支付两类利息,其中一类利息属于罚息,另一类利息在性质上虽仍属于逾期利息,但与判决中的逾期利息又存在本质区别。二者的区别表现在以下几个方面:一是处理的主体不同。由于逾期利息可以分为进入强制执行前的逾期利息和进入强制执行后的逾期利息。对于前者,即判决中的逾期利息,应当由审判法官处理。对于后者,即执行期间的逾期利息,根据《民事诉讼法》第253条的规定,应当由执行法官来处理。审判法官在判决书中处理执行中的逾期利息问题,无疑是一种越位,有违审执分立原则。二是是否系审理对象不同。判决中的逾期利息是法院的审理对象,法官可以依法进行调解。执行中的逾期利息则不是,除当事人可以进行和解外,执行法官不能对其进行调解。三是二者的地位不同。审判中确定的逾期利息计算方法同时也是执行中逾期利息的计算方法。最高人民法院《关于执行程序中计算迟延履行期间的债务利息适用法律若干问题的解释》第1条规定,加倍计算之后的迟延履行期间的债务利息,包括迟延履行期间的一般债务利息和加倍部分债务利息。迟延履行期间的一般债务利息,根据生效法律文书确定的方法计算;生效法律文书未确定给付该利息的,不予计算。也就是说,法官只需对履行期间届满前的逾期利息作出判决即可。强制执行期间的逾期利息由执行法官按照判决书中确定的计算方法自行计算即可。这一点从两个阶段逾期利息的计算方法可以清楚看出。迟延履行期间开始前的一般债务利息 = 借款本金 × 生效法律文书确定的一般债务利息率 × 迟延履行期间开始前的实际天数。迟延履行期间的债务利息 = 借款本金 × 生效法律文书确定的一般债务利息率 × 迟延履行期间的实际天数 + 借款本金 × 每日1.75‰ × 迟延履行期间的实际天数。其中借款本金 × 生效法律文书确定的一般债务利息率 × 迟延履行期间的实际天数得出的利息就是履行期间的逾期利息。两种计算方法除了逾期时间不同外,其他都一样。因此,判决中确定的逾期利息的计算方法是计算执行期间的逾期利息的基础。

鉴于民间借贷纠纷中的利息包括合同期限内的利息、逾期利息、强制执行期间的逾期利息,笔者认为,原告在提出利息请求时,应当遵循分类原则,即应当将合同期限内的利息与逾期利息区分开来,将能确定金额的逾期利息与不能确定金额的逾期利息分别提出。① 比如,对于借贷合同有利息约定的,由于合同期限是明确的,合同期限内的利息完全可以确定,故应提出具体的利息金额。

对于逾期利息的请求,解决办法之一是像德国以及我国台湾地区那样,只要求当事人提出一个最低金额即可。这种办法的好处是解决了立案时案件受理费的征

---

① 有的法官提出法院在判决书中也应分项表述,即按照主债务、从债务和违约金的顺序,先处理本金返还,再确定支付的期内利息,之后处理债务人未按期履约的逾期罚息及欠息的复利,在判决主文中一一分项表述。参见李春:《银行信贷合同中的利息法律实务问题探讨》,载《上海金融》2011年第10期。

收问题,但没有解决逾期利息计算的起止日期问题。即使是按照我国台湾地区"民事诉讼法"第244条第4款之规定要求原告在第一审言词辩论终结前补充其声明,由于此时诉讼仍未结束,逾期利息应当计算到何时还是无法确定。足见,确定逾期利息计算的起止日期才是治本之法。相应地,原告在起诉时明确化、具体化逾期利息金额也不再是一件难事。

鉴于此,可将逾期利息区分两段计算。第一时间段是自借款人逾期之日(也即违约之日)起到起诉之日至的逾期利息。由于该时间段是确定的,只要借款合同约定了逾期利率就可计算出具体的逾期利息金额。最高人民法院《关于审理民间借贷案件适用法律若干问题的规定》第29条规定,如果借贷双方约定了逾期利率,从其约定,但以不超过年利率24%为限。如借款合同没有约定逾期利率或者约定不明的,则区分不同情况处理:(1)既未约定借期内的利率,也未约定逾期利率,出借人主张借款人自逾期还款之日起按照年利率6%支付资金占用期间利息的,人民法院应予支持;(2)约定了借期内的利率但未约定逾期利率,出借人主张借款人自逾期还款之日起按照借期内的利率支付资金占用期间利息的,人民法院应予支持。

第二时间段是原告起诉之日到逾期利息清偿之日。由于这一时间段的具体时长不确定,无法要求原告提出具体的利息金额。但应当要求原告明确该段逾期利息的起止时间。该时间段应确定为:起算时间为原告起诉之日,截止时间为履行期内被告向原告履行全部义务之日。鉴于起诉之日很具体,该段逾期利息诉讼请求具体可以表述为:请求判决被告支付自×年×月×日(即起诉之日)起至本判决履行期内被告借款清偿完毕之日止,按照合同约定的借款利率或约定的逾期利率或者6%的年利率支付逾期利息。

之所以将逾期利息截止日定为该日,原因在于:第一,不会让被告多承担逾期利息,充分体现了公平原则。如果被告在履行期内的第一天就履行义务,逾期利息就计算到该天为止。如果被告在履行期内没有履行义务,期限届满的那天就是其应当履行义务的最后一天,逾期利息也计算到这一天。过了这一天,就属于强制执行期间的逾期利息,按强制执行的相关规定处理。第二,不会对清偿完毕产生不同的理解。被告在履行期限内的履行属于自主履行,应当直接将逾期利息支付给权利人。如果需要通过变卖、拍卖等方式来变现的话,也应当是自行处理,然后将逾期利息支付给权利人。如果被告要通过法院转交的话,也一定是与原告达成了一致。被告将逾期利息全部交给法院之日便是清偿完毕之时。这与强制执行中须由法院组织拍卖、变卖被执行人的财产或者先将被执行人的逾期利息划至法院账户然后交给申请人完全不同。第三,与最高人民法院《关于执行程序中计算迟延履行期间的债务利息适用法律若干问题的解释》的精神保持一致。该司法解释已经将逾期利息分为迟延履行期间的债务利息(包括迟延履行期间的一般债务利息和加倍部分债务利息两部分)和迟延履行期间开始前的债务利息。第四,为计算迟延履行期间的逾期利息奠定了基础,有助于避免后续无谓的争论。以前关于加倍支付迟延履行期间的债务利息存在一些疑难问题,产生了一些分歧,原因之一就在于没有界定好逾期利息的截止日期。① 履行期限届满之时就是诉讼中的逾期利息截止之时。进入强制执行后,执行法官按照法律文书确定的诉讼中逾期利息计算方法再计算强制执行期间的逾期利息即可,十分方便。

根据前述分析,原告在起诉时需将利息请求分为三部分:合同期限内的利息、自被告违约之日起到起诉之日的逾期利息,以及自起诉之日到判决履行期内被告履行完毕之日止的逾期利息。将逾期利息分为三部分的好处是第一部分利息和第二部分逾期利息都可以具体化,仅剩下第三部分逾期利息不能具体化,大大缩小了不能具体化逾期利息金额的范围。

至于加倍支付迟延履行期间的债务利息,当事人无需提出该请求,一方面是因为此乃执行期间的问题,不属于当事人之间的纠纷,非法院的审理对象,法院自然无需审理。二是因为此问题法院会依职权写入判决书,通知对方当事人。2007年2月7日,最高人民法院为此专门下发了《关于在民事判决书中增加向当事人告知民事诉讼法第二百二十九条②规定内容的通知》,要求将加倍支付迟延履行期间债务利息的内容在所有判项之后另起一行写明。

对于非借贷类的金钱给付之诉,如拖欠货款、租金、工程款等纠纷,损失计算的截止日,也可以类推适用前面提出的建议,即对于逾期付款的利息损失,原告应将其分为两段提出。第一时间段是自被告逾期之日(也即违约之日)起到起诉之日止的利息损失。第二时间段是原告起诉之日起到履行期限内被告向原告履行全部义务之日止的利息损失。

---

① 有关这方面的分析参见王建平:《利息判决及其执行疑难问题探析》,载《人民司法》2012年第3期;胡志超:《从一则案例看双倍支付迟延履行期间债务利息制度的完善》,载《民事程序法研究》(第8辑),厦门大学出版社2012年版。
② 我国现行《民事诉讼法》第253条。

第八章　管辖之确定

在确定纠纷属于法院民事诉讼主管后,接下来就需要确定管辖。民事诉讼中的管辖,是指各级人民法院之间以及同级人民法院之间受理第一审民事案件的分工和权限。确定管辖是民事诉讼实务中非常重要的一环,也是民事诉讼的基本功。只有确定管辖法院种类、级别管辖和地域管辖后,审理法院才能完全确定,因此,确定管辖的基本流程是:

确定管辖法院种类→确定级别管辖→确定地域管辖

第一节 确定管辖法院种类

要知道如何确定管辖法院的种类,首先得知道我国的法院结构。

根据我国《人民法院组织法》第2条的规定,民事审判权由人民法院行使。从级别上讲,我国的人民法院分为四级:最高人民法院、高级人民法院、中级人民法院和基层人民法院。其中最高人民法院设有巡回法庭,相当于最高人民法院的派出机构,在审级上等同于最高人民法院。基层人民法院设有派出法庭,在审级上等同于基层人民法院。从种类上讲,我国的法院包括人民法院和专门人民法院。专门人民法院包括海事法院、铁路运输法院、军事法院。其中,海事法院、知识产权法院在级别上属于中级法院。我国法院的组织体系图如下:

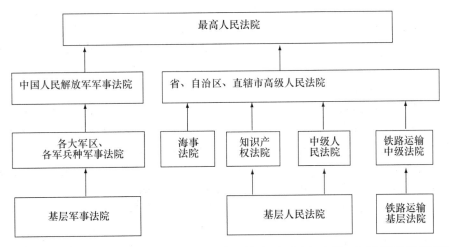

除了人民法院外,尚有海事法院、铁路运输法院、军事法院,它们都可以受理民事纠纷。最高人民法院《关于军事法院管辖民事案件若干问题的规定》对军事法院的民事审判权范围作了明确规定。我国《海事诉讼特别程序法》与最高人民法院《关于海事法院受理案件范围的规定》对海事法院的民事审判权范围作了明确规定。

最高人民法院《关于铁路运输法院案件管辖范围的若干规定》对铁路运输法院的民事审判权范围作了规定。① 最高人民法院《关于北京、上海、广州知识产权法院案件管辖的规定》对这三个知识产权法院的管辖范围作了明确规定。除此之外的民事纠纷都可以诉至人民法院。

有些民事纠纷只能到专门法院去起诉。如《民事诉讼法解释》第2条第2款规定，海事、海商案件由海事法院管辖；第11条规定双方当事人均为军人或者军队单位的民事案件由军事法院管辖。有些纠纷多类法院都可以管辖。如最高人民法院《关于军事法院管辖民事案件若干问题的规定》第2条规定，下列民事案件，地方当事人向军事法院提起诉讼或者提出申请的，军事法院应当受理：（1）军人或者军队单位执行职务过程中造成他人损害的侵权责任纠纷案件；（2）当事人一方为军人或者军队单位，侵权行为发生在营区内的侵权责任纠纷案件；（3）当事人一方为军人的婚姻家庭纠纷案件；（4）《民事诉讼法》第34条（现行《民事诉讼法》第33条）规定的不动产所在地、港口所在地、被继承人死亡时住所地或者主要遗产所在地在营区内，且当事人一方为军人或者军队单位的案件；（5）申请宣告军人失踪或者死亡的案件；（6）申请认定军人无民事行为能力或者限制民事行为能力的案件。也就是说，这些纠纷既可以诉到军事法院，也可以诉到人民法院，由当事人自行选择。《民事诉讼法解释》第2条第1款规定，专利纠纷案件由知识产权法院、最高人民法院确定的中级人民法院和基层人民法院管辖。

▶【案例】

北京市地铁某工程是北京市政府确定的重点工程之一。中铁×局集团有限公司（以下简称中铁×局公司）承包了该工程04标段后，转包给福建省××建设工程有限公司（以下简称福建××公司），双方签订了《施工协议》。福建××公司在履行该协议过程中先期投入了大量资金。后双方就协议履行发生争议，中铁×局公司遂强行将福建××公司驱逐出施工现场，致使福建××公司无法继续履行《施工协议》。此后中铁×局公司同福建××公司就解除该《施工协议》及赔偿福建××公司损失的有关问题展开了协商。由于双方就赔偿损失的具体数额无法达成一致意见，中铁×局公司即先行向北京铁路运输法院提起诉讼，请求法院解除《施工协议》，判决福建××公司返还预付工程款1685355元，并赔偿其损失744000元。福建××公司随即向北京市第二中级人民法院提起诉讼，请求法院判决中铁×局公司归还投资款并赔偿损失共计5107650元。问：本案属哪个法院管辖？

本案是否属于铁路运输法院管辖，取决于铁路运输法院的受案范围。最高人民

---

① 根据中央机构编制委员会、最高人民法院和最高人民检察院联合签发的《关于铁路法院检察院管理体制改革若干问题的意见》，铁路运输法院需纳入国家司法管理体制，实行属地管理。该文件改变了铁路运输法院的管理体制，即由铁路局管理改为地方管理。

法院《关于铁路运输法院案件管辖范围的若干规定》第 3 条规定,下列涉及铁路运输、铁路安全、铁路财产的民事诉讼,由铁路运输法院管辖:(1) 铁路旅客和行李、包裹运输合同纠纷;(2) 铁路货物运输合同和铁路货物运输保险合同纠纷;(3) 国际铁路联运合同和铁路运输企业作为经营人的多式联运合同纠纷;(4) 代办托运、包装整理、仓储保管、接取送达等铁路运输延伸服务合同纠纷;(5) 铁路运输企业在装卸作业、线路维修等方面发生的委外劳务、承包等合同纠纷;(6) 与铁路及其附属设施的建设施工有关的合同纠纷;(7) 铁路设备、设施的采购、安装、加工承揽、维护、服务等合同纠纷;(8) 铁路行车事故及其他铁路运营事故造成的人身、财产损害赔偿纠纷;(9) 违反铁路安全保护法律、法规,造成铁路线路、机车车辆、安全保障设施及其他财产损害的侵权纠纷;(10) 因铁路建设及铁路运输引起的环境污染侵权纠纷;(11) 对铁路运输企业财产权属发生争议的纠纷。

鉴于本案属于建设工程施工合同纠纷,因此不属于铁路运输法院管辖,而应由人民法院管辖。

第二节 确定级别管辖

在确定了管辖法院的种类后,接下来就需要确定级别管辖,即选择向哪一级法院起诉。《民事诉讼法》在第 17—20 条分别规定了四级法院的管辖范围。第 17 条规定,基层人民法院管辖第一审民事案件,但本法另有规定的除外。也就是说,除中级人民法院、高级人民法院和最高人民法院管辖的第一审民事案件以外的所有第一审民事案件,都由基层人民法院管辖。第 18 条规定,中级人民法院管辖下列第一审民事案件:(1) 重大涉外案件;(2) 在本辖区有重大影响的案件;(3) 最高人民法院确定由中级人民法院管辖的案件。第 19 条规定,高级人民法院管辖在本辖区有重大影响的第一审民事案件。第 20 条规定,最高人民法院管辖下列第一审民事案件:(1) 在全国有重大影响的案件;(2) 认为应当由本院审理的案件。但在实践中,最高人民法院根本不受理一审民事案件。由于上述 4 条过于笼统,基本不具有可操作性,因此在确定级别管辖时,主要需综合参考最高人民法院随着社会发展而不断更新的司法解释和各省、自治区、直辖市高级人民法院对级别管辖的规定。

▶一、最高人民法院颁布的司法解释

对于级别管辖,首先要检索最高人民法院颁布的司法解释。如对于中级人民法院管辖的重大涉外案件:

(1) 根据《民事诉讼法解释》第 1 条的规定,《民事诉讼法》第 18 条第 1 项规定的"重大涉外案件",包括争议标的额大的案件、案情复杂的案件,或者一方当事人人数众多等具有重大影响的案件。

(2) 最高人民法院确定由中级人民法院管辖的案件。目前这类案件主要包括:

第一,海事、海商案件。根据最高人民法院《关于适用〈中华人民共和国海事诉讼特别程序法〉若干问题的解释》(以下简称《海诉法解释》)第1条的规定,海事、海商案件,由海事法院专属管辖。海事、海商案件,是指在海上或者通海水域发生的与船舶或者运输、生产、作业相关的海事侵权纠纷、海商合同纠纷案件。

第二,专利民事案件。根据最高人民法院《关于审理专利纠纷案件适用法律问题的若干规定》第1条的规定,专利民事案件主要包括专利申请公布后、专利权授予前使用发明、实用新型、外观设计的费用纠纷案件;专利侵权纠纷案件;转让专利申请权或者专利权的合同纠纷案件;专利权权属纠纷案件;职务发明创造发明人、设计人奖励、报酬纠纷案件;发明人、设计人资格纠纷案件等。第2条第1款规定,专利纠纷第一审案件,由各省、自治区、直辖市人民政府所在地的中级人民法院和最高人民法院指定的中级人民法院管辖。

第三,著作权民事案件。根据最高人民法院《关于审理著作权民事纠纷案件适用法律若干问题的解释》第1条的规定,著作权民事案件主要包括:著作权及与著作权有关权益、权属、侵权、合同纠纷案件;申请诉前停止侵犯著作权、与著作权有关权益行为;申请诉前财产保全、诉前证据保全案件;其他著作权、与著作权有关权益纠纷案件。著作权民事纠纷案件,由中级以上人民法院管辖。①

第四,商标民事案件。根据最高人民法院《关于审理商标案件有关管辖和法律适用范围问题的解释》第1条的规定,商标权民事案件主要包括:商标专用权权属纠纷案件;侵犯商标专用权纠纷案件;商标专用权转让合同纠纷案件;商标许可使用合同纠纷案件;申请诉前停止侵犯商标专用权案件;申请诉前财产保全案件;申请诉前证据保全案件等。该解释第2条第3款规定,商标民事纠纷第一审案件,由中级以上人民法院管辖。②

需要特别注意的是,根据最高人民法院《关于北京、上海、广州知识产权法院案件管辖的规定》,在北京、上海和广东省内发生的涉及驰名商标认定的民事案件只能由相对应的北京、上海和广州知识产权法院实行专属管辖。北京市、上海市各中级人民法院和广州市中级人民法院不再受理知识产权民事案件。广东省其他中级人民法院不再受理有关驰名商标认定的民事案件。

第五,计算机网络域名民事纠纷案件。最高人民法院《关于审理涉及计算机网络域名民事纠纷案件适用法律若干问题的解释》第2条第1款前半句规定,涉及域名的侵权纠纷案件,由侵权行为地或者被告住所地的中级人民法院管辖。

第六,虚假陈述证券民事赔偿案件和期货纠纷案件、与证券交易所监管职能相

---

① 该《司法解释》第2条第2款规定:各高级人民法院根据本辖区的实际情况,可以确定若干基层人民法院管辖第一审著作权民事纠纷案件。也就是说,部分基层法院也有管辖权。

② 该《司法解释》第2条第4款规定:各高级人民法院根据本辖区的实际情况,经最高人民法院批准,可以在较大城市确定1—2个基层人民法院受理第一审商标民事纠纷案件。也就是说,部分基层法院也有管辖权。

关的民事案件。虚假陈述证券民事赔偿案件,是指证券市场投资人以信息披露义务人违反法律规定,进行虚假陈述并致使其遭受损失为由,而向人民法院提起诉讼的民事赔偿案件。根据最高人民法院《关于审理证券市场因虚假陈述引发的民事赔偿案件的若干规定》第8条的规定,此类案件由省、自治区、直辖市人民政府所在的市、计划单列市和经济特区中级人民法院管辖。

对于期货纠纷,根据最高人民法院《关于审理期货纠纷案件若干问题的规定》第7条的规定,由中级人民法院管辖。① 根据最高人民法院《关于对与证券交易所监管职能相关的诉讼案件管辖与受理问题的规定》第1条的规定,对于与证券交易所监管职能相关的民事案件,由上海证券交易所和深圳证券交易所所在地的中级人民法院分别管辖。

第七,重大涉港、澳、台民事案件。根据2008年最高人民法院颁布的《全国各省、自治区、直辖市高级人民法院和中级人民法院管辖第一审民商事案件标准》的规定,各地中院都可以管辖一定金额以上的涉港、澳、台民事案件。

第八,当事人请求人民法院对仲裁协议的效力作出裁决的案件。根据最高人民法院《关于适用〈中华人民共和国仲裁法〉若干问题的解释》第12条的规定,当事人向人民法院申请确认仲裁协议效力的案件,由仲裁协议约定的仲裁机构所在地的中级人民法院管辖;仲裁协议约定的仲裁机构不明确的,由仲裁协议签订地或者被申请人住所地的中级人民法院管辖(第1款)。申请确认涉外仲裁协议效力的案件,由仲裁协议约定的仲裁机构所在地、仲裁协议签订地、申请人或者被申请人住所地的中级人民法院管辖(第2款)。涉及海事海商纠纷仲裁协议效力的案件,由仲裁协议约定的仲裁机构所在地、仲裁协议签订地、申请人或者被申请人住所地的海事法院管辖;上述地点没有海事法院的,由就近的海事法院管辖(第3款)。

第九,民事公益诉讼。《民事诉讼法解释》第285条第1款规定,公益诉讼案件由侵权行为地或者被告住所地中级人民法院管辖,但法律、司法解释另有规定的除外。

第十,反不正当竞争、反垄断民事案件。最高人民法院《关于审理因垄断行为引发的民事纠纷案件应用法律若干问题的规定》第3条第1款规定,第一审垄断民事纠纷案件,由省、自治区、直辖市人民政府所在地的市、计划单列市中级人民法院以及最高人民法院指定的中级人民法院管辖。② 最高人民法院《关于审理不正当竞争民事案件应用法律若干问题的解释》第18条规定,《反不正当竞争法》第5条、第9条、第10条、第14条规定的不正当竞争民事第一审案件,一般由中级人民法院管辖。

第十一,五类涉外民商事案件。根据最高人民法院《关于涉外民商事案件诉讼管辖若干问题的规定》第3条、第4条的规定,以下五类民商事案件实行集中管辖:① 涉外合同和侵权纠纷案件;② 信用证纠纷案件;③ 申请撤销、承认与强制执行国

---

① 该条同时还规定高级人民法院根据需要可以确定部分基层人民法院受理期货纠纷案件。
② 该条同时还规定经最高人民法院批准,基层人民法院可以管辖第一审垄断民事纠纷案件。

际仲裁裁决的案件;④ 审查有关涉外民商事仲裁条款效力的案件;⑤ 申请承认和强制执行外国法院民商事判决、裁定的案件。但不包括发生在与外国接壤的边境省份的边境贸易纠纷案件,涉外房地产案件和涉外知识产权案件。根据该规定第 1 条的规定,这五类集中管辖案件由以下中级人民法院管辖:① 省会、自治区首府、直辖市所在地的中级人民法院;② 经济特区、计划单列市中级人民法院;③ 最高人民法院指定的其他中级人民法院管辖。①

由此可见,关于最高人民法院确定由中级人民法院管辖的案件非常散乱,需要认真检索。

(3) 关于中级人民法院及高级人民法院辖区内有重大影响的案件,最高人民法院主要通过诉讼标的额来界定级别管辖。

随着社会的发展,案件数量也在不断增长。最高人民法院通过不断地调整诉讼标的额,进而调整案件在中级法院和高级法院之间的分配。因此,需要持续关注最高人民法院对级别管辖的调整。如最高人民法院在 2008 年颁布了《关于调整高级人民法院和中级人民法院管辖第一审民商事案件标准的通知》(法发[2008]10 号)。规定北京市高级人民法院,可管辖诉讼标的额在 2 亿元以上的第一审民商事案件,以及诉讼标的额在 1 亿元以上且当事人一方住所地不在本辖区或者涉外、涉港澳台的第一审民商事案件。北京所辖中级人民法院,可管辖诉讼标的额不低于 5000 万元的第一审民商事案件,以及诉讼标的额不低于 2000 万元且当事人一方住所地不在本辖区或者涉外、涉港澳台的第一审民商事案件。

2015 年最高人民法院颁布了《关于调整高级人民法院和中级人民法院管辖第一审民商事案件标准的通知》(法发[2015]7 号),对各高级人民法院和中级人民法院的管辖标准作了调整。其中有关北京市法院管辖的具体规定是:第一,北京市高级人民法院管辖诉讼标的额在 5 亿元以上的第一审民商事案件,以及诉讼标的额在 3 亿元以上且当事人一方住所地不在本辖区或者涉外、涉港澳台的第一审民商事案件。第二,中级人民法院、北京铁路运输中级法院管辖诉讼标的额在 1 亿元以上的第一审民商事案件,以及诉讼标的额在 5000 万元以上且当事人一方住所地不在本辖区或者涉外、涉港澳台的第一审民商事案件。该通知第 6 条同时规定,"本通知调整的级别管辖标准不涉及知识产权案件、海事海商案件和涉外涉港澳台民商事案件。"也就是说,2008 年最高人民法院颁布的《关于调整高级人民法院和中级人民法院管辖第一审民商事案件标准的通知》中的部分内容仍然有效。

2018 年 7 月最高人民法院又颁布了《关于调整部分高级人民法院和中级人民法院管辖第一审民商事案件标准的通知》法发([2018]13 号),对贵州省、陕西省、甘肃省、青海省、宁夏回族自治区的高级人民法院和中级法院、新疆维吾尔自治区高级人民法院、新疆维吾尔自治区高级人民法院生产建设乡团分院及其所辖的中级人民法

---

① 国务院批准设立的经济技术开发区人民法院和高级人民法院也有管辖权。

院的管辖标准进行了调整。

诉讼标的金额通常由原告决定。最高人民法院通过司法解释仅对部分纠纷诉讼标的金额之计算作了规范。最高人民法院《关于案件级别管辖几个问题的批复》第1条规定，在当事人双方或一方全部没有履行合同义务的情况下，发生纠纷提起诉讼，如当事人在诉讼请求中明确要求全部履行合同的，应以合同总金额加上其他请求金额作为诉讼标的金额，并据以确定级别管辖；如当事人在诉讼请求中要求解除合同的，应以其具体的诉讼请求金额来确定诉讼标的金额，并据以确定级别管辖。

▶二、地方各高级人民法院颁布的规定

由于最高人民法院的司法解释不涉及各地基层法院的管辖，各地基层法院的管辖需由各地高级人民法院自行规定，并且也在不断调整中。例如北京市高级人民法院在2000年颁布了《关于北京市各级人民法院受理第一审民事、经济纠纷案件级别管辖的规定》（京高法发[2000]202号），于2011年颁布了《北京市高级人民法院关于调整北京市三级法院管辖第一审民商事案件标准及高院执行案件的通知》（京高法发[2011]270号）。这样，北京地区各级法院的管辖范围就都得以确定。其他各省、市、自治区的级别管辖依此类推。

同时，《民事诉讼法解释》对级别管辖的规定可能仍有不清晰之处，各地高级人民法院有可能会作进一步解释，对此也需要予以关注。如北京市高级人民法院在2015年12月31日颁布了《关于民事诉讼管辖若干问题的规定》（试行），其第15条规定，起诉时诉讼标的价值难以确定的，应当按照当事人主张的诉讼标的额确定级别管辖。审理中经评估等程序确定诉讼标的额超出受诉法院级别管辖权范围的，再行移送有管辖权的法院审理。

由此可见，在确定级别管辖时，主要依据是最高人民法院和各地高级人民法院的司法解释。

既然诉讼金额在确定级别管辖中具有如此重要的功能，在诉讼中如需要变更诉讼金额是否会导致级别管辖变动呢？对此，最高人民法院《关于案件级别管辖几个问题的批复》第2条规定，当事人在诉讼中增加诉讼请求从而加大诉讼标的金额，致使诉讼标的金额超过受诉法院级别管辖权限的，一般不再变动。但是当事人故意规避有关级别管辖等规定的除外。当原告想在下级法院诉讼时，可以先提一个小诉讼标的金额，然后变更诉讼标的金额。如果原告想由上级法院管辖时，则需要先提出一个大诉讼标的金额才行。一旦有部分诉讼标的金额没有得到支持，该部分的案件受理费需要自行承担，故需要特别慎重，不要为了级别管辖乱提诉讼标的金额。

第三节　确定地域管辖

地域管辖的确定顺序：专属管辖→协议管辖→特殊地域管辖→一般地域管辖。

一、专属管辖

专属管辖是指法律明确规定特定类型的案件只能由特定的法院管辖,其他法院均无权管辖,当事人也不得通过协议加以变更的管辖。专属管辖具有很强的排他性:第一,排除一般地域管辖和特殊地域管辖的适用;第二,排除协议管辖的适用。

根据《民事诉讼法》第33条、《民事诉讼法解释》第292—304条的规定,属于专属管辖的案件主要有以下几类:

(1) 因不动产纠纷提起的诉讼,由不动产所在地人民法院管辖。

不动产是指不能移动或者移动后其性能或者价值会降低或者丧失的财产,主要包括房屋、土地、草原、河流、滩涂等。不动产纠纷是指因不动产的权利确认、分割、相邻关系等引起的物权纠纷。不动产已登记的,以不动产登记簿记载的所在地为不动产所在地;不动产未登记的,以不动产实际所在地为不动产所在地。有些涉及不动产的合同,如农村土地承包经营合同纠纷、房屋租赁合同纠纷、建设工程施工合同纠纷、政策性房屋买卖合同纠纷等,如果由不动产所在地人民法院管辖的话,有利于案件的审理与执行,有利于统一裁判尺度,有利于配合当地政府处理该类案件引起的群体性纠纷。因此,《民事诉讼法解释》第28条第2款规定,农村土地承包经营合同纠纷、房屋租赁合同纠纷、建设工程施工合同纠纷、政策性房屋买卖合同纠纷,按照不动产纠纷确定管辖。其中建设工程施工合同纠纷包括最高人民法院《民事案件案由规定》第三级案由"建设工程合同纠纷"项下与建设工程施工相关的七个第四级案由:即建设工程施工合同纠纷、建设工程价款优先受偿权纠纷、建设工程分包合同纠纷、建设工程监理合同纠纷、装饰装修合同纠纷、铁路修建合同纠纷、农村建房施工合同纠纷。政策性房屋包括两限房、自住性商品房、经济适用房、廉租房、优惠价房、单位自管房、军产房、小产权房、农村房屋及公租房等享受国家税收、福利、政策优惠等条件的房屋以及农村集体土地上的房屋。

不动产纠纷虽实行专属管辖,但不排斥当事人约定通过仲裁解决。

(2) 因港口作业中发生纠纷提起的诉讼,由港口所在地人民法院管辖。

港口作业中发生纠纷主要包括因为货物的装卸、仓储,港口的驳运、理货、货物保管,污染港口,损坏港口设施而发生的纠纷。不过,根据《海事诉讼特别程序法》第7条的规定,因沿海港口作业纠纷提起的诉讼,由港口所在地海事法院,而不是人民法院管辖。[①]

(3) 因继承遗产纠纷提起的诉讼,由被继承人死亡时住所地或者主要遗产所在

[①] 我国《海事诉讼特别程序法》第7条规定,下列海事诉讼,由本条规定的海事法院专属管辖:(1) 因沿海港口作业纠纷提起的诉讼,由港口所在地海事法院管辖;(2) 因船舶排放、泄漏、倾倒油类或者其他有害物质,海上生产、作业或者拆船、修船作业造成海域污染损害提起的诉讼,由污染发生地、损害结果地或者采取预防污染措施地海事法院管辖;(3) 因在中华人民共和国领域和有管辖权的海域履行的海洋勘探开发合同纠纷提起的诉讼,由合同履行地海事法院管辖。

地人民法院管辖。

当被继承人死亡时的住所地与经常居住地不一致时,仍然由被继承人死亡时住所地法院管辖,并不适用由经常居住地法院管辖的规定,因为住所地与经常居住地不一致时,由经常居住地法院管辖的规定仅适用于当事人,但被继承人不是当事人。主要遗产所在地应当根据遗产的具体情况来判断。通常是以其中价值高的遗产所在地作为主要遗产所在地。例如遗产既有动产,又有不动产,通常是以不动产所在地作为主要遗产所在地。如果遗产是多项动产,通常是以价值高的动产所在地作为主要遗产所在地。

(4) 第三人撤销之诉,由作出该判决、裁定和调解书的人民法院管辖。

第三人撤销之诉是指与案件具有法律上利害关系的第三人,因不能归责于己的事由而未参加诉讼,但其民事权益因案件的处理结果而受到损害时,向法院提起的请求撤销或改变原生效裁判的诉讼。此类诉讼由作出该判决、裁定和调解书的人民法院管辖显然有利于查清案件真相,其他法院无权管辖此类案件。根据《民事诉讼法解释》第292条的规定,第三人撤销之诉由作出该判决、裁定和调解书的人民法院管辖。

(5) 执行异议之诉由执行法院管辖。

执行异议之诉是因为案外人对执行标的物主张权利以排除对其之执行,在执行法院作出裁定后,因执行异议与作为执行依据的原裁定、判决无关,案外人、当事人对执行异议裁定不服而提起的诉讼。根据《民事诉讼法解释》第304条的规定,执行异议之诉由执行法院管辖。

(6) 破产衍生诉讼由受理破产申请的人民法院管辖。

破产衍生诉讼是指以破产企业为一方当事人,与破产程序相关的以实体民事权利义务为内容的民事诉讼。如债权确认诉讼、别除权诉讼、破产撤销权诉讼等。对于此类诉讼,《企业破产法》第21条规定,人民法院受理破产申请后,有关债务人的民事诉讼,只能向受理破产申请的人民法院提起。

二、协议管辖

如果民事纠纷不属于适用专属管辖的话,接下来就需要判断是否适用协议管辖。协议管辖,是指双方当事人在纠纷发生之前或之后,以书面协议的方式约定管辖法院的一种管辖制度。

《民事诉讼法》第34条规定:合同或者其他财产权益纠纷的当事人可以书面协议选择被告住所地、合同履行地、合同签订地、原告住所地、标的物所在地等与争议有实际联系的地点的人民法院管辖,但不得违反本法对级别管辖和专属管辖的规定。根据该规定,就合同纠纷和其他财产权益纠纷,当事人可以在原告住所地、被告住所地、合同履行地、合同签订地、标的物所在地5个地点或其他有实际联系的地点中,协议选择管辖法院。

适用协议管辖的前提是协议管辖有效。因此,在签订管辖协议时,要注意确保满足下列有效条件:

(1)协议管辖适用于合同纠纷案件和其他财产权益纠纷,前者如汽车买卖合同纠纷,后者如当事人因同居或者在解除婚姻、收养关系后发生财产争议。

(2)协议管辖只能对第一审管辖法院进行协议选择,对第二审管辖法院,当事人不得协议选择。

(3)协议管辖必须采用书面形式。书面可以是当事人订立在合同中的协议管辖,该条款应被视为具有独立性的条款,即使合同被确认无效,协议管辖条款的效力亦不受影响。也可以是在合同纠纷或者其他财产权益纠纷发生后达成的书面管辖协议。

当经营者使用格式条款与消费者订立管辖协议时,由于经营者往往会约定对自己有利的管辖法院,因此应采取合理方式提请消费者注意,否则消费者可以主张管辖协议无效。如采用足以引起对方注意的文字、符号、字体等特别标示,并按照对方的要求对该格式条款予以说明便属于采取了合理方式提请消费者注意。

如深圳市中级人民法院(2016)03民辖终95号案,终审法院认为,《淘宝服务协议》中虽约定:"……一旦产生争议,您与淘宝平台的经营者均同意以被告住所地人民法院为第一审管辖法院……"但证据显示,网络平台上提供的"同意《淘宝服务协议》和《支付宝服务协议》"选项,直接默认上诉人对《淘宝服务协议》的内容予以认可,在点击该选项时,"协议管辖"内容未予明示,需另点击《淘宝服务协议》查阅,故该服务协议中的管辖条款,应认定为未采取合理方式提请消费者注意,协议管辖条款无效。

当订有管辖协议的合同转让时,合同中的管辖协议对合同受让人有效,但转让时受让人不知道有管辖协议,或者转让协议另有约定且原合同相对人同意的除外。

(4)必须在法律规定的范围内进行选择。当事人选择的管辖法院应当与争议有实际联系,实践中,最常见的就是以下五个地方的法院:原告住所地、被告住所地、合同签订地、合同履行地、标的物所在地。

管辖协议约定由一方当事人住所地人民法院管辖,协议签订后当事人住所地变更的,由签订管辖协议时的住所地人民法院管辖,但当事人另有约定的除外。

(5)选择必须明确、单一。"明确"是指当事人在起诉时能够确定管辖法院,不存在模棱两可的情形。如约定由守约方住所地法院管辖,就属于不确定,因为谁是守约方只有待审理后才能明确。"单一"是指当事人在起诉时只能从约定的与争议有实际联系的法院中选择一个法院作为管辖法院,不得选择两个或两个以上地方的法院作为管辖法院。因此,约定了两个以上与争议有实际联系的地点的人民法院作为管辖法院并不会导致管辖协议无效,因为判断"单一"的基准时是起诉时而不是约定时。

(6)协议管辖不得违反有关级别管辖和专属管辖的规定。级别管辖关系各级人民法院的工作负荷，当事人不得协议变更，否则会造成审级关系的混乱。专属管辖是强制性管辖，当事人不得通过协议改变。

例如，北京市高级人民法院在(2015)高民终字第03740号案中，根据《民事诉讼法解释》第28条第2款"农村土地承包经营合同纠纷、房屋租赁合同纠纷、建设工程施工合同纠纷、政策性房屋买卖合同纠纷，按照不动产纠纷确定管辖"认定该案中《住宅小区项目目标责任书》虽约定"可以向甲方所在地人民法院提起诉讼"，但约定违反专属管辖规定，应为无效。

在签订管辖协议时还需要注意以下细节问题：

(1) 不能直接约定由"与本合同有实际联系地方的法院管辖"，对有实际联系的地点必须明确。

(2) 选择没有实际联系地方的法院管辖时约定无效。

▶【案例】

双方当事人的总承包合同第9.2款约定，"如果买卖双方就合同的任何条款发生纠纷时，双方可以提交买方所在地上海的中华人民共和国法院审理解决，此为解决这些纠纷的唯一权力机构，且其审理方式为中文形式。合同双方不得以管辖地或审理争议案件曾被判对己不利的理由对由上述的任何法庭审理争议案件持有任何异议。"但根据合同双方签订的主体来看，买方公司的住所地并非在上海市。本案合同双方约定的"买方所在地上海"与买方公司的真实所在地不符。故双方约定上海市为管辖地与双方合同并无实际联系，合同双方的该管辖约定条款应认定为无效。

(3) 要确保在起诉时能根据管辖协议确定具体的管辖法院，措辞不能过于含糊。如约定由"守约方所在地法院"管辖、"某地有管辖权的法院"管辖或"由当地人民法院管辖"。一旦发生纠纷后，谁是守约方只有通过审理才能确定。而管辖却是诉讼一开始就必须解决的问题。当"某地有管辖权的法院"有多个时，即多个法院均对该案有管辖权，就会使得约定管辖发生歧义，此时会导致约定管辖无效。除非依据诉讼额达到该地唯一的中级或高级法院受理标准时，管辖法院才会随之明确。"由当地人民法院管辖"在纠纷发生时，如果当事人对于"当地"的理解产生分歧而指向不同法院时，管辖协议便可能由于违反确定性而无效。

最高人民法院《关于金利公司与金海公司经济纠纷案件管辖问题的复函》(法函[1995]89号)针对"守约方所在地法院"管辖作出了回复，"如甲、乙双方发生争议，由守约方所在地人民法院管辖。该约定不符合《民事诉讼法》第25条(现行《民事诉讼法》第34条)的规定，应认定协议管辖的条款无效。"

北京市第二中级人民法院在(2014)二中民(商)终字第11319号案中，对双方签订的《解除合作协议书》第5条"凡因本协议发生的争议，各方之间共同协商，如协商不成，由北京市有管辖权的人民法院管辖"之约定，认为该条款对于管辖法院的约定不明确,应认定无效。

在江苏省高级人民法院(2014)苏民辖终字第00144号案中,当事人约定"合同履行中发生争议……协商不成时,提交当地法院判决"。最终双方就"当地"的理解发生争议,地基公司认为系合同履行地即越南当地法院,而明亮公司则认为应理解成被告所在地即无锡市当地法院。江苏省高级人民法院认为,双方合同约定的管辖法院作出不同意见的解释,属约定不明,最终认定约定管辖无效。

(4)选择由"原告住所地法院"或"被告住所地法院"管辖时要谨慎。协议管辖时一般都愿意选择距离自己较近的法院,以降低诉讼成本。如以"原告住所地法院管辖"或"被告住所地法院管辖"进行表述的话,虽然完全符合协议管辖的条件,但不一定能够达到当事人的目的。因为当合同双方当事人不在同一法院辖区且同时起诉对方的话,此时双方都是原告,双方所在地法院都有管辖权。这种情形在实践中虽不常见,但风险确定是存在的。建议采用如下表述:由合同甲方(或乙方)所在地法院管辖。当甲方起诉时,就是指由原告所在地法院管辖;当甲方被诉时,就是指由被告所在地法院管辖。这样就可以确保不让管辖法院处于变动之中。

(5)在约定由合同签订地法院管辖时不能仅写大地名,如北京,而必须具体到某个特定地点,如北京市海淀区中关村。否则的话,发生纠纷后需由基层法院或中级法院(北京有多个中级法院)管辖时就无法确定由哪个法院管辖。只有争议金额达到北京市高级人民法院管辖标准时该约定才是有效的。

(6)不能直接约定由某具体法院管辖。如双方当事人约定:"对本协议引起的或与本协议有关的任何争议,各方应通过友好协商解决。如果协议双方无法达成一致,任何一方有权将争议提交上海市松江区人民法院解决。"如果纠纷发生后,该案诉讼请求标的额超出了松江区人民法院的管辖范围的话,该法院并无管辖权。同理,如果直接约定由某中级人民法院或高级人民法院管辖,而实际标的额并未达到相关法院的管辖标准的话,则有可能难以确定下级管辖法院,进而出现约定不明的情形,导致约定管辖无效。

▶三、特殊地域管辖

当民事纠纷不适用专属管辖,也不适用协议管辖时,接下来就应考虑是否可以适用特殊地域管辖。特殊地域管辖是指以诉讼标的、诉讼标的物和法律事实与法院之间的隶属关系为标准所确定的管辖。①

《民事诉讼法》从第23条至第32条,对合同纠纷、保险纠纷、票据纠纷、公司组织纠纷、运输合同纠纷、侵权纠纷、运输事故损害赔偿纠纷、海损事故损害赔偿纠纷、

---

① 我国《民事诉讼法》在规定特殊地域管辖时,对很多纠纷都规定了被告住所地法院享有管辖权。实际上根据被告住所地确定的管辖并不是特殊地域管辖,而是一般地域管辖。

海难救助费用纠纷、共同海损纠纷等10种情形规定了特殊地域管辖。其中比较复杂的是合同纠纷和侵权行为纠纷。

1. 合同纠纷管辖

（1）合同纠纷的一般管辖规则

因合同纠纷提起的诉讼，由被告住所地或者合同履行地人民法院管辖。根据《民事诉讼法解释》第18条的规定，合同履行地按下列方法确定：

① 合同约定履行地点的，以约定的履行地点为合同履行地。即使实际履行地与约定履行地不一致，也由约定履行地法院管辖，尊重当事人的意思自治。

② 合同没有实际履行，当事人双方住所地都不在合同约定的履行地的，由被告住所地人民法院管辖。

③ 双务合同因义务内容不同，履行地也会有所不同。当合同对履行地点没有约定或者约定不明确时，只有先确定双方的争议标的是什么，然后才能根据当事人争议的合同项下的特定义务来确定履行地。也就是说，用作管辖的合同履行地不是根据合同的性质来确定，而是根据争议标的的性质来确定。鉴于《合同法》第62条第3项对某些合同义务的履行地点不明确时如何确定履行地作了规定，当争议的标的就是《合同法》第62条第3项规定的义务时，可以依据实体法规定的履行地来确定管辖，将实体法与程序法中的合同履行地统一起来。具体包括以下几种情形：第一是争议标的为给付货币的，接收货币一方所在地为合同履行地。给付货币是指实体合同中规定的给付货币义务，而非诉讼请求中的给付金钱。比如贷款合同中贷方没有及时交付贷款，借方起诉要求交付贷款，借方所在地为合同履行地。货物买卖合同中，如果是因卖方没有及时交付货物，买方起诉要求卖方支付违约金。此时争议的标的是卖方没有及时交付货物，而非接受货币，因此买方所在地并非合同履行地。如果买方没有及时支付货款，卖方起诉要求支付货款，卖方属于接受货币方，卖方所在地为合同履行地。第二是争议标的为交付不动产的，不动产所在地为合同履行地。第三是其他标的，履行义务一方所在地为合同履行地。比如买卖合同，买方起诉要求卖方交付货物，卖方所在地为合同履行地。

（2）特殊合同纠纷的管辖规则

① 即时结清的合同，交易行为地为合同履行地。

② 因保险合同纠纷提起的诉讼，由被告住所地或者保险标的物所在地人民法院管辖。根据《民事诉讼法解释》第21条的规定，如果保险标的物是运输工具或者运输中的货物，可以由运输工具登记注册地、运输目的地、保险事故发生地的人民法院管辖。因人身保险合同纠纷提起的诉讼，可以由被保险人住所地人民法院管辖。

③ 财产租赁合同、融资租赁合同以租赁物使用地为合同履行地。合同对履行地有约定的，从其约定。

④ 以信息网络方式订立的买卖合同，通过信息网络交付标的的，以买受人住所地为合同履行地；通过其他方式交付标的的，收货地为合同履行地。合同对履行地

有约定的,从其约定。

⑤ 因铁路、公路、水上、航空运输和联合运输合同纠纷提起的诉讼,由运输始发地、目的地或者被告住所地人民法院管辖。运输合同包括客运合同和货运合同两大类。运输的始发地是指旅客或者货物的最初出发地。运输的目的地是指旅客或者货物的最终到达地。

(3) 准确界定合同性质

从前面的介绍可以看出,合同的性质不同,管辖法院不同。因此,在起诉之前一定要对合同的性质做出准确判断,以免法院不予立案或者对方当事人提出管辖权异议。比如承揽合同与建设工程承包合同。前者由合同履行地或被告住所地法院管辖,后者实行专属管辖。

2. 侵权行为纠纷

因侵权行为提起的诉讼,由侵权行为地或者被告住所地人民法院管辖。其中侵权行为地,包括侵权行为实施地和侵权结果发生地。如果侵权行为实施地、侵权结果发生地和被告住所地不在同一法院辖区时,各法院都有管辖权。

《民事诉讼法解释》与相关的司法解释对于一些特殊的侵权行为,如何确定侵权行为地作了进一步的规定,主要有:

(1) 信息网络侵权行为实施地包括实施被诉侵权行为的计算机等信息设备所在地,侵权结果发生地包括被侵权人住所地。①

(2) 因产品、服务质量不合格造成他人财产、人身损害提起的诉讼,产品制造地、产品销售地、服务提供地、侵权行为地和被告住所地人民法院都有管辖权。②

(3) 当事人申请诉前保全后没有在法定期间起诉或者申请仲裁,给被申请人、利害关系人造成损失引起的诉讼,由采取保全措施的人民法院管辖。当事人申请诉前保全后在法定期间内起诉或者申请仲裁,被申请人、利害关系人因保全受到损失提起的诉讼,由受理起诉的人民法院或者采取保全措施的人民法院管辖。③

(4) 因侵犯专利权行为提起的诉讼,由侵权行为地或者被告住所地人民法院管辖。侵权行为地包括:被控侵犯发明、实用新型专利权的产品的制造、使用、许诺销售、销售、进口等行为的实施地;专利方法使用行为的实施地,依照该专利方法直接获得的产品的使用、许诺销售、销售、进口等行为的实施地;外观设计专利产品的制造、销售、进口等行为的实施地;假冒他人专利的行为实施地。上述侵权行为的侵权结果发生地。

原告仅对侵权产品制造者提起诉讼,未起诉销售者,侵权产品制造地与销售地不一致的,制造地人民法院有管辖权;以制造者与销售者为共同被告起诉的,销售地人民法院有管辖权。

---

① 《民事诉讼法解释》第 25 条。
② 《民事诉讼法解释》第 26 条。
③ 《民事诉讼法解释》第 27 条。

销售者是制造者分支机构,原告在销售地起诉侵权产品制造者制造、销售行为的,销售地人民法院有管辖权。①

(5)因侵犯注册商标专用权行为提起的民事诉讼,由《商标法》第13条、第52条(现行《商标法》第57条)所规定侵权行为的实施地、侵权商品的储藏地或者查封扣押地、被告住所地人民法院管辖。侵权商品的储藏地,是指大量或者经常性储存、隐匿侵权商品所在地;查封扣押地,是指海关、工商等行政机关依法查封、扣押侵权商品所在地。②

(6)因侵犯著作权行为提起的民事诉讼,由《著作权法》第46条、第47条所规定侵权行为的实施地、侵权复制品储藏地或者查封扣押地、被告住所地人民法院管辖。侵权复制品储藏地,是指大量或者经常性储存、隐匿侵权复制品所在地;查封扣押地,是指海关、版权、工商等行政机关依法查封、扣押侵权复制品所在地。③

(7)侵害信息网络传播权民事纠纷案件由侵权行为地或者被告住所地人民法院管辖。侵权行为地包括实施被诉侵权行为的网络服务器、计算机终端等设备所在地。侵权行为地和被告住所地均难以确定或者在境外的,原告发现侵权内容的计算机终端等设备所在地可以视为侵权行为地。④

(8)涉及计算机网络域名的侵权纠纷案件,由侵权行为地或者被告住所地的中级人民法院管辖。对难以确定侵权行为地和被告住所地的,原告发现该域名的计算机终端等设备所在地可以视为侵权行为地。⑤

3. 公司设立、确认股东资格、分配利润、解散等纠纷

2008年颁布的最高人民法院关于适用《中华人民共和国公司法若干问题的规定(二)》(以下简称《公司法解释(二)》)第24条第1款对涉及公司组织的部分诉讼管辖作了初步规定:解散公司诉讼案件和公司清算案件由公司住所地人民法院管辖。公司住所地是指公司主要办事机构所在地。公司办事机构所在地不明确的,由其注册地人民法院管辖。为全面解决有关公司组织的诉讼,《民事诉讼法》第26条规定,因公司设立、确认股东资格、分配利润、解散等纠纷提起的诉讼,由公司住所地人民法院管辖。《公司法》第10条规定:公司以其主要办事机构所在地为住所。本条规定对纠纷种类采取的是列举加兜底的方式,并不仅限于上述纠纷。《民事诉讼法解释》第22条规定,因股东名册记载、请求变更公司登记、股东知情权、公司决议、公司合并、公司分立、公司减资、公司增资等纠纷提起的诉讼,依照民事诉讼法第26条规定确定管辖。由于上述纠纷涉及的都是公司组织行为,一般将上述民事诉讼统称为公司组织诉讼。此类纠纷无论公司系原告还是被告都由公司住所地人民法院

---

① 最高人民法院《关于审理专利纠纷案件适用法律问题的若干规定》第5—6条。
② 最高人民法院《关于审理商标民事纠纷案件适用法律若干问题的解释》第6条。
③ 最高人民法院《关于审理著作权民事纠纷案件适用法律若干问题的解释》第4条。
④ 最高人民法院《关于审理侵害信息网络传播权民事纠纷案件适用法律若干问题的规定》第15条。
⑤ 最高人民法院《关于审理涉及计算机网络域名民事纠纷案件适用法律若干问题的解释》第2条。

管辖。公司有住所地就意味着公司已经成立,故就公司设立纠纷而言,因公司未能设立,债权人请求全体或者部分发起人对设立公司行为所产生的费用和债务承担连带清偿责任的,不适用该条管辖规定。如果公司不是当事人,即使涉及公司利益,如股东与股东之间的出资违约纠纷、股权转让纠纷等也不能适用本条规定。①

▶ 四、一般地域管辖

由于特殊地域管辖仅适用于《民事诉讼法》有明文规定的情形,一旦民事纠纷不在适用特殊地域管辖的范围内,就只能适用一般地域管辖。一般地域管辖是指根据当事人所在地与法院辖区之间的关系所确定的管辖。一般地域管辖以"原告就被告"为原则,以"被告就原告"为例外。

原告就被告的管辖规定是一个兜底条款,即当《民事诉讼法》或司法解释对管辖没有特别规定时,就可以适用该管辖规定。如在《合同法解释(一)》颁布前,对代位权、撤销权诉讼的管辖并无特别规定,实际上就可以适用原告就被告的管辖规定。之后《合同法解释(一)》第14条规定:债权人依据《合同法》第73条的规定提起代位权诉讼的,由被告住所地人民法院管辖,对此再次予以了确认。

《民事诉讼法》第21条第1款规定,对公民提起的民事诉讼,由被告住所地人民法院管辖;被告住所地与经常居住地不一致的,由经常居住地人民法院管辖。《民事诉讼法解释》第3条前半句规定,公民的住所地是指公民的户籍所在地。第4条规定,公民的经常居住地是指公民离开住所地至起诉时已连续居住一年以上的地方。但公民住院就医的地方除外。第7条规定,当事人的户籍迁出后尚未落户,有经常居住地的,由该地人民法院管辖;没有经常居住地的,由其原户籍所在地人民法院管辖。

关于经常居住地,有一经典案例是:陈芳君等因与陆伯权返还财礼一案以经常居住地与住所地不一致为理由提出的管辖异议案。

▶【案例】

1990年9月,原告陆伯权与被告陈芳君经人介绍相识恋爱。双方恋爱期间,陆伯权送给陈芳君及其父母财礼若干。后因种种原因,双方中断恋爱关系。1992年11月13日,陆伯权向被告户籍所在地的浙江省慈溪市人民法院提起诉讼,请求法院判令陈芳君及其父母返还所送之财礼。

被告陈芳君、陈学忠、严调花在答辩期内,以自己经常居住地在杭州市江干区为理由,向慈溪市人民法院提出管辖权异议,要求将本案移送杭州市江干区人民法院审理。

慈溪市人民法院经审查查明:被告陈芳君、陈学忠、严调花于1992年1月9日起

---

① 在10种特殊地域管辖中,只有海难救助、共同海损纠纷和公司组织诉讼没有规定被告住所地法院享有管辖权。

暂住杭州市机场路闸弄口新村 28 弄 18 号,有杭州市公安局江干分局闸弄口派出所办理的被告暂住证为据。本院对本案的立案日期为 1992 年 11 月 13 日。3 被告在杭州市江干区连续居住的时间至本院立案时尚不满一年,因此,不能认定杭州市江干区为被告的经常居住地,被告提出管辖异议的理由不能成立。根据《中华人民共和国民事诉讼法》第 38 条之规定,慈溪市人民法院于 1992 年 12 月 5 日裁定:

驳回被告陈芳君、陈学忠、严调花对本案管辖权提出的异议。

一审裁定后,陈芳君、陈学忠、严调花不服,以自己于 1991 年 8 月起居住杭州市机场路闸弄口新村 28 弄 18 号,至慈溪市人民法院立案时已连续居住一年以上为理由,向宁波市中级人民法院提起上诉,要求撤销一审法院的裁定,将本案移送杭州市江干区人民法院审理。在宁波市中级人民法院审理期间,上诉人陈芳君、陈学忠、严调花提供了房屋出租人陈柄根及杭州市江干区闸弄口村治保委员会出具的证明,证实陈芳君、陈学忠、严调花租住杭州市机场路闸弄口新村 28 弄 18 号的时间为 1991 年 8 月。

宁波市中级人民法院认为:

公民离开住所地至起诉时已连续居住一年以上的地方为经常居住地。我国法律没有明文规定公民申报《暂住证》为经常居住地的起算时间,故应以公民实际居住时间为经常居住地的起算时间。上诉人于 1991 年 8 月起租住杭州市机场路闸弄口新村,至被上诉人起诉时已连续居住满一年以上,上诉人提出的管辖权异议成立,应予支持。根据《中华人民共和国民事诉讼法》第 22 条、第 38 条之规定,宁波市中级人民法院于 1993 年 2 月 17 日裁定:

(1) 撤销慈溪市人民法院一审民事裁定;
(2) 本案移送杭州市江干区人民法院处理。

浙江省宁波市中级人民法院(1993)甬民终字第 69 号民事裁定书

通过该案例可以看出,对经常居住地的理解,起点是离开住所地,在某地实际住下来,终点是起诉时。确定经常居住地需从起诉时向前倒推,看有无连续居住一年以上的地方。如果有,再看是不是离开住所地之后形成的。比如说甲 2015 年 1 月 1 日离开住所地,在 A、B、C、D 4 个地方各住了半年,2016 年 12 月 31 日有人准备起诉甲,此时他有经常居住地吗?没有。因为没有连续居住 1 年以上的地方。假设甲在 A 地住了半年,B 地住了 1 年半,C 地住了半年,2016 年 12 月 31 日有人准备起诉甲,此时他有经常居住地吗?没有。B 地虽然住了 1 年半,但到起诉时已不再居住。再假设甲在 A 地住了半年,B 地住了半年,C 地住了 1 年半,2016 年 12 月 31 日有人准备起诉甲,此时他有经常居住地吗？有。因为到起诉时,甲已离开住所地,在C地已连续居住1年以上,且非住院。

在诉讼实践中,原告不论是以自然人被告的住所地还是经常居住地作为管辖依据,受案法院会要求原告提供自然人被告住所地、经常居住地的证据。证明自然人被告住所地的最好证据就是他/她的身份证和户口簿。但通常情况下原告并不掌握自然人被告的这些信息。此时可以委托律师到公安机关进行查询,但具体的查询办法全国没有统一规定,需根据各地的地方性规定进行。如被告是安徽人时,则可以根据安徽省公安厅、安徽省司法厅《关于律师查询公民户籍登记资料有关问题的通知》(皖司通[2015]1号)进行查询。

若以被告的经常居住地作为管辖法院时,从理论上,可以通过下列材料来证明:(1) 暂住证或者居住证,以及当地管辖公安派出所出具的证明等;(2) 街道、居委会、小区出具的证明等;(3) 房屋权属证书、缴费证明等;(4) 房屋出租人出具的证人证言、房屋租赁合同书、房租收据等;(5) 各种缴费证明,如取暖费、电费、水费、卫生费、物业费等的缴费凭证;(6) 其他如受害人同事、朋友的证人证言等。司法实践中,暂住证是证明经常居住的常见证据类型之一。但事实上这些证据并不好收集。因此,以被告经常居住地作为管辖法院时要慎重。

若被告是法人或者其他组织时,其住所地是指法人或者其他组织的主要办事机构所在地。法人或者其他组织的主要办事机构所在地不能确定的,法人或者其他组织的注册地或者登记地为住所地。对没有办事机构的个人合伙、合伙型联营体提起的诉讼,由被告注册登记地人民法院管辖。它们的住所地可以通过全国企业信用信息公示系统查询得知。

第四节　基层人民法院内部管辖之分工

基层人民法院为了方便群众诉讼,可能设有派出法庭。有的基层法院要求在院本部立案。但大部分法院都允许在派出法庭立案。派出法庭也可以立案的情况就涉及哪些民事纠纷由本部受理,哪些民事纠纷由派出法庭受理的问题。如果事先不搞清楚,很有可能就要跑冤枉路,浪费时间。各个法院在确定本部与派出法庭管辖分工的模式基本上都是地域加案件类型,即每个派出法庭负责一定区域内的特定类型的案件,但差别很大。这些信息通常可以通过登录各地法院官方信息网查询。如北京法院审判信息网诉讼服务栏目下"法院指引"中就有各法院关于本部与派出法庭受案范围的信息。当然,各法院对本部与派出法庭之间管辖的划分并非一成不变,在起诉前需要认真查询。

如北京市昌平区人民法院本部民一庭负责审理南邵镇、十三陵镇、城南街道办事处、城北街道办事处、延寿镇(部分)一审传统民事案件、全区的劳动争议案件、名誉权纠纷案件、医疗损害责任纠纷以及涉外、涉港澳台案件。民二庭负责全区范围内物业类案件、交通肇事类案件(除南口法庭管辖的以外);民三庭负责全区范围内商事案件;民四庭负责知识产权类案件。

各派出法庭管辖区域和案件类型如下:(1)小汤山法庭管辖地域:小汤山镇(24个行政村3个居委会)、崔村镇(12个行政村)、兴寿镇(21个行政村)、延寿镇部分(8个行政村)、北七家镇部分(定泗路以北曹碾村、八仙庄村、东沙各庄村、东二旗村、杨各庄村,温泉花园等社区)。案件管辖范围:除劳动争议、名誉权纠纷、物业类案件、交通肇事类案件、医疗损害责任纠纷、涉外、涉港澳台案件以外的民事案件。(2)回龙观法庭管辖地域:回龙观镇全境、东小口镇的马连店村、小辛庄村、梁庄村、上坡村、霍营村、兰各庄村、店上村。案件管辖范围:除劳动争议、名誉权纠纷、物业类案件、交通肇事类案件、医疗损害责任纠纷、涉外、涉港澳台案件以外的民事案件。(3)沙河法庭管辖地域:沙河地区、百善镇、阳坊镇。案件管辖范围:除劳动争议、名誉权纠纷、物业类案件、交通肇事类案件、医疗损害责任纠纷、涉外、涉港澳台案件以外的民事案件。(4)南口法庭管辖地域:南口镇、流村镇、马池口镇全境。案件管辖范围:除劳动争议、名誉权纠纷、物业类案件、医疗损害责任纠纷、涉外、涉港澳台案件以外的民事案件。(5)东小口法庭管辖地域:东小口镇的魏窑村、半截塔村、太平庄村、单村、芦村、中滩村、东小口村、贺村、陈营村。北七家镇的郑各庄、西沙各庄、平坊、白庙、平西府、沟子头、鲁疃、岭上、海鹃落、北七家、南七家、歇甲庄、白坊、东三旗、燕丹、南狮子营(即定泗路以南各村)。案件管辖范围:除劳动争议、名誉权纠纷、物业类案件、交通肇事类案件、医疗损害责任纠纷、涉外、涉港澳台案件以外的民事案件。[①]

第五节 共同管辖和选择管辖

共同管辖是指根据法律规定,两个或以上的法院对同一案件都有管辖权。选择管辖是指在两个或以上法院对同一案件都有管辖权的情况下,当事人可以选择向其中一个法院起诉。

共同管辖和选择管辖,实际上是同一个问题。只不过共同管辖是相对于法院而言的,选择管辖是相对于当事人而言的。共同管辖是选择管辖的前提和基础,只有当一个案件存在共同管辖时,当事人才需要从中选择一个法院起诉。

造成共同管辖常见的原因有:(1)案件中存在两个或以上的不在同一法院辖区的被告;(2)案件存在数个不在同一法院辖区内的联结因素,且数个联结因素所在地法院都有管辖权;(3)案件中的同一联结因素涉及两个以上法院的辖区。如侵权行为发生在两个法院辖区。

《民事诉讼法》第35条前半句规定:"两个以上人民法院都有管辖权的诉讼,原

---

① http://www.bjcourt.gov.cn/fyzy/detail.htm?id=9,2017年3月1日访问。

告可以向其中一个人民法院起诉。"那在诉讼实践中是不是可以随便选择呢？不是的。选择管辖时大致应考虑以下因素：

第一，诉讼成本。应当选择能够最大限度降低诉讼成本的法院。如选择距离当事人住所地最近的法院就可以降低当事人的交通费，节省住宿费。如需要勘验现场的话，则选择距离纠纷现场最近的法院就可以降低勘验成本。

第二，法官审判水平的高低。当两个法院的法官的审判水平存在显著差异时，应当尽可能选择法官审判水平高的法院。

第三，当案件属于新型案件时，应当尽量选择审理过此类案件的法院。

第四，在人身损害赔偿案件中，要尽量选择赔偿标准高的地方的法院。最高人民法院《关于审理人身损害赔偿案件适用法律若干问题的解释》第25条第1款规定，残疾赔偿金根据受害人丧失劳动能力程度或者伤残等级，按照受诉法院所在地上一年度城镇居民人均可支配收入或者农村居民人均纯收入标准，自定残之日起按20年计算。但六十周岁以上的，年龄每增加一岁减少一年；七十五周岁以上的，按五年计算。受诉法院不同，该地上一年度城镇居民人均可支配收入或者农村居民人均纯收入标准就会不同，最后的赔偿额度就会相差很大。选择赔偿标准高地方的法院，显然对原告有利。

▶【案例】

2015年2月5日，在陕西省兴平市，被告耿某驾驶被告江阴市某空调设备公司的桑塔纳小客车与原告吕某驾驶的二轮摩托车相撞，造成吕某受伤。经陕西省兴平市公安局交通警察大队认定，吕某、耿某负事故的同等责任。2016年10月，经陕西省咸阳市公安局鉴定，吕某头部损伤属五级伤残，右下肢损伤属七级伤残。本案中，原告到哪里起诉比较合适？

[解析] 到江阴市人民法院起诉比较合适。因为残疾赔偿金是按照受诉法院所在地上一年度城镇居民人均可支配收入或者农村居民人均纯收入为标准，江苏省的标准要比陕西省高。

第九章 起诉书之撰写与提交

学理认为,起诉状一般具备两个功能:一是起诉功能,即启动民事诉讼程序。二是准备功能,即在起诉状中记载并附具证据材料,从而为庭审做准备的功能。[①] 其中起诉功能是起诉状的本质功能,该功能决定了起诉书的必要记载事项。准备功能决定了起诉书的任意记载事项。我国《民事诉讼法》第121条规定的前3项就是必须记载事项,即:(1)原告的姓名、性别、年龄、民族、职业、工作单位、住所、联系方式,法人或者其他组织的名称、住所和法定代表人或者主要负责人的姓名、职务、联系方式;(2)被告的姓名、性别、工作单位、住所等信息,法人或者其他组织的名称、住所等信息;(3)诉讼请求和所根据的事实与理由。第4项记载事项,证据和证据来源,证人姓名和住所属于任意记载事项。

对于诉讼请求如何提出、管辖如何确定,本书前面已有详细论述,在此不再赘述。

第一节 起诉书的撰写

一、当事人

原告的基本情况一定要按照《民事诉讼法》第121条的规定书写齐全。自然人的姓名一定要与身份证保持一致。单位要与其登记的名称保持一致,如企业法人的名称要与企业法人营业执照保持一致,其他组织的名称要与营业执照保持一致,不要简写,如将"有限责任公司"简写为"有限公司"。防止写错字、别字,如把"阎"写成"闫"。一定要留联系方式,以便联系。

《民事诉讼法》第121条规定起诉状应当记明被告的下列事项:被告的姓名、性别、工作单位、住所等信息,法人或者其他组织的名称、住所等信息;对于法人被告,其名称要与在企业信用信息系统查询到的名称保持一致,不要使用简称,如对于股份有限责任公司、有限责任公司不要简称为"有限公司"。

二、事实

《民事诉讼法》第119条规定,起诉必须有事实、理由。所谓的理由通常是指起诉的实体和程序法律依据。从理论上讲,之所以要求原告在起诉书中阐述事实,是

[①] 关于起诉状功能的详细论述参见刘敏:《功能、要素与内容:民事起诉状省思》,载《法律科学(西北政法大学学报)》2014年第3期。

主张责任要求的结果。① 事实是指支持原告诉讼请求的生活事实。由于案件不同，事实自然也不同。对于已经发生的生活事实应当如何撰写，《民事诉讼法》和《民事诉讼法解释》都没有进行规定。在现实诉讼中，经常可以看到洋洋洒洒长达四五页的起诉书，也可以看到语无伦次、"东一榔头西一棒子"的起诉书。这都是没有正确掌握事实应当如何阐述的结果。那么起诉书中的事实应怎样写呢？

《民事诉讼法》第13条第1款规定，民事诉讼应当遵循诚实信用原则。因此当事人在起诉状所记载的事实首先应当是真实的事实，而不是其杜撰、捏造的事实。由于发生在当事人之间的生活事实非常丰富和具体，当事人是不是都需要如实陈述呢？不需要。需要陈述的是要件事实。所谓要件事实是指产生法律效果所必要的实体法（作为裁判规范的民法）要件对应的该当具体事实。② 易言之，要件事实是构成要件对生活事实进行裁剪以后留下来的生活事实。要件事实可以分为四类：权利发生事实、权利发生的障碍事实、暂时阻止权利行使的阻止事实和权利的消灭事实。

作为原告，首先要分析自己所选择的法律关系之构成要件有哪些。如原告错误转账给被告，现准备以不当得利起诉要求被告返还，那构成要件就包括：自己受损、被告获益、二者之间存在因果关系、被告获益没有正当依据。在起诉书中，只需阐述与这四个要件相对应的生活即可，与此无关的生活事实无需阐述，如转账那天自己发烧，吃了不少感冒药，头昏脑涨才导致转错账。再比如，原告以侵犯专利发明起诉被告，其构成要件包括：(1)实施专利权人专利的行为发生在该项专利权授权以后的专利权有效保护期内；(2)该实施行为未经专利权人许可；(3)该实施行为以生产经营为目的；(4)该实施行为是法定禁止的侵害行为，即制造、使用、许诺销售、销售、进口该专利产品的行为；(5)该实施行为落入该项专利权的保护范围。在撰写事实时，必须对这五个方面的生活事实加以阐述，与此无关的生活事实无须阐述。

需要特别注意的是，在依据《侵权责任法》一般过错归责原则起诉时，构成要件有四：加害行为、损害结果、因果关系和过错。其中的过错并不是直接的事实性要件，而是评价性要件。所谓事实性要件，是指该要件系以某一特定的社会事实为原型，在社会一般观念中具有相同或者类似的印象，在诉讼中可以将该要件内容直接作为事实问题加以处理。评价性要件，是指该要件系以对一系列社会事实进行归纳而得出的一种价值判断，在社会一般观念中并不具有相同或类似的印象，在诉讼中不可以将该要件内容直接作为事实问题加以处理的法律要件。③ 对构成要件作上述分类的意义在于，对于事实性要件，当事人一般按照构成要件的内容直接主张具体

---

① 关于主张责任的详细论述，可参见段文波：《规范出发型民事判决构造论》，法律出版社2012年版，第5章。
② 〔日〕伊藤滋夫：《要件事实的基础》，日本有斐阁2000年版，第14页。转引自同上书，第71页。
③ 参见许可：《民事审判方法——要件事实事实引论》，法律出版社2009年版，第25页。

的事实即可,而对于评价性要件,则应主张可被涵摄为该要件内容具体事实,即应主张评价根据事实。也就是说由于过错是一种人的内心状态,不好判断,原告主张被告存在过错时,不能仅仅主张说被告有过错,必须主张可供判断被告存在过错的客观标准和被告的行为。用来判断过错的客观标准就是所谓的"善良家父""理性人"。我国侵权法上的客观判断标准为:首先以法律法规确定的注意义务为标准;其次以一个谨慎、合理的人所应具有的注意义务为标准;最后,在一定特定场合下,考虑不同行业、领域之专业性人员的注意义务作为标准。主张了客观标准和被告的行为后,将二者一对照,就可对被告的主观心态作出评价。

第二节 案由的选择

所谓案由是具有法定性、抽象性、多样性和开放性特征的、以简明扼要的形式对案件法律关系性质的高度概括。① 根据我国《民事诉讼法》第152条的规定,判决书内容包括案由,但并没有要求起诉书必须得有案由。这实际上规定的是结案案由。但在诉讼实践中,不少法院,如北京的法院要求必须写明案由。这实际上指的是立案案由。一般而言,结案案由和立案案由是一致的,但有时由于法律关系的复杂性,也有可能出现立案案由与结案案由不一致的情形。当事人起诉的法律关系与实际诉争的法律关系不一致的,人民法院结案时应当根据法庭查明的当事人之间实际存在的法律关系的性质,相应变更案件的案由。我国目前关于案由的详细规定是最高人民法院《关于修改〈民事案件案由规定〉的决定》(法发[2011]7号),该规定于2011年2月28日颁布,4月1日生效。现行民事案由主要由二要素,即"民事法律关系的性质+纠纷"构成,如试用买卖合同纠纷等。对于非讼程序,则由诉讼请求一个要素构成,如申请确定选民资格、申请宣告公民无民事行为能力等。

当事人选择不同的案由就相当于选择了不同的诉讼类型。如两家企业签订了经营权转让合同后,一家企业反悔了,如果该企业选择的案由是要求确认合同无效,则属于确认之诉。如果该企业选择的案由是债权转让合同纠纷,要求撤销该合同则属于撤销之诉;要求对方给付转让款,则属于给付之诉。

由于案由主要是根据实体法律关系确定的,选择了不同的案由就相当于选择了不同的实体法律关系,就决定了当事人可以提出的诉讼请求。如选择离婚纠纷案由,原告就可以提出解除婚姻关系、分割共有财产、子女抚养等诉讼请求。而如果选择同居关系析产纠纷,就意味着当事人不能提出解除婚姻关系的诉讼请求。尤其是当出现请求权竞合时,更是如此。如坐出租汽车出了交通事故,受害人有两个案由可选择:出租汽车运输合同纠纷和机动车交通事故责任纠纷。一个农民工在从事单位指派的工作中被高压电击伤,受害人也可以在两个案由中选择一个:触电人身损

---

① 宋旺兴:《民事案由制度研究》,武汉大学2012年博士学位论文,第10页。

害责任纠纷和提供劳务者受害责任纠纷。

一旦选定案由,相应地将进一步决定管辖法院、举证责任的承担。一个人被楼上落下的花盆砸伤了,如果他以物件脱落、坠落损害责任纠纷作为案由起诉,则案件将被确定为一般侵权案件,原告只能选定一个人或一个住户为被告,并负责对被告实施了伤害行为负举证责任;如果他以不明抛掷物、坠落物损害责任纠纷作为案由起诉,则案件就将被确定为特殊侵权案件,原告就可将所有可能实施伤害行为的个人或者住户列为被告,被告则必须为自己没有实施伤害行为负举证责任。

案由分为四级:第一级案由包括10个,分别是人格权纠纷,婚姻家庭继承纠纷,物权纠纷,债权纠纷,知识产权纠纷,劳动与人事纠纷,海事海商,与公司、证券、票据等有关的民事纠纷,侵权纠纷,适用特殊程序案件案由。第二级案由42个,第三级案由424个,第四级案由367个。

在选择案由时,首先应适用《民事案件案由规定》列出的第四级案由,第四级案由没有规定的,则适用第三级案由;第三级案由中没有规定的,则可以直接适用相应的第二级案由或者第一级案由。对于那些名称中带有顿号(即"、")的部分案由,适用时应当根据具体案情,确定相应的案由,不应直接将该案由全部引用。如"生命权、健康权、身体权纠纷"案由,应根据侵害的具体人格权益来确定相应的案由;如"海上、通海水域货物运输合同纠纷"案由,应当根据纠纷发生的具体水域来确定相应的案由;如"擅自使用知名商品特有名称、包装、装潢纠纷"案由,应当根据具体侵害对象来确定相应的案由。

在确定侵权责任纠案由时,应当先适用第九部分"侵权责任纠纷"项下根据侵权责任法相关规定列出的具体案由。没有相应案由的,再适用"人格权纠纷""物权纠纷""知识产权与竞争纠纷"等其他部分项下的案由。如机动车交通事故可能造成人身损害和财产损害,确定案由时,应当适用第九部分"侵权责任纠纷"项下"机动车交通事故责任纠纷"案由,而不应适用第一部分"人格权纠纷"项下的"生命权、健康权、身体权纠纷"案由,也不应适用第三部分"物权纠纷"项下的"财产损害赔偿纠纷"案由。这是因为第九部分"侵权责任纠纷"案由项下的具体案由,并非学理意义上的特殊侵权责任纠纷,而是在归责原则或责任主体方面存在特殊性的侵权责任纠纷案由。至于在归责原则或责任主体方面并无特殊性的一些侵权责任纠纷案由,并未规定在第九部分"侵权责任纠纷"中,而规定在其他第一级案由之中,比如侵害人格权的一般侵权责任规定在了第一部分"人格权纠纷"中,侵害物权的一般侵权责任规定在了第三部分"物权纠纷"中,侵害知识产权的一般侵权责任规定在了第五部分"知识产权与竞争纠纷"中。①

"所有权纠纷""用益物权纠纷""担保物权纠纷"案由既包括该三种类型的物权

---

① 孙佑海、吴兆祥、黄建中:《2011年修改后的〈民事案件案由规定〉的理解与适用》,载《人民司法》2011年第9期。

确认纠纷案由,也包括以上三种类型的侵害物权纠纷案由。如果当事人的诉讼请求只涉及"物权保护纠纷"项下的一种物权请求权,则可以适用"物权保护纠纷"项下的6种第三级案由;如果当事人的诉讼请求涉及"物权保护纠纷"项下的两种或者两种以上物权请求权,则应按照所保护的权利种类,分别适用所有权、用益物权、担保物权项下的第三级案由(各种物权类型纠纷)。

案由只是人民法院进行民事案件管理的重要手段,并非民事诉讼法关于民事案件受案范围的规定,但有的法院却以当事人的诉请在《民事案件案由规定》中找不到对应的案由为由而不予受理。这是绝对错误的,代理律师一定要加以注意。

附笔者起草的起诉状一份,供参考。

民事起诉状

原告:刘某某,中国台湾人,1963年1月4日出生,台胞证号×××××××××,现住北京市丰台区丰管路5号院×号楼×××室,邮编:100071。手机:137××××××。

委托代理人:王学棉,北京圣运律师事务所律师。手机:139××××××。地址:北京市东城区广渠门内大街41号雍贵中心B座9层。邮编:100062。

被告1:北京×××有限公司,住所地:北京市顺义区北京空港工业开发区B区。法定代表人:姜××。通讯地址:北京市朝阳区望京北路9号叶青大厦D座×××室。邮编:100102。手机:××××××××。

被告2:杜×辉,中国台湾人,1990年1月23日出生,现住台湾地区台中市复兴路3段×××××××。邮编:402。手机:××××××××。

被告3:杜×宏,中国台湾人,1988年4月25日出生,现住台湾地区台中市复兴路3段×××××××。邮编:402。手机:××××××××。

被告4:杜×宾,中国台湾人,1958年6月1日出生,现住台湾地区台中市复兴路3段×××××××。邮编:402。手机:××××××××。

案由:合同纠纷

诉讼请求:

1. 请求判决4被告将被告1北京×××有限公司与案外人刘×芝签订的,编号为BLSS211、BLSS212的两份房屋使用权转让合同的买受人变更为原告。

2. 请求判决4被告承担案件受理费。

事实理由:

2011年3月30日,被告1北京×××航空有限公司(以下简称宝龙公司)与案外人刘×芝(原告的大姐,被告杜×辉、杜×宏的母亲,被告杜×宾的配偶)签订了编号为BLSS211、BLSS212两份房屋使用权转让合同,约定由刘×芝购买×××公司开发的位于北京市顺义区空港工业区 B 区宝龙国际公寓×号楼×单元 101 房和 1101 房。101 房总价款为 944312 元,1101 房的总房款为 754014 元。实际上就上述两套房屋买卖一事,刘×芝已与原告另行达成口头协议,刘×芝仅是出名,由原告实际出资购买,以后这两套房的一切权利也归原告所有。此事原告的二姐刘×湘也知情。两套房屋交付后也一直由原告占有。原告对其中的 101 房重新进行了装修并将 1101 房出租于他人至今。两套房屋的电视收视开通等手续均由原告办理,物业管理费、车位管理费等也均由原告交纳。刘×芝后于 2015 年 8 月 1 日病逝。被告杜×辉在母亲刘×芝病逝后,找到被告×××公司,谎称原购房合同丢失,于 2015 年 10 月 30 日将自己变更为前述两套房屋的买受人,并要求原告搬走或者支付租金。鉴于原告的合法权益受到损害,特诉至贵院,请求维护原告的合法权益。

此致
北京市顺义区人民法院

具状人:

年　月　日

附件:

1. 起诉书附本 4 份;
2. 两套房屋使用权转让合同复印件 1 份;
3. 两套房屋的交款证明复印件 1 份;
4. 支付房款银行流水 1 份;
5. 刘×芝书写的借名情况说明复印件 1 份;
6. 证人刘×湘基本信息复印件 1 份;
7. 1101 房的租赁合同和转账记录复印件 1 份、101 房遮雨棚制作和安装施工合同复印件 1 份。

第三节　起诉书的份数与提交

打印起诉书时用 A4 纸打印,但最后当事人、委托代理人的签名不能打印,必须手签或盖章。法人、其他组织等需要盖法定代表人人名章和单位公章。提交给法院的份数为"被告人数 + 1"。我国《民事诉讼法》第 120 条第 1 款规定,起诉应当向人民法院递交起诉状,并按照被告人数提出副本。为以防万一,且由于找当事人,尤其是法人当事人盖章、签字比较麻烦,一次可以多制作几份。由于在法庭陈述时原告可以直接宣读起诉书,务必确保原告手里至少有一份起诉书。

有关当事人身份证明的材料准备一份复印件即可。证明案件事实的证据材料如准备在起诉时一并提交的话,则像起诉书副本一样,份数按照"被告人数 + 1"

确定。

  起诉书及相关材料到法院立案大厅的立案窗口提交即可。开通了网上立案的法院还可以通过网上提交。法院首先会对材料进行形式审查,没有问题的会给当事人开具交费通知。当事人持交费通知到银行交完费后,回到法院进行换票,换完票后,需要将其中的一联交回法院。否则的话,法院会以未交纳诉讼费用为由按撤诉处理。

第十章　诉讼费用之计算

第一节 诉讼费用之计算

在确定诉讼请求之后,律师就应将需交纳的诉讼费用计算出来并告知当事人,以便当事人提前准备好费用,在起诉时就将诉讼费用一次交清,提高效率。

▶ 一、财产案件诉讼费的计算

诉讼费用的计算依据主要是《诉讼费用交纳办法》和地方性规定。根据《诉讼费用交纳办法》第13条第1款的规定,财产案件受理费根据诉讼请求的金额或者价额,按照下列比例分段累计交纳:

金额	征收比例	该区段总金额
不超过1万元的		每件交纳50元
超过1万元至10万元的部分	按照2.5%交纳	2250
超过10万元至20万元的部分	按照2%交纳	2000
超过20万元至50万元的部分	按照1.5%交纳	4500
超过50万元至100万元的部分	按照1%交纳	5000
超过100万元至200万元的部分	按照0.9%交纳	9000
超过200万元至500万元的部分	按照0.8%交纳	24000
超过500万元至1000万元的部分	按照0.7%交纳	35000
超过1000万元至2000万元的部分	按照0.6%交纳	60000
超过2000万元的部分	按照0.5%交纳	

例如一个标的额为70万元的财产案件,其案件受理费的数额为:
50(1万元以下部分)+ 2250(1万元至10万元部分:9万×2.5%)+ 2000(10万元至20万元部分:10万×2%)+ 4500(20万元至50万元部分:30万×1.5%)+ 2000(50万元至100万元部分:20万×1%)= 10800(元)。

实践中,也可以使用下列速算表计算案件受理费:
(1) 不超过1万元:每件交纳50元;
(2) 诉讼标的额不超过10万元:诉讼标的额×2.5% - 200元;
(3) 诉讼标的额不超过20万元:诉讼标的额×2% + 300元;
(4) 诉讼标的额不超过50万元:诉讼标的额×1.5% + 1300元;
(5) 诉讼标的额不超过100万元:诉讼标的额×1% + 3800元;
(6) 诉讼标的额不超过200万元:诉讼标的额×0.9% + 4800元;
(7) 诉讼标的额不超过500万元:诉讼标的额×0.8% + 6800元;
(8) 诉讼标的额不超过1000万元:诉讼标的额×0.7% + 11800元;
(9) 诉讼标的额不超过2000万元:诉讼标的额×0.6% + 21800元;

(10) 诉讼标的额超过 2000 万元：诉讼标的额×0.5%＋41800 元。

申请保全措施的，根据实际保全的财产数额按照下列标准交纳：

金额	征收比例	该区段总金额
财产数额不超过 1000 元或者不涉及财产数额的		每件交纳 30 元
超过 1000 元至 10 万元的部分	按照 1% 交纳	990
超过 10 万元的部分	按照 0.5% 交纳	
最多		5000

▶二、非财产案件受理费及征收标准

非财产案件，是泛指那些不直接涉及财产权益争议的案件，如因人身关系争议等，所提起诉讼的案件。

根据《诉讼费用交纳办法》第 13 条的规定，非财产案件受理费，按以下规定交纳：

第一，离婚案件每件交纳 50 元至 300 元。涉及财产分割，财产总额不超过 20 万元的，不另行交纳；超过 20 万元的部分，按照 0.5% 交纳。

第二，侵害姓名权、名称权、肖像权、名誉权、荣誉权以及其他人格权的案件，每件交纳 100 元至 500 元。涉及损害赔偿，赔偿金额不超过 5 万元的，不另行交纳；超过 5 万元至 10 万元的部分，按照 1% 交纳；超过 10 万元的部分，按照 0.5% 交纳。

第三，其他非财产案件每件交纳 50 元至 100 元。

第四，知识产权民事案件，没有争议金额或者价额的，每件交纳 500 元至 1000 元；有争议金额或者价额的，按照财产案件的标准交纳。

第五，劳动争议案件每件交纳 10 元。

第六，当事人提出案件管辖权异议，异议不成立的，每件交纳 50 元至 100 元。

需要注意的是，在上述六类非财产案件中，除劳动争议案件外，《诉讼费用交纳办法》只规定了受理费的征收范围，并没有规定具体的征收数额，而是授权各省、自治区、直辖市人民政府制定具体标准。各地政府则委托不同的部门制定。因此，具体征收数额需参见各省、自治区、直辖市的相关规定。

如北京市政府委托北京市发展和改革委员会制定的《关于非财产民事案件等诉讼受理费标准的通告》规定：(1) 非财产民事案件诉讼受理费标准：第一，离婚案件每件交纳 150 元。涉及财产分割，财产总额不超过 20 万元的，不另行交纳；超过 20 万元的部分，按照 0.5% 交纳。第二，侵害姓名权、名称权、肖像权、名誉权、荣誉权以及其他人格权的案件，每件交纳 300 元。涉及损害赔偿，赔偿金额不超过 5 万元的，不另行交纳；超过 5 万元至 10 万元的部分，按照 1% 交纳；超过 10 万元的部分，按照 0.5% 交纳。第三，其他非财产案件每件交纳 70 元。(2) 知识产权民事案件诉讼受理费，没有争议金额或价额的，每件交纳 750 元。(3) 当事人提出案件管辖权异议，异议不成立的案件诉讼受理费，每件交纳70元。

上海市委托财政局、物价局制定的《关于本市制定部分案件诉讼费用具体交纳标准的通知》规定，离婚案件每件交纳200元，涉及财产分割争议的，依据财产金额另外加收费用；侵害姓名权、名称权、肖像权、名誉权、荣誉权以及其他人格权的案件，每件交纳300元；其他非财产案件每件交纳80元；知识产权民事案件，没有争议金额或者价额的，每件交纳800元；当事人提出案件管辖权异议，异议不成立的，每件交纳100元。

第二节　诉讼费用之交纳

法院受理起诉后，会开具诉讼费交款通知。此时需要核对一下交费金额，看与自己计算的金额是否相符，如果不相符，需及时询问法院立案人员。鉴于诉讼费用实行收支两条线，需到银行交纳诉讼费用。有的银行在法院的立案大厅设有收费窗口，有的可能没有，需到外面的银行营业网点交纳。交纳完费用后，需回到法院换取诉讼收费专用凭据，然后将其中由法院留存的第一、二两联交回立案庭或开庭时直接交书记员，自己保留第三联。

第三节　诉讼费用损失之避免

在诉讼实践中，原告在立案后若发现存在被告不适格、证据不足、已过诉讼时效等情形时，则最好申请撤诉。因为根据《诉讼费用交纳办法》第15条的规定，当事人申请撤诉的，减半交纳案件受理费。根据第34条的规定，民事案件的原告申请撤诉，人民法院裁定准许的，案件受理费由原告负担。也就是说，撤诉的话原告可以减少一半案件受理费损失，如果不撤诉被法院判决驳回诉讼请求的话，将会损失全部案件受理费。但若案件标的额很大的话，意味着案件受理费也很多，即使退回一半案件受理费，损失也不小。此时需要巧妙利用《诉讼费用交纳办法》第21条第2款的规定，"当事人在法庭调查终结前提出减少诉讼请求数额的，按照减少后的诉讼请求数额计算退还"。即原告应当先变更诉讼请求，将请求金额降下来，然后再申请撤诉，这样就可以避免造成巨额案件受理费损失。

如果已为法院受理的原告起诉不符合起诉条件的话，则不要撤诉，而应等待法院裁定驳回起诉。因为根据《诉讼费用交纳办法》第8条的规定，裁定不予受理、驳回起诉、驳回上诉的案件不交纳案件受理费。

第四节　诉讼费用之退还

除了原告申请撤诉需退还当事人一半案件受理费外，《诉讼费用交纳办法》还规定了其他因减半交纳案件受理费需退还案件受理费的情形,如根据第 15—18 条的规定,以调解方式结案或者当事人申请撤诉的,减半交纳案件受理费。适用简易程序审理的案件减半交纳案件受理费。被告提起反诉、有独立请求权的第三人提出与本案有关的诉讼请求,人民法院决定合并审理的,分别减半交纳案件受理费。当出现退费情形时,当事人需要向承办法官书面提出退费申请,才能退费。授权委托书如果已经授权律师代领诉讼费用的话,律师可以代领退还的诉讼费用。

退费申请书

申请人:×××,男/女,××××年××月××日出生,×族,……(写明工作单位和职务或者职业),住……联系方式:……

受委托人:×××,××律师事务所律师,联系方式:……

原告×××诉被告×××用益物权确认纠纷一案,贵院已裁定允许原告撤诉,特申请退还案件受理费。请将该费用退至委托代理人×××的账户。

此致
×××人民法院

委托代理人:

附账户信息
账户名:×××;卡号:××××××××××××
开户行:中国建设银行北京分行×××支行

第十一章 审前程序

第一节　原告的工作

法院立案后,会让原告签署送达地址确认书,并发给原告受理案件通知书、司法公开告知书、举证通知书,有的法院甚至在立案的同时将出庭传票也一并发送。在这其中,最为重要的是举证通知书。需要认真阅读,尤其是其中的举证期限。虽然举证期限也可以是当事人双方协商,经法院认可即可。但在实践中,当事人双方往往难以达成协议,基本上都是由法院指定举证期限。最高人民法院提供的举证通知书格式如下:

×××人民法院
举证通知书

(××××)×××字第××号 ×××:

你方与×××(对方当事人的姓名或者名称及案由)纠纷一案,因你方与××未能就举证期限协商一致,本院依照《中华人民共和国民事诉讼法》第六十五条和最高人民法院《关于适用〈中华人民共和国民事诉讼法〉的解释》第九十九条的规定,指定本案的举证期限至×年×月×日届满。你方应当在×年×月×日前向本院提交证据,逾期提交,承担相应的不利后果。

××××年××月××日(院印)

各地方人民法院的举证通知书在内容上比最高人民法院提供的通知书要丰富,实际上是举证通知书与诉讼风险告知书的合体,且差异较大,但大部分并不合理,主要表现在没有规定举证期限。下面是一个笔者认为比较合理的举证通知书。

×××人民法院
举证通知书

根据《中华人民共和国民事诉讼法》和最高人民法院《关于民事诉讼证据的若干规定》(以下简称《若干规定》)的规定,现随送达案件(受理、应诉)通知书向你送达《举证通知书》,并将有关举证事项通知如下:

一、举证期限及逾期提供证据的法律后果

1. 本案的举证期限为_____日,自当事人收到案件受理(应诉)通知书的次日起计算。

2. 当事人应当在举证期限内向人民法院提交证据材料,在期限内不提交的视为放弃举证权利,对于逾期提交的证据材料,除对方当事人同意外,人民法院审理时不组织质证。

3. 当事人增加、变更诉讼请求或者提起反诉的,应当在举证期限届满前提出。

4. 当事人在举证期限内提交证据材料确有困难的,应当在举证期限内向人民法院申请延期举证,经人民法院准许,可以适当延长举证期限。

二、可以申请人民法院调查取证的情形

5. 当事人及其诉讼代理人可以申请人民法院调查收集证据的情形有:

(1) 申请调查收集的证据类型属于国家有关部门保存并须人民法院依职权调取的档案材料;

(2) 涉及国家秘密、商业秘密、个人隐私的材料;

(3) 当事人及其诉讼代理人确因客观原因不能自行收集的其他材料。

6. 申请人民法院调查收集证据,不得迟于举证期限届满前七日,且应当提交书面申请,申请书应当载明被调查人的姓名或者单位名称、住所地等基本情况、所要调查收集的证据的内容、需要由人民法院调查收集证据的原因及其要证明的事实。

7. 根据最高人民法院《关于人民法院诉讼收费办法补充规定》的规定,当事人申请人民法院调查取证的,应承担人民法院所支出的差旅费和调查费用。

三、举证责任要求及举证责任的分配原则

8. 当事人应在举证期限内积极、全面、正确、诚实地完成举证,没有证据或者证据不足以证明当事人的事实主张的,由负有举证责任的当事人承担不利后果。

9. 当事人应当对其提交的证据材料逐一分类编号,对证据材料的来源、证明对象和内容作简要说明、签名盖章、注明提交日期,并依照对方当事人人数提出副本。

10. 当事人举证责任的分配原则如下:

(1) 依据《若干规定》第二条的规定,当事人对自己提出的诉讼请求所依据的事实或者反驳对方诉讼请求所依据的事实有责任提供证据加以证明。

没有证据或者证据不足以证明当事人的事实主张的,由负有举证责任的当事人承担不利后果。

(2) 依据《若干规定》第四条的规定,下列侵权诉讼,按照以下规定承担举证责任:

① 因新产品制造方法发明专利引起的专利侵权诉讼,由制造同样的产品的单位或者个人对其产品制造方法不同于专利方法承担举证责任;

② 高度危险作业致人损害诉讼,由加害人对受害人故意造成损害的事实承担举证责任;

③ 因环境污染引起的损害赔偿诉讼,同加害人就法律规定的免责事由及其行为与损害结果之间不存在因果关系承担举证责任;

④ 建筑物或者其他设施以及建筑物上的搁置物、悬挂物发生倒塌、脱落、坠落致人损害的侵权诉讼,由所有人或者管理人对其无过错承担举证责任;

⑤ 饲养动物致人损害的侵权诉讼,由动物饲养人或者管理人就受害人有过错或者第三人有过错承担举证责任;

⑥ 因缺陷产品致人损害的侵权诉讼,由产品的生产者就法律规定的免责任事由承担举证责任;

⑦ 因共同危险行为致人损害的侵权诉讼,由实施危险行为的人就其行为与损害结果之间不存在因果关系承担责任;

⑧ 因医疗行为引起的侵权诉讼,由医疗机构就医疗行为与损害结果之间不存在因果关系及不存在医疗过错承担举证责任;

有关法律对侵权诉讼的举证责任有特殊规定的,从其规定。

(3) 依据《若干规定》第五条的规定,在合同纠纷案件中,主张合同关系成立并生效的一方当事人对合同订立和生效的事实承担举证责任,主张合同关系变更、解除、终止、撤销的一方当事人对引起合同关系变动的事实承担举证责任。

对合同是否履行发生争议的,由负有履行义务的当事人承担举证责任。

对代理权发生争议的,由主张有代理权一方当事人承担举证责任。

(4) 依据《若干规定》第六条的规定,在劳动争议纠纷案件中,因用人单位作出开除、除名、辞退、解除劳动合同、减少劳动报酬、计算劳动者工作年限等决定而发生劳动争议的,由用人单位负举证责任。

(5) 依据《若干规定》第七条的规定,在法律没有具体规定,依《若干规定》及其他司法解释无法确定举证责任承担时,人民法院可以根据公平原则和诚实信用原则,综合当事人举证能力等因素确定举证责任的承担。

年　月　日
(院印)

原告在起诉时没有提交证据的,务必在举证通知书规定的举证期限内提交证据。虽然《民事诉讼法》第65条第2款未采纳绝对失权制度,但仍规定责令当事人说明理由;拒不说明理由或者理由不成立的,人民法院根据不同情形可以不予采纳该证据,或者采纳该证据但予以训诫、罚款等措施。如果不在举证时限内提供证据,仍会带来一些不利后果。

第二节 被告的工作

▶一、审查原告的起诉

作为被告的律师,在收到法院送来的起诉书副本后,要认真审查原告的起诉。审查的内容主要包括:(1) 该起诉的诉讼要件是否齐备。诉讼要件包括三个方面:第一,法院方面,包括该纠纷的前置程序是否完成、是否属于法院主管、受诉法院有无管辖权。第二,当事人方面,包括当事人是否实际存在,有无当事人能力,当事人是否适格等。第三,诉的利益方面,包括不属于重复起诉等。从理论上讲,诉讼要件是否成立虽然属于法院依职权审查的对象,但也不禁止被告提出异议。考虑到法院有时审查不够周全,被告在发现原告之诉欠缺诉讼要件时,还是应当及时提出,请求法院审查。

(2) 审查原告起诉的实体依据是否成立。主要包括原告主张的权利是什么,依据的实体法是什么,是否准确;原告主张的要件事实是什么;是否真实;各要件事实是否有证据支持,起诉是否超过诉讼时效等。

(3) 对于损失赔偿案件,要仔细审查原告提出的赔偿数额是否准确、计算方法是否合理;存在多个被告时,审查原告有无对各被告之间责任进行划分,划分的依据与方法以及是否正确。

(4) 是否遗漏当事人,如共同原告、共同被告等,以及是否存在应当承担最终责任的无独立请求权的第三人。

▶二、拟定被告的回应策略

律师审查完原告的起诉后,通过与被告的沟通,然后应根据不同的情况作出不同的回应。

如果发现不属于法院主管范围,如当事人之间存在仲裁协议,则应在答辩期内向法院提出,一旦成立,法院就不会安排开庭,可以节省时间。

如果受诉法院没有管辖权,根据实际情况决定是否需要提出管辖权异议。如果有必要提出管辖权异议,如新的管辖法院离被告近,能大幅降低诉讼成本,则应在答辩期内提出管辖异议。如不想提出管辖异议,则可以任由法院处理。如果很想在该没有管辖权的法院进行诉讼,则应在答辩期内尽快进行实体答辩,以便让该法院取得应诉管辖权。《民事诉讼法解释》第 223 条第 2 款规定,当事人未提出管辖异议,就案件实体内容进行答辩、陈述或者反诉的,可以认定为《民事诉讼法》第 127 条第 2 款规定的应诉答辩。

如果存在应当承担最终责任的无独立请求权的第三人,应当向法院提出申请追加无独立请求权的第三人。

如发现责任确实全部或部分在被告方,可以建议被告同原告和解,并拟订和解方案。如对方不愿调解或调解不成,则准备应诉。

如果被告也有损失,且损失系原告造成,则需要与被告商量以决定是否提起反诉。

如果前述情形均不存在,则准备进行答辩。答辩主要应从两方面着手:一是除前述的主管和管辖外,看原告之诉的其他诉讼要件,如当事人适格、诉的利益、禁止重复起诉等是否满足。二是实体答辩。可能的实体答辩主要包括:(1)原告主张的要件事实不真实,被告则需对原告主张的不属实的要件事实逐一进行否认,并提出自己认为真实的要件事实。(2)原告提供的证据不能证明其主张的要件事实。(3)虽然原告主张的要件事实真实,但存在可以让被告免责的抗辩事实。(4)在损害赔偿案件中,虽然原告主张的要件事实成立,但损失计算有误,或者原告自己也有过错,需要自行承担一部分。(5)在有多个被告的情形下,应由其他被告承担或者其他被告应当承担主要责任。(6)被告存在可以抵销原告债权的情形,等等。

如果被告可以用来对抗原告起诉的理由有很多,则应当排一个序,相当于设置多道防线。防线设置的基本原则是最弱的、最容易被否定的排最前面。大致顺序是:诉讼要件欠缺;诉讼时效已过;否认要件事实;证据无法证明要件事实;原告选择的法律依据错误;被告享有的抗辩事由。

《民事诉讼法》第125条第1款规定,人民法院应当在立案之日起5日内将起诉状副本发送被告,被告应当在收到之日起15日内提出答辩状。答辩状应当记明被告的姓名、性别、年龄、民族、职业、工作单位、住所、联系方式;法人或者其他组织的名称、住所和法定代表人或者主要负责人的姓名、职务、联系方式。人民法院应当在收到答辩状之日起5日内将答辩状副本发送原告。

该条尽管规定了被告"应当"在收到之日起15日内提出答辩状,但并没有规定不提出答辩状会有什么不利后果,因而在诉讼实践中,大部分被告不提交答辩状,直到开庭时才进行答辩,以期达到突然袭击的效果。实际上,这是一个误解。被告不在答辩期内进行答辩,法院又不召开审前会议组织证据交换的话,会导致原告无从知晓被告的观点和被告持有的证据,在开庭时可能一时难以对被告提供的证据进行质证,或者需要搜集新的证据来反驳被告的证据,后果自然是造成法院多次开庭,拖延诉讼。这样做,实际上既起不到突然袭击的作用,又浪费了当事人和法院的时间。

▶【案例】

某女生2012年9月入读某大学,住上铺。上铺床头一个n型扶手缺失,但不影响上下床。2013年1月1日上午11时许,该女生从上铺下来时不慎从竖梯滑落,致胸12椎体骨折。至2014年7月22日完全治愈。后因赔偿问题与大学协商不成,于2015年12月22日以生命权、身体权、健康权纠纷提起诉讼。要求大学赔偿医疗费6768.33元、住院伙食补助费1200元、住宿费13500元、交通费6599元等。

笔者作为该大学的诉讼代理人,作了如下答辩:

民事答辩状

答辩人:××××大学,法定代表人,×××,校长,住所地北京昌平北农路2号。
委托代理人:王学棉,北京圣运律师事务所律师。
因原告×××以生命权、健康权、身体权纠纷为由提起诉讼,现答辩如下:

第一,本案已过诉讼时效。原告摔伤发生在2013年1月1日,提起诉讼是在2015年12月22日,早已超过1年的诉讼时效。虽然原告提供了三份要求学校处理摔伤事故的书面请求,但2013年2月26日的那份和2015年5月21日的那份均没有签名,不能证明是原告提出的请求。2015年10月10日的那份虽有原告签名,但并不能证明其已经提交给了被告。即使提交给了被告,此时离摔伤发生之日已过1年,并不能中断诉讼时效。

第二,n型扶手的缺失不是导致原告摔伤的根本原因。原告于2012年9月份入学,那时就没有扶手。在长达4个月的时间里,原告均能安全上下床,说明床的现有设备能够保障原告的安全。如果原告觉得该扶手不可或缺的话,一定会向学校报修,但原告没有,足见这个扶手并非原告安全上下床的必备之物。再说,没有这个扶手的床很多,并非原告这一个床。这种床使用10余年,其他同学都没有出事,也可证明没有这个n型扶手,并不会对同学们安全上下床构成危险。因为这种床尚有其他可以保障原告安全上下床的构件,如蚊账支架、床头和床边的栏杆等。

第三,原告摔伤系自己过错导致。原告在下床过程中一只手抱着衣服,仅用另一只手抓上铺的栏杆,才造成在下床的过程中失去平衡,导致受伤。

第四,部分赔偿请求不合理。如将住院押金当做医疗费,自行购买未经医生诊断的治疗器械,要求被告承担飞机票等。部分赔偿请求无证据支持,如住宿费、部分交通费没有票据等。

综上所述,请求法院判决驳回原告的诉讼请求。
此致
北京市昌平区人民法院

答辩人:××××大学
委托代理人:王学棉(签名)
2016年2月3日

经过审理后,法院最终认定,诉讼时效没有错过。但被告没有过错,缺失n型扶手与原告的受伤之间不存在因果关系,侵权不成立。

北京市昌平区人民法院(2016)京0114民初1792号民事判决书

原告不服,向北京市第一中级人民法院提起上诉。在上诉期间,原告再次以生命权、身体权、健康权纠纷提起诉讼,要求大学赔偿其上一次诉讼中没有提出的残疾赔偿金、营养费和护理费。待开庭时,前一次上诉的结果已经确定:驳回上诉,维持原判。

北京市第一中级人民法院(2016)京01民终6862号民事判决书

基于此,笔者做了如下答辩:

民事答辩状

答辩人:××××大学,法定代表人,×××,校长,住所地北京市昌平区北农路2号。

委托代理人:王学棉,北京圣运律师事务所律师。

因原告×××以生命权、健康权、身体权纠纷为由提起诉讼,现答辩如下:

第一,本案系重复诉讼。原告于2015年12月22日曾以生命权、健康权、身体权纠纷为由提起过诉讼。当时的诉讼请求虽然仅是要求赔偿医疗费、伙食补助费、住宿费、交通费,没有要求赔偿残疾赔偿金、营养费和护理费,但这三项费用在原告起诉时均已发生,原告不提,视为放弃,以后不得再提。一审判决驳回原告的诉讼请求后,原告提起上诉,二审法院于2016年11月28日作出了驳回上诉,维持原判的判决。现原告于2016年11月7日再次起诉,属于在诉讼期间另行起诉,系典型的重复诉讼,故恳请贵院裁定驳回原告的起诉。

第二,在原告于2015年12月22日以生命权、健康权、身体权纠纷为由提起的诉讼中,一、二审法院均认定被告××××大学不构成侵权,驳回了原告的诉讼请求,现二审判决已生效。原告此次提出的赔偿残疾赔偿金、营养费和护理费等诉讼请求均需以××××大学构成侵权为前提。既然前提已被法院判决不成立,三项赔偿请求自然也就无从谈起。故恳请贵院判决驳回原告的诉讼请求。

此致
北京市昌平区人民法院

答辩人:××××大学
委托代理人:王学棉(签名)

该案最后由于原告没有交纳案件受理费,法院裁定按撤诉处理。

第三节 审前会议

《民事诉讼法解释》第 225 条规定,根据案件具体情况,庭前会议可以包括下列内容:(1) 明确原告的诉讼请求和被告的答辩意见;(2) 审查处理当事人增加、变更诉讼请求的申请和提出的反诉,以及第三人提出的与本案有关的诉讼请求;(3) 根据当事人的申请决定调查收集证据,委托鉴定,要求当事人提供证据,进行勘验,进行证据保全;(4) 组织交换证据;(5) 归纳争议焦点;(6) 进行调解。就审前会议的以上内容而言,第 1、2、3 三项由法院单独完成或者与一方当事人共同完成。其中第 4、5、6 三项则必须由法院与双方当事人共同完成。

对于第 4 项组织交换证据而言,通常是安排在举证时限届满之时或者之后。如果当事人在举证期限届满前无法收集全证据,则应当在举证期限届满前申请延期。《民事诉讼法解释》第 99 条第 2 款规定,人民法院确定举证期限,第一审普通程序案件不得少于 15 日,当事人提供新的证据的第二审案件不得少于 10 日。由于该 15 日是从答辩期限届满后开始起算的,答辩期内也可以举证,因此,证据交换通常是在被告收到起诉书副本后的 30 天之后进行。在证据交换前,应当准备好证据的原件和复印件。不论是自己想保留原件以备日后继续使用还是将原件提交给法院,复印件都需按"对方人数+1"准备。如是前一种情况,自己保留原件,需要给法院 1 份复印件。如是后一种情况,法院保留原件,自己则需要保留一份复印件。在证据交换中,如果证据不多,在交换之后可以进行质证,明确没有争议的证据和有争议的证据;如果证据很多,通常不要求当事人现场质证,当事人可以会后慢慢研究,然后提供书面质证意见。如果当事人需要对对方提供的证据申请提供反驳证据或者对证据来源、形式等方面的瑕疵进行补正的话,可以申请法院再次确定举证时限。

争点,即争议焦点,是法院的审理对象。如果被告进行答辩的话,在经过证据交换和质证后,再加上法官的发问和释明,在双方当事人澄清自己模糊的主张,对有些事实作出自认后,就可以缩小争议范围,在此基础上,法官就可以归纳本案的争议焦点。对于法官归纳的争议焦点不全面或不精准的,当事人可以提出补充意见。争点的类型包括:(1) 事实争点:含要件事实争点、间接事实争点以及辅助事实争点。(2) 证据争点:证据争点是当事人对证据能力、证明力以及举证责任分配等的争执。(3) 法律争点:不仅包括双方当事人对适用法律的不同主张,也包括法院拟适用的法律与当事人双方不一致的法律适用主张。(4) 诉讼程序争点:即当事人就可以处分的程序问题发生的争执,如劳动争议诉讼之前置仲裁程序是否完成等。争点整理的结果经当事人确认后记入笔录,庭审应围绕已确认的争点进行。

民事诉讼法分别规定了先行调解、庭前调解以及当庭和庭后的调解。审前会议中的调解属于庭前调解。经过证据交换后,当事人应当根据彼此之间的关系、证据强弱等情况决定是否同意庭前调解,同意的话,应制定好调解方案。调解往往是权利人通过让渡一定的实体权利以换取其他利益,如对方立即履行、维系亲情或者继续维系双方合作关系等。因此,权利方在制定调解方案时,需要明确自己的底线是什么,明确大致可以经受几轮让步后抵达自己的底线,然后在此基础上提出自己的调解方案。作为义务方也是如此,也要明确自己能够付出的最大代价是什么,什么形式的代价,大致可以经受几轮调解后抵达自己的底线,然后提出自己的调解方案。在调解过程中,每次让步之间的差距不应太大,进程不能太快,以此向对方表明让步之艰难,并最终为己方当事人谋取最大利益。在调解实践中,法官经常采取"背对背"的调解方式(即调解时让一方当事人出去,仅与一方当事人协商调解方案),此时法官经常会问你的调解底线是什么,对此不可盲目相信法官,第一时间将底线透露给法官,仍应按照自己的调解步骤一步一步推进。

从司法实践的情况来看,庭前会议并非仅限于证据的简单交换,还需要对有关证据的"三性"进行初步质证和辩论,对证据进行初步整理以便厘清争点和固定证据。更何况庭前会议还有调解的任务。这就会涉及当事人陈述案情,对有关事实进行自认等。庭前调解本质上属于实体审理行为。因此,庭前会议已经起到了庭审举证、质证的部分作用。从效果上看,庭前会议中自认的证据、事实,对庭审具有拘束力,庭审调查阶段不再重复。因此庭前证据交换程序实际上是庭审程序调查阶段的前置,是一种审理行为。

第十二章　法庭审理

第一节 开庭准备

在接到法院开庭传票或者电话通知或当事人的开庭转告后(有的法院可能通知当事人而不是律师),要认真核实一下自己的日程安排,看是否存在冲突,如两个法院同时开庭现象。如出现这种情况,要及时与法官联系,申请延期开庭。如法官能答应延期,可与法官另行协商一个开庭日期;如不答应,案件若聘请了两位律师的话,商量让另一位律师出庭;如果只聘请了一位律师的话,则需要代当事人另行聘请其他律师出庭(由于当事人已经支付了全部代理费用,该费用自然由不能出庭的律师支付)并办理相关手续,切不可置之不理不出庭。这样的话,法院对于原告方会按撤诉处理;对于被告方会缺席判决。

接下来需要同当事人联系,询问当事人本人是否出庭。对于离婚案件的当事人则应告知他原则上必须出庭。如有正当理由不能出庭,则需要提交书面意见。对于证据原件由当事人持有的,如果当事人自己出庭,让其出庭时带来;如果不出庭,则应在开庭前从当事人处取来。

开庭日一定要提前到达开庭地点。如果因为各种原因,如堵车、车祸等不能及时到达的,应当及时与法官联系,说明原因,告知能否到庭。如能到庭的话,大概需要迟到多久。否则的话,对于原告,法院有可能按撤诉处理;对于被告,有可能缺席判决。当然,法院如果是电话通知开庭的话,然后又准备以当事人或代理律师没有按时到准备按撤诉处理(针对原告)或者缺席判决(针对被告)时,当事人或律师则可以法院没有告知开庭时间为由进行抗辩。法院由于没有证据证明已经通知了当事人或律师开庭时间,自然也就不敢作上述处理。

进入审判法庭后,尚未提交委托书、出庭函、执业证复印件(含执业机构页和年度考核备案页)的,应向书记员提交相应材料,并将所有证据的原件按证据目录的顺序摆放在桌上。当事人也出庭的,叮嘱好当事人对于己不利的案件事实不要随意自认。因为《民事证据规定》第8条第1款规定,诉讼过程中,一方当事人对另一方当事人陈述的案件事实明确表示承认的,另一方当事人无需举证。但涉及身份关系的案件除外。有证人出庭作证的,告知证人在庭外等待。待法庭通知作证时再进入法庭作证。

《民事诉讼法》第137条规定,开庭审理前,书记员应当查明当事人和其他诉讼参与人是否到庭,宣布法庭纪律。开庭审理时,由审判长核对当事人,宣布案由,宣布审判人员、书记员名单,告知当事人有关的诉讼权利义务,询问当事人是否提出回避申请。《民事诉讼法》第134条第2款规定,离婚案件,涉及商业秘密的案件,当事人申请不公开审理的,可以不公开审理。在法庭开庭准备阶段,如当事人认为本案属于相对不公开审理的案件,此时可以口头申请不公开审理。

如果案件召开过审前会议,法庭审理会直接进入法庭调查。如果没有召开过审前会议,庭审开始后,首先由原告陈述,原告的陈述通常就是念起诉书中的诉讼请求、事实与理由部分。因此,此时的当事人陈述并非证据意义上的当事人陈述。被告的陈述就是进行答辩。经过这一回合,双方的争点便会形成。接下来便是法庭调查。

第二节 法庭调查

法庭调查的主要内容就是举证质证。该阶段的功能有两个:一是让法官从当事人对立的质证中获得更为完备、更为准确的案件信息;二是基于当事人需对质证的结果承担责任而给当事人提供的一种前提性程序保障,就当事人的举证顺序而言,先是原告举证,后被告举证,再第三人举证。就每个当事人的举证顺序而言,依据《民事诉讼法》第138条的规定,法庭调查按照下列顺序进行:(1)当事人陈述;(2)告知证人的权利义务,证人作证,宣读未到庭的证人证言;(3)出示书证、物证、视听资料和电子数据;(4)宣读鉴定意见;(5)宣读勘验笔录。但在诉讼实践中,并不严格遵循这个程序。

当事人在举证时,如果没有经过审前会议或者对方当事人没有任何自认,那可以按照自己制作的、并已向法院提交的、举证目录确定的顺序进行举证。证据通常都是按组出示。有的组可能只有一个证据,有的组可能有多个证据。在出示证据时并说明欲证明的对象或目的。比如在离婚案中原告出示的第一组证据就只有一个:结婚证,以证明与被告之间存在合法的婚姻关系。在后面出示证明共有财产一组证据,则可能包括很多个。质证的方式可以是一组一质,也可以全部出示完后再质,没有定法。

《民事诉讼法解释》第104条第1款规定,人民法院应当组织当事人围绕证据的真实性、合法性以及与待证事实的关联性进行质证,并针对证据有无证明力和证明力大小进行说明和辩论。也就是说,质证的内容集中在三个方面:真实性、关联性、合法性。有无证明力及证明力大小属于辩论内容。质证内容看似虽然不多,但要真正质出水平,则需要丰富的生活阅历、观察能力、分析能力和法律知识。

在质证证据"三性"时,要对证据的真实性、关联性、合法性三个方面明确表态并说明理由。例如,对书证的真实性、关联性没有意见,但对合法性有意见。例如,某证据系在我国台湾地区取得,虽经当地公证机关公证,但没有经过我国大陆地区公证员协会查证,不具有合法性。有些证据可能是某一个方面不符合要求,如是真实的、合法的,但没有关联性,不能达到提供方的证明目的。有些可能是三个方面均不合格,需具体情况具体分析,据实质证即可。作为律师切忌对所有的证据质证均是一句话:对客观性、关联性和合法性均不认可。这会导致当事人和法官怀疑你的业务水平。因为在实践中,不大可能所有的证据都是"三性"不符。证据只有符合"三性"才能被采纳,据实承认证据的一个或两个真实属性,并不会导致证据被采纳。再说,一个案件有多个证明对象,即使对方当事人提供的证据能证明一个对象,若其他证明对象不成立的话,整体仍不成立。

对于没有经过证据交换的质证,能当庭质证的就当庭质。需要调查后才能质证的则应向法庭申请延期审理,要求延期给予答复。对于经过证据交换的质证,因为当事人有充分的时间对证据进行调查、分析,必须当庭提供质证意见。证据比较多的话,最好提供书面质证意见,便于法院日后查询质证意见。

要质好证,首先应掌握两个质证的基本方法,其一是对单个证据的质证;其二是综合所有的证据进行质证,看证据之间是否存在矛盾之处。第一个方法最为根本,也最为重要。在对单个证据进行质证时,不论是质"三性"中的哪一性,关键在于要找到质证的点。因为"三性"在不同的证据中表现在不同的质证点上。很多年轻律师在质证时,面对一堆证据无从下手,看不出证据的问题在哪里,关键在于没有找到质证的点。

(一) 质证证据的合法性

如果从合法性推翻了证据的话,就免除了从真实性上推翻证据,而后者的难度较前者要大。合法性的质证点主要体现在以下几个方面:(1) 证据主体合法。证据主体合法,是指形成证据的主体须符合法律的要求。法律对有些证据的形成主体有特殊要求。如对于证人,首先就要看其是否具备证人资格,即能否正确表达意志,是否了解案件真实情况。对于鉴定人,要有鉴定资质,在提交鉴定意见的同时需提交鉴定资质证明。

▶【案例】

在原告邓汉城、吴翠云诉被告赵载龙机动车交通事故责任纠纷一案中,原告邓汉城、吴翠云诉称:我们儿子邓某被被告赵载龙无证驾驶套用号牌为粤K4X号两轮摩托车飞速撞倒,造成交通事故,致使我们儿子邓某当场死亡。要求被告赔偿死亡赔偿费、丧葬费、扶养费、精神损失费、车费共319157.22元。

原告在举证期限内,提供有如下证据:(1) 身份证3份、户口簿1份,证明原告的身份。(2) 高公交认字[2014]第560号交通事故责任认定书1份,证明被告赵载龙无证驾驶套用号牌为粤K4X号两轮摩托车造成交通事故,负事故的次要责任。(3) 火化证明1份,证明原告的儿子邓某被被告赵载龙驾车撞死。(4) 车票1份,证明原告所用的车费。(5) 新德村委会证明一份,证明原告吴翠云没有劳动能力。

经开庭质证,被告赵载龙对原告所举证据1、2、3、4均无异议。被告赵载龙对原告提供的新德村委会证明有异议,认为新德村委会没有资质鉴定劳动能力,该证明没有法律效力。法院对原、被告双方均无异议的证据和事实予以确认。对于原告提供的新德村委会证明,因新德村委会没有鉴定资质,被告有异议,法院不予采信。

广东省高州市人民法院(2015)茂高法新民初字第 37 号民事判决书

▶【案例】

在原告天津雅致工贸有限公司诉被告天津市庆灵金创国际贸易有限公司买卖合同纠纷一案中,原告诉称,被告向原告购煤,原告分三天给被告运送煤共计 16.56 万吨,双方口头约定的每吨为 830 元,共计是 13744.8 万元。被告收到煤后一直没有向原告支付购煤款。被告辩称原告提供的煤不符合质量要求,提供的证据之一是:公证书 1 份、检验报告 1 份、光盘 1 张,证明被告对原告提供的煤炭进行检验及检验过程,并由天津市静海公证处全程监督采样、送检过程。原告对于该组证据的真实性均不认可,认为东丽区产品质量监督检验所没有鉴定资质,且并没有法律规定应由公证处对鉴定过程进行监督,鉴定过程违法。法院认为对于该组证据的真实性,因该检测过程有公证处人员的监督,故本院对其证据的真实性均予以确认,但是该检测过程原告未参与,被告无证据证明检测样本系原告供应的煤炭且未提交该鉴定部门的相关司法鉴定资质,故本院对其证据的关联性、合法性不予确认。

天津市津南区人民法院(2014)南民三初字第 820 号民事判决书

(2) 取证方法合法。比如,《民事诉讼法解释》第 106 条规定:"对以严重侵害他人合法权益、违反法律禁止性规定或者严重违背公序良俗的方法形成或者获取的证据,不得作为认定案件事实的根据。"例如,境外取得的证据,有无经过公证和认证;利用国外的判决书作为证据时,有无经过我国法院的承认;公证行为有无超出管辖范围等。

▶【案例】

在上诉人(一审原告)苏州美恩超导有限公司(以下简称美恩公司)因与被上诉人(一审被告)华锐风电科技(集团)股份有限公司(以下简称华锐公司)、大连国通电气有限公司(以下简称国通公司)侵害计算机软件著作权纠纷一案中,上诉人是涉案软件著作权人美国超导 WINDTEC 有限责任公司和美国超导公司在中国境内的独占使用许可人。上诉人在一审中为了收集被上诉人侵权的证据,委托江苏省苏州市苏城公证处公证人员对取证过程进行公证。2011年8月24日，上诉人及公证人员隐瞒身份和目的，采取欺骗手段进入案外人海南发电股份有限公司文昌风电厂取证拍照，采集下载风机使用的软件数据，对这一过程公证人员出具了66号公证书。上诉人还提供了《奥地利刑事判决书》用以证明华锐公司采用非法雇佣DejanKARA-BASEVIC为其员工的方式，非法获取了美恩公司的PLC软件和变频器软件的源代码、二进制代码，加以修改并复制、安装在风机上。该证据已经我国驻奥地利大使馆认证。被上诉人在一审中认为这两个证据都不合法，不应采纳，并得到了一审法院的支持。本案中，这两个证据是否合法？

[解析] 第一，关于66号公证书的效力问题。二审法院认为，首先，关于管辖依据问题。根据我国司法通(1994)070号司法部、国家版权局《关于在查处著作权侵权案件中发挥公证作用的联合通知》中第2条规定"著作权证据保全公证由事实发生地公证处管辖"，苏城公证处所在地苏州并非66号证据保全公证的事实发生地，苏城公证处异地保全证据，作出66号公证书并无明确的管辖依据。其次，关于取证形式的合法性问题。美恩公司及苏城公证处公证人员在进行该66号公证书所涉公证业务时，系美恩公司人员同江苏省苏州市苏城公证处人员隐瞒真实身份进入案外人华能海南公司所属文昌风电厂的风机塔，并对塔内机组设备运行数据进行的拍照、采集取证而形成的证据保全公证，是在华能海南公司毫不知情的情况下进入文昌风电厂非法窃取了发电机组的核心运行数据，致使风电厂机组运行数据及商业机密存在被泄露的风险，且严重威胁到电力设施的正常安全运营，严重侵害了案外人华能海南公司的合法权益。因此，66号公证书的取证违反法律的规定，依法不能作为认定案件事实的根据。

第二，关于《奥地利刑事判决书》及翻译文件应否采信问题。该证据虽经我国驻奥地利大使馆认证，但该判决书并未依据我国《民事诉讼法》第281条规定的相关法定程序申请并获得我国法院承认，故对该证据不予采信。

海南省高级人民法院(2015)琼知民终字第6号民事判决书

(3) 证据形式合法。如我国《继承法》第17条第2款规定，自书遗嘱由遗嘱人亲笔书写，签名，注明年、月、日。第3款规定，代书遗嘱应当有两个以上见证人在场见证，由其中一人代书，注明年、月、日，并由代书人、其他见证人和遗嘱人签名。《民事诉讼法解释》第115条第1款前半句规定，单位向人民法院提出的证明材料，应当由单位负责人及制作证明材料的人员签名或者盖章，并加盖单位印章。

► 【案例】

在上诉人(原审被告)东莞市雅琴居家私有限公司(以下简称为"雅琴居公司")与被上诉人(一审原告)谭毅、原审被告李润田、东莞市厚街恒锋家具博览中心(以下简称为"恒锋家具博览中心")侵害外观设计专利权纠纷一案中,一审原告谭毅诉称:自己拥有一项名称为床(羽迪7)的外观设计专利。后发现李润田在恒锋家具博览中心的"星星索"及"星星美墅"专卖店销售雅琴居公司生产的床、书台和谭毅有关外观设计专利产品相似,给谭毅造成了大量损失,便提起诉讼。雅琴居公司、李润田答辩称:雅琴居公司、李润田有证据证明被控产品的外观设计属于现有设计,案涉产品不构成侵权。(1)早在2006年出版的名称为《亚洲家具》杂志已完全公开了案涉专利的全部设计;雅琴居公司和李润田主张该杂志为FEW出版私人有限公司在马来西亚出版,其在2006年国内的展会上获得,但是该杂志目录和文字均为英文,没有载明任何与出版、发行或传播信息相关的内容。(2)将案涉专利与现有设计进行比对,结果是两设计基本相同。对于该证据原审法院认为,就雅琴居公司和李润田向原审法院提供的《亚洲家具》等证据本身而言,第一,该杂志没有载明任何与出版、发行或传播信息有关的内容,无法确信其在本专利申请日前就是公开出版物;第二,即使该杂志确如雅琴居公司和李润田所言系其在国内的展会上获得,但雅琴居公司和李润田亦确认该杂志是案外人FEW出版私人有限公司在马来西亚出版,因此,该证据形成于国外。根据最高人民法院《关于民事诉讼证据的若干规定》第11条第1款的规定,当事人向人民法院提供的证据系在中华人民共和国领域外形成的,该证据应当经所在国公证机关予以证明,并经中华人民共和国驻该国使领馆予以认证,或者履行中华人民共和国与该所在国订立的有关条约中规定的证明手续。本案中,雅琴居公司和李润田提供该证据既没有经所在国公证机关进行公证和我国使领馆的认证,也未履行任何证明手续,其证据形式不合法,原审法院对该证据不予采信。

二审诉讼期间,雅琴居公司向本院提交了经过域外公证认证程序的《亚洲家具》杂志复印件(与原件无异),称出版商是马来西亚的FEM私人出版有限公司,拟证明被诉侵权设计实施的是现有设计。本案中,《亚洲家具》是否系合法证据?

[解析] 《中华人民共和国专利法》第62条规定:"在专利侵权纠纷中,被控侵权人有证据证明其实施的技术或者设计属于现有技术或者现有设计的,不构成侵犯专利权。"雅琴居公司主张其实施的设计属于现有设计,不构成侵权,并提交了《亚洲家具》杂志,拟证明被诉侵权产品使用的设计属于现有设计。经查,《亚洲家具》封面上部印有"asia furniture"及"亚洲家具""2006"字样,在上部标明"Bedroom Concept"的387|asia furniture一页左侧下部有本案对比文件"床"的图片,除此之外,并无其他有关刊号或者发行公司的信息。二审法院认为,首先,该杂志没有国内统一刊号CN或者国际标准刊号ISSN,属于非正规发行的出版物,雅琴居公司在二审诉

讼中也承认出版商是马来西亚的 FEM 私人出版有限公司,形式要件存在瑕疵;其次,从内容来看,该杂志内容均为不同生产厂家的厂家信息及其家具图片,没有明确载明与出版、发行或者传播信息有关的内容,杂志本身或者结合其他证据均无法确定该出版物公开日期是在本案专利的申请日之前;再次,杂志仅仅是一个孤证,且出版商 FEM 为私人出版有限公司,其印刷具有较大的随意性,雅琴居公司又没有提供其他相关证据证明杂志的合法来源,或者其他相关公众能够从国内或者国外公共渠道获得的证据;最后,谭毅自始即不认可杂志的合法性及与本案的关联性。综上所述,《亚洲家具》杂志的真实性、是否公开及何时公开均无法确认,杂志上"床"的图片不能作为评价雅琴居公司使用的设计属于现有设计的对比文件,雅琴居公司现有设计抗辩理由并不充分,本院不予支持。

广东省高级人民法院(2014)粤高法民三终字第712号民事判决书

(二) 质证证据的真实性

书证必须提供原件,物证必须提供原物。对物证、书证真实性质证的第一步就是看是否系原件、原物,有无被改造、变造等。如果是,则需进一步核实原件、原物的制作主体、制作过程、制作时间、制作地点等内容。如欠条上的签名或盖章是否系债务人的签名或盖章、内容与签名或盖章是否同时形成、时间是否存在倒签等。有多份原件时,还需核实各原件、原物之间是否相符。如不符,必有一个为假。对于无法提供原件,只能提供复印件或者复制物的,就要看其来源是否真实,提供的主体是谁,有无提供者的签名或者盖章,提取的过程是否符合技术规范,有无改造或变造等。如从档案馆提取的复印件,应当有档案馆的盖章。提取出来的视听资料不论是全部还是部分,都不应有中断现象,等等。

► 【案例】

上诉人陕汽榆林金帝润滑油有限公司(以下简称榆林金帝公司)因与被上诉人济宁通用润滑油有限责任公司(以下简称济宁通用公司)及原审被告济宁市固德汽车销售服务有限公司(以下简称固德公司)侵害商标权纠纷一案,在二审中,榆林金帝公司为证明其行为不构成商标侵权提交14份证据,其中证据12《北奔重卡专用油服务手册》原件一册,拟证明榆林金帝公司在2008年6月之前就已经使用涉案北奔重卡标识。

但经质证发现:证据12并非国家公开出版物,无法确认其真实的印刷版次和时间,且印刷方为深圳市新常源印刷厂,却加盖了西安长世源彩色印刷有限公司合同专用章,不符合常理,真实性值得怀疑。后该证据未被二审法院采纳。

山东省高级人民法院(2016)鲁民终2304号民事判决书

对证据的真实性存疑时,往往需要通过鉴定来甄别。如欠条是否系被告所写,内容与签名是否系一次形成等。鉴定机构得出鉴定意见后还需对该意见进行质证,尤其是当事人单方委托得出的鉴定意见。质证的重点是:谁委托鉴定的?鉴定机构及人员的资格证书有没有?鉴定的检材是如何取得的?是否经双方封存?鉴定的依据是什么?鉴定的过程如何?作为律师,事先要了解鉴定的法律依据。如对于人身伤残鉴定,自2017年1月1日起,应适用最高人民法院、最高人民检察院、公安部、国家安全部、司法部联合发布的《人体损伤致残程度分级》。2017年3月23日,国家质检总局、国家标准委发布了《关于废止〈微波和超短波通讯设备辐射安全要求〉等396项强制性国家标准的公告》,《道路交通事故受伤人员伤残评定》被废止。但工伤伤残鉴定不适用,而继续适用《劳动能力鉴定职工工伤与职业病致残等级》。当鉴定涉及的问题很专业,超出了自己的知识范围时,则应借助专家辅助人来质证其真实性。根据最高人民法院《民事证据规定》第61条的规定,当事人可以向人民法院申请由一至二名具有专门知识的人员出庭就案件的专门性问题进行说明。

对于证人证言来说,即使证人了解真相,但由于证人需要经过感知、记忆、回想、叙述等多个环节,每一个环节都会对证言的真实性造成影响。如感知不全面、记忆不清、回想不起来、描述时措辞不当等。另一方面,证人会受心理影响。证人与当事人之间的朋友关系或仇恨关系都会影响其真实性。对证言真实性的质证则需要从证人是否了解真相以及上述这些角度切入,通过盘问的方式来发现其虚假性。

在法庭上,有可能需要向对方的证人、鉴定人发问,也有可能自己的证人要接受对方律师的发问,因此,不论是发问还是回答发问都很需要技巧。作为律师,必须掌握下列最基本的询问技巧:

(1)询问要围绕争点进行,不要问与争点无关的问题;如对方律师提出这种问题,应及时向法官提出异议。

(2)问题要一个一个地问,不要同时问很多个问题。由于证人不能记录,问多了问题记不住,无法问答。

例如,"证人,你与原告是什么关系?车祸发生时,你到现场去干什么?你站在十字路口的哪个位置?当时的红绿灯情况怎么样?"

对于被询问者的回答要做好记录。

(3) 提问的语气要平和,不要引发对方证人的对抗心理。

(4) 所提问题通常情况下不得隐含前提,否则的话无论怎么回答,都会肯定前提。对方律师如提出此种问题,应提醒己方当事人注意其中隐含的前提。

如:你还钱了吗?你打了他什么地方?

第一个问题隐含的前提是你借过钱。第二个问题隐含的前提是你打了他。无论怎么回答,都会承认前提。

(5) 根据具体情况分别使用不同的提问方式。如想了解案情中某一简单的特定信息应使用封闭式提问。所谓封闭式提问,是指通过特定问题带出特定答复的提问。此种提问的优点在于可以使提问者获得比较特定的回答和信息,而且答复的人并不需要太多的思索即可给予答复。

例如,询问证人,"你与原告是亲戚吗?""原告是在什么地方把钱交给了被告?""在什么时候给的?""给了多少钱?""都是100元面值的吗?""被告有无清点?""你有无参与清点?""被告给原告打借条了吗?""借条是手写的还是打印好签字的?"等等。

(6) 如果想全面了解案情或者某一问题较全面、较深入的信息,则需要使用开放式提问。所谓开放式提问,是指通过特定问题带出广泛、丰富信息的提问。这种提问通常无法以"是"或"否",以及简单的措辞来作答。这种提问的优点在于没有限制答复的范围,回答者可以畅所欲言,提问者可以从其回答中获悉或捕捉到某些需要的信息、情况,以及了解对方有关问题的基本观点和根据。缺点在于,由于没有限制回答范围,对方的回答有可能冗长而且不着边际,因此需要及时引导回答者围绕问题回答。

例如询问鉴定人,"为什么该医疗行为与受害人的受害结果之间不存在因果关系?""有的鉴定机构认为本案的检材不具备鉴定条件,而你却认为具备鉴定条件可以进行鉴定并作出了鉴定意见,依据是什么?"等等。

(7) 如果证人或者鉴定人的回答有些模棱两可,可做不同的理解,则需进行澄清式提问。所谓澄清式提问,是指针对证人或者鉴定人的答复而采用的令其证实或补充原先答复的一种提问方式。这种提问有助于提醒法官对关键细节的注意。

例如,"证人,你刚说你看到被告从原告身后推了原告一下,那被告是有意推的还是无意推的?"

(8) 如果被询问者对有些问题回避不正面回答时,则需要使用选择式提问,即把所提问题的答案限制在只有两个,迫使被询问者作出非此即彼答复的提问。

例如,"打架发生时,你在不在现场?请明确回答。""谁先动的手,原告还是被告?"等等。

(9) 律师要特别注意对方采用诱导式提问。诱导式提问,意指提问中已经暗含着答案的提问方式,或者,询问本身就暗示答案的询问。

如"你当时是不是在某某酒吧喝酒?""你根本没有见过张三送你的6万元钱,对吗?"

这种提问由于问句中本身已包含了强烈的暗示性,被询问者会按提问者所希冀的答案进行回答。

(三) 质证证据的关联性

如果证据是合法的,也是真实的,接下来就要质证证据与案件的关联性。任何一个证据本身都会带有很多的信息,如时间、地点、主体、价格、金额、里程等。案件本身也有很多信息,将这二者的信息进行比对,看二者之间是否有联系。如果证据中的关键信息与案件信息没有任何联系的,就可以认定证据与案件没有关联性。

▶【设例】

乙与甲打架致甲受伤,甲起诉索赔,提供出租车票以证明受伤当天以及后续因打车去医院看病造成的损失。笔者系被告的代理律师。本案中,对出租车票该如何质证?

[解析] 本案中出租车票显然是真实,也是合法的。重点就只能放在关联性上。出租车票上的信息很多,有省市名称、发票号码、单位代码、电话、车牌号、日期、时间、单价、里程、等候、状态、金额、燃油附加费、预约叫车服务费,等等。要善于从这些信息中找出其与本案不相关之处。第一是看出租车的时间,包括具体日期和上下车时间。笔者发现其中有一张出租车票的日期是在甲乙打架的前一天。显然与本案无关,应被排除。其余车票的具体日期虽然在打架之后的治疗期间,但有一张车票的上车时间却是在凌晨3:11,下车时间是3:20下车;3:28分又打车,3:40分下车。这两张出租车票显然不符合生活常识,没有哪个医院在凌晨2点多就开始挂号看病。对于出租车票还可以审查其打车的里程,看原告与医院的距离与出租车票上的距离是否吻合,审查出租车票的号码是否连号。

同理,对于医疗费发票的质证也是如此。医疗费发票上的信息包括日期、医疗机构类型、患者姓名、性别、医保类型、社会保障卡号、药品名称及金额、个人支付金额、医院公章等。需要核对姓名是否系对方当事人,看病的时间是否在纠纷发生后,开具的药品是否系用来治疗纠纷所导致的疾病,金额是否系自费,治疗医院是否具有该病的治疗能力,等等。

(四) 综合质证

有的证据单个看没什么问题,但综合所有的证据,就可能相互矛盾。只要存在矛盾,必有一个证据为假,证据提供方就会陷入被动。

▶【案例】

上诉人陕汽榆林金帝润滑油有限公司(以下简称榆林金帝公司)因与被上诉人济宁通用润滑油有限责任公司(以下简称济宁通用公司)及原审被告济宁市固德汽车销售服务有限公司(以下简称固德公司)侵害商标权纠纷一案,在二审中,榆林金帝公司为证明其行为不构成商标侵权提交14份证据,其中证据5为北奔重型汽车集团有限公司出具的证明原件一份及其附件材料。拟证明榆林金帝公司在济宁通用公司申请涉案注册商标前就已经使用图案及文字;此种使用方式是用来说明、描述产品的专项用途,不是用作识别商品的来源,属于正当、合理使用;榆林金帝公司的润滑油产品在北奔重型汽车集团有限公司及其分公司、销售商、服务商中具有相当的影响力,印有图样及文字的润滑油产品在长期的使用中已经与榆林金帝公司产生了特定联系。

后经质证发现:证据5为单位出具的证明材料,缺少单位负责人及制作证明材料的人员签名或者盖章,且证据5附件1中的《技术协议》与一审及二审提交的《技术协议》内容矛盾,证据形式存在瑕疵,附件2未加盖印章,与其他附件形式不统一,附件3中同一时间段开具的销售出库单形式不一致,附件4中的印章为补盖,且部分附件加盖的是北奔重型汽车集团有限公司包头备件分公司印章,与证明本身落款不一致,鉴于证据5在形式上存在诸多瑕疵,该份证据未被二审法院采纳。

第三节 法 庭 辩 论

▶一、辩论内容

在开庭前,律师对当事人之间的争点应当事先有预测,并做好辩论准备。经法庭调查后,法庭会归纳出双方的争议焦点。对于事先预测可能存在但经法庭调查后不复存在的争点无需再发表辩论意见,只需对经法庭调查后仍存在的争议焦点发表辩论意见即可。因此在法庭辩论阶段应当紧紧围绕争议焦点发表辩论意见。常见的争议焦点有:事实认定(借款是否发生、侵权是否成立、感情是否完全破裂)、行为定性(如是买卖合同还是加工承揽合同、劳务关系还是劳动关系)、法律适用(能否适用消费者权益保护法)、抗辩理由成立与否(诉讼时效是否错过、紧急避险是否成立)、举证责任分担、实体责任形式与大小(继续交房是否可行、赔偿金额应是多少)、实体责任分担(共同被告之间)等。

对于法庭调查中出现的事先没有预见到的新问题,则需要快速地列出辩论提纲,理清思路,组织语言进行辩论。这时最能考验一个律师的逻辑思维能力和语言表达能力。

▶ 二、辩论技巧

发表辩论意见时，要注意以下问题：

第一，要确保语速适度，不能太快，以免书记员记录不下来。

第二，普通话要标准，以免法官、书记员、对方当事人和律师听不懂。

第三，在辩论中能使用法言法语时一定要使用法言法语，因为法言法语最为简练，含义也最为精准。发表辩论意见时应先言简意赅地表明己方对于争点的观点和立场，如我们认为本案中的借名买房合同成立，本案是借贷合同关系而非联营合同关系等，然后阐述理由。在阐述理由时，一定要做到逻辑清晰，层次分明，最好用数字表明，如第一、第二、第三，等等。

▶【设例】

赵某购买宋某的房屋一套，双方签订房屋买卖合同，约定房屋的价格为10万元，赵某先行支付房价的一半5万元。剩下的一半5万元在办完过户手续后再支付。赵某依约先支付了5万元。双方在办完过户手续后，因赵某的钱不足，只支付了一部分，并在合同上注明："还欠款3万元整"。赵某签字并捺了手印。后当事人因还款数额发生纠纷，宋某为此诉到法院，请求判令赵某偿还人民币3万元。诉讼中，宋某认为合同上注明的字义是"还（hai）欠款3万元"。即当时赵某偿还了2万元，还（hai）欠款3万元。赵某则认为合同注明的字义是"还（huan）欠款3万元"，即赵某当时偿还了3万元，故还（hai）欠款2万元。诉讼中，双方当事人没有提交其他证据。本案中，宋某的律师应当如何发表辩论意见？

[解析]　我们认为对合同上的该记载应当理解为被告尚欠原告3万元购房款。理由是：第一，按照通常的房屋买卖交易习惯，在买方没有付清全部房款时，通常都是给卖方打一个欠条，说明尚欠多少钱，而不是给卖方打一个条说明已经付清了多少钱。本案中，虽然卖方没有让买方专门打一个欠条，而是写在合同上，其功能应当与欠条相同，用于说明尚未付清的房款数额。第二，《最高人民法院关于民事诉讼证据的若干规定》第5条第2款规定，对合同是否履行发生争议的，由负有履行义务的当事人承担举证责任。被告属于支付房款的当事人，既然认为自己已经付清了3万，尚欠2万，那应当就已经付清的3万进行举证，是转账支付还是现金支付？如果是现金支付，现金是如何筹集的？现被告并无其他证据进行佐证，因此其关于已经支付3万元房款的证明尚未达到高度盖然性的证明标准，不能认定。

第四，是当法律条文涉及比较复杂的理论问题时，一定要进行认真研究，以确定该条文能否适用于本案。在阐述理由时不要长篇大论，要用通俗易懂的语言阐述复杂的理论。

▶【设例】
    原告某镀铝膜生产厂家与被告某销售公司签订买卖合同一份,双方约定:被告为原告在东北地区的独家代理商,经销原告提供的镀铝膜产品,原告以每吨21400.00元价格按被告每次订货传真指定的规格生产镀铝膜300吨,在3年独家代理期间,被告不得自行销售其他厂家的同种类产品。合同签订后,原告先后向被告提供镀铝膜115吨,被告依照合同约定支付了价款。1年半后原告发现被告同时经销有其他厂家生产的镀铝膜,书面通知被告立即停止销售其他厂家的镀铝膜产品,支付违约金15万元,遭到被告拒绝,双方引起诉讼。法院审理中,原告为证明被告违约向法院提供了双方签订的买卖合同一份。被告抗辩称其履行了合同约定的不得自行销售其他厂家生产的同种类产品的义务,原告的证据不能证明被告违约,应承担举证不能的败诉责任。本案中的举证责任应当由被告承担吗?

    [解析]《最高人民法院关于民事诉讼证据的若干规定》第5条第2款规定,对合同是否履行发生争议的,由负有履行义务的当事人承担举证责任。根据该规定看似应当由被告来承担举证责任。但若进一步研究合同义务的性质就可以发现并非如此。根据履行合同义务形式的不同,合同义务可以区分为积极作为义务和消极不作为义务,前者是合同义务人应对权利人积极地作出特定行为;后者是合同义务人应对权利人消极地不作出特定行为。积极作为义务的履行,应由履行义务人对已履行的事实负举证责任,如履行义务人就已交付买卖标的物、承揽标的物、租赁标的物等主张负举证责任。如果主张未履行合同此类消极不作为义务,如违反合同约定不在某一特定地区参与竞争的义务、非专利技术转让合同的受让方违反合同约定的保密义务,则应由主张者就实施上述行为的事实负举证责任。理由是:其一,让当事人举证证明自己没从事某种行为,一般情况下,行为人是无法证明自己没从事某种行为的;其二,从证据收集的难易程度角度讲,行为人收集证明自己没从事某种行为的证据极为困难,而让他人收集行为人从事某种行为的证据则相对容易些。因此,合同义务履行的举证责任应区别不同情况来对待,不能机械地理解《最高人民法院关于民事诉讼证据的若干规定》第5条第2款的规定,除非法律有特别规定,消极不作为合同义务是否履行的举证责任不应由履行义务人来承担。

    第五,辩论时要恪守法庭礼仪,发表辩论意见要入情入理。要尊重对方律师,不恶语伤人。用辩论语言伤人,如挖苦对方律师所犯的低级错误,有违律师的职业道德。

        比如当对方律师因没有注意法律的变更而引用了无效的法条时,有的律师就说,这么简单的问题都不清楚,你也敢出来混。不懂不是你的错,不懂你还出来晃荡就是你的不对了。

    用辩论语言安抚人、鼓励人则是可取的。比如作为加害人的律师,对被害人的伤害可以先表示慰问,祝对方早日康复,然后就责任承担问题发表辩论意见。

第六,在辩论中要简明扼要地记录对方的辩论要旨,并快速列出回应要点,在随后一轮的辩论中予以回应。

第七,遵循法庭指挥,尽量不要同法官发生冲突。有些法官因为各种原因喜欢训斥律师,此时尽量不要与法官发生冲突,但可以要求法官尊重法庭礼仪,停止不当行为,事后向该庭庭长或主管副院长反映。倘若法官太过分,也可以当庭进行适当回击,告知法官每个人的知识面都是有限的,不要认为自己就是百事通。但切不可以其人之道还治其人之身,对法官进行侮辱,或者因法官的侮辱而拂袖而去。这样的话,对于原告法院可以按撤诉处理;对于被告可以缺席判决。

有些律师喜欢事先准备好书面的代理词。如果法庭调查后的争议焦点与事先准备的书面代理词没有出入,则可以使用该书面代理词,并可告知书记员有书面代理词,庭后可以提交,以减轻书记员记录的劳动强度。如果带有电子版的话,也可以将电子版提交给书记员,以便法官在撰写判决书时直接复制粘贴,提高法官撰写判决书的效率。但在发表辩论意见时,最好脱稿,不要老低头念稿;即使不能完全脱稿,也要不时看看法官。否则你无从得知法官在不在听,也无从判断法官的反应。如果法庭调查后的争议焦点与事先准备的书面代理词有出入,对于书面代理词中已准备但已无意义的代理词应删除,先前没有准备现需要的辩论意见,应在现场组织补上。实践中,事先准备好的书面代理词能一字不拉地用上基本不可能。

▶ 三、阅读笔录

《民事诉讼法》第147条第1款规定,书记员应当将法庭审理的全部活动记入笔录,由审判人员和书记员签名。第2款规定,法庭笔录应当当庭宣读,也可以告知当事人和其他诉讼参与人当庭或者在5日内阅读。当事人和其他诉讼参与人认为对自己的陈述记录有遗漏或者差错的,有权申请补正。如果不予补正,应当将申请记录在案。庭审结束后,代理律师对于法庭笔录应当认真阅读,如果发现其中有记录遗漏或者不准的地方,应当及时提出,要求书记员改正。然后在笔录的每一页上签字,并在最后一页签上日期。

第十三章 结案

一、费用结算

当一审结束,法院作出判决后,通常一审代理就告一段落。接下来就是与当事人进行费用结算。律师如果在提供法律服务过程中代委托人支付了诉讼费、仲裁费、鉴定费、公证费和查档费,因不属于律师服务费,由委托人另行支付。因而需要结算。

费用结算的另一项就是交通费和差旅费。如果委托合同没有约定差旅费或者差旅费包干,就不存在差旅费结算问题。如果是约定差旅费据实结算,则存在差旅费结算问题。如果差旅费有余,则应通过律师事务所退还。因为《律师服务收费管理办法》第22条规定,异地办案差旅费由律师事务所统一收取。律师不得私自向委托人收取任何费用。

不论是哪种费用,律师事务所应当向委托人提供代其支付的费用和异地办案差旅费清单及有效凭证。

如果是胜诉取酬的,则应根据胜诉结果依照委托合同约定结算案件代理费,然后由当事人向律师事务所交纳案件代理费。

二、及时将诉讼文书交给当事人

在诉讼中填写送达地址确认书时,代理律师一般都是将律师事务所所在地作为送达地址。之所以不将当事人的地址作为送达地址,主要为了日后结算的需要。在收到一审法院诉讼文书后,如结算完毕,需及时将诉讼文书交给当事人,以免当事人错过上诉期或执行期限。委托合同里约定了代为申请强制执行的,应及时申请强制执行。

【设例】

2013年4月15日,江苏省新沂市的李某以当地一企业欠其3万多元煤炭款、久拖不付为由,将这家企业告上法庭。因起诉前要到外地做生意,李某便与律师方某签订代理合同并支付了代理费,约定由方某代收法律文书、代收案款、代为申请执行等。

法院经开庭审理,于同年5月20日作出判决,由被告企业于判决生效后10日内给付原告李某煤炭款3万多元。同时,法官在判决书后附有法官寄语,告知当事人:"被告是法人的,原告申请执行期限为自判决生效后2年。"然而,6月6日判决生效后,被告企业一直未给付欠款。

2016年7月10日,在外经商的李某回乡,向方某询问执行事宜,如梦初醒的方某这才想起由于业务繁忙早将申请执行的事情忘掉。而这家企业也以原告未在法定期限内申请执行为由拒绝给付欠款。李某无奈要求方某赔偿损失,双方协商未果。

为此,李某不得已将方某告到法院。法院审理认为,李某、方某签订的代理合同真实有效,由于方某未按照双方签订的合同履行义务,在法定的申请执行期限内未及时主张权利,理应承担违约赔偿责任,因此判决方某赔偿李某损失3万多元。

▶三、业务材料归档

《律师业务档案立卷归档办法》第6条规定,律师接受委托并开始承办法律事务时,即应同时注意收集保存有关材料,着手立卷的准备工作。第7条规定,律师应在法律事务办理完毕后,即全面整理、检查办理该项法律事务的全部文书材料,要补齐遗漏的材料,去掉不必立卷归档的材料。第12条规定,律师业务档案应按照案卷封面、卷内目录、案卷材料、备考表、卷底的顺序排列。案卷内档案材料应按照诉讼程序的客观进程或时间顺序排列,民事代理卷的具体顺序为:(1)律师事务所(法律顾问处)批办单;(2)收费凭证;(3)委托书(委托代理协议、授权委托书);(4)起诉书、上诉书或答辩书;(5)阅卷笔录;(6)会见当事人笔录;(7)调查材料(证人证言、书证);(8)诉讼保全申请书、证据保全申请书、先行给付申请书和法院裁定书;(9)承办律师代理意见;(10)集体讨论记录;(11)代理词;(12)出庭通知书;(13)庭审笔录;(14)判决书、裁定书、调解书、上诉书;(15)办案小结。各个律师事务所对上述材料可能稍有调整,律师应在结案或事务办结后3个月内根据实际情况按照律师事务所的要求将上述材料准备齐全,提交给律师事务所的行政人员即可。

第三编　救济审实务技巧

第十四章　二审实务技巧

第一节 对判决的上诉

一审判决后,如当事人对判决不服,在决定是否提起上诉时最大的担忧是上诉能否得到二审法院的支持。换言之,如何判断上诉的胜诉率是当事人在上诉时最为关心的问题。

▶一、不可上诉的情形

(1) 对于法官有权自由裁量的内容,如不存在显失公平的情况下,即使不服,也不要提起上诉。在实践中,针对此类判决提起上诉的后果只能是驳回上诉、维持原判。比如,原告起诉被告人身侵权,法院审理后认为双方均有过错,且被告过错大于原告。此时被告与原告之间的损失分担可以是6∶4,也可以是7∶3,或8∶2,甚至是9∶1。如果法院判决7∶3,但被告认为应当是6∶4。若对此提起上诉的话,二审法院不会干预一审法官的自由裁量权,而是会判决驳回上诉,维持原判。

▶【案例】

郭庆海与范小亮、桦南龙源风力发电有限公司触电人身损害责任纠纷一案,原告郭庆海于2014年7月25日在桦南镇东风村北侧由被告范小亮承包的鱼池钓鱼,在甩竿过程中鱼竿与上方被告黑龙江省佳木斯市桦南龙源公司11KV的高压电线接触,原告当即被击倒,致身体大面积被烧伤,入住解放军二二四医院住院治疗30天。后起诉要求两被告赔偿。一审法院判决被告桦南龙源风力发电有限公司承担事故40%责任,赔偿原告郭庆海各项损失111925.3元,赔偿原告精神损害抚慰金5000元;被告范小亮承担事故40%责任,赔偿原告郭庆海各项损失111925.3元,赔偿原告精神损害抚慰金5000元。原告自负20%责任即57962.6元。

宣判后,被告范小亮不服,向本院提起上诉,其上诉理由:(1)原审法院认定事实不清,证据不足,赔偿标准计算错误。被上诉人所受伤害的时间不是上诉人的营业时间内,并且被上诉人不听劝阻导致事件的发生。被上诉人没有对其主要收入来源进行举证,在住院病历中也明确记载且自认是农民,按城镇标准进行赔偿证据不足。(2)被上诉人在原审时提供的七台河市公安局茄子河派出所2014年11月24日出具的证明是通过欺骗方式获得的,该证明不具有法律效力。(3)原审认定被上诉人在此次事件中存在重大过失,判决其承担20%的责任比例不当,不符合法律规定。(4)本案是人身损害赔偿纠纷,不是工伤赔偿纠纷,原审时被上诉人出具的司法鉴定意见书参照的是工伤标准,有误,应适用道路交通事故受伤人员伤残评定。

后被二审法院驳回上诉,维持原判。

黑龙江省佳木斯市中级人民法院(2015)佳民终字第73号民事判决书

(2) 仅对诉讼费用分担不服,不可上诉,只能申请复议。如果分担的诉讼费用不妥部分数额很大,非要上诉不可的话,必须先对判决主文的某一项或几项提起上诉,同时再对诉讼费用的分担提出上诉。

(3) 一审判决正确的,自然不要提起上诉。非要上诉的话,结果自然是驳回上诉,维持原判。

▶ 二、可以上诉的情形

赵军、周荆、唐延明等人撰写的《商事二审改判、改裁和发回重审案件情况分析》①一文通过实例分析了一审法院可能犯的错误,这对于判断可否提起上诉非常有帮助。该文认为改判案件的主要情况和问题有:

(一) 因认定事实不同而改判的情况

从证据的角度看,出现一、二审法院认定案件事实不同的原因主要是:

1. 一审不审争议事实、不采重要证据,对争议事实偏信一方陈述,认定案件事实

▶【例1】

原告是承揽方,为被告加工安装铸铁栏杆。原告诉称自己已按合同约定全面履行了加工安装义务,收取了部分加工费,要求被告给付尚欠的加工费。被告是定作方,辩称原告未履行合同,不同意支付加工费。本案争议事实是合同是否实际履行。原告为证明合同已经实际履行,提供了被告已支付部分加工费的付款凭证、载有内容为"被告对加工物验收合格后支付加工费"的书面合同、被告工作人员验收定作物的验收单。被告认可支付部分加工费的事实,但不认可验收单上的签字人是自己单位的工作人员,坚持合同未实际履行。一审没有对履约证据进行审查,就以原告无证据证明双方所签合同已实际履行为由,驳回了原告的诉讼请求。二审抓住被告辩称合同未履行与合同规定验收合格后付款和已实际支付部分加工费的矛盾,深入审查,被告不得不认可原告已将加工的铸铁栏杆安装至合同约定的地点,承认合同已实际履行并向原告支付部分加工费的事实。据此,二审纠正了一审错误的认定,改判被告支付尚欠的加工费。

---

① 赵军、周荆、唐延明:《商事二审改判、改裁和发回重审案件情况分析》,载《判解研究》2003年第4辑。

▶【例2】

　　发包方与承包方双方未签订书面承包合同。发包方村委会认为双方口头约定了某年度交纳承包金的数额,因承包方不按约交纳,起诉要求承包人支付该年度的承包金。承包人同意支付承包金,但认为村委会起诉要求承包金的数额与前几年所交费用相比过高,双方没有变更承包金交纳数额的约定,不同意按原告起诉金额交纳承包金,只同意按过去交纳的承包金数额交费。诉讼中,原被告双方对前几年交纳承包金的数额,一致认可。本案争议事实是承包金交纳数额是按原告陈述事实和起诉要求确定,还是按前几年交费情况确定。一审对承包人前几年所交承包费的事实不予理睬,也不审查村委会为什么要变更承包金数额,仅凭村委会单方陈述双方已口头变更承包金的交纳数额即支持了村委会的要求。二审认为,本案的举证责任在原告。村委会单方陈述的事实,在对方不认可且又没有其他证据证明的情况下,不能作为认定事实的依据。承包人提交的历年交费单据证明了承包人与村委会间就承包金金额曾经达成合意,在村委会无证据证明承包费已协商变更且无其他法定变更的情况下,应继续按照原合意金额交费。据此,二审改判,没有支持村委会的起诉要求。

2. 一审法院认定事实依据的证据不充分

▶【例】

　　原告以自己已按约向被告供应了地砖、被告收货未付款为由,起诉被告支付货款。被告否认原告实际供货,不同意支付货款;同时辩称由于被告未供货,其另行购买了地砖。诉讼中,原告提供不出被告的收货凭证,但陈述其所供应的地砖已铺装在被告出租的房屋内,并提供了租赁单位的证言,一审仅凭证言认定原告供应了地砖,履行了供货义务,判令被告给付相应的货款。二审审查发现,已铺装的地砖品种、数量多处与双方所签买卖合同内容不符,且租赁单位另与被告就租赁合同曾产生过诉讼,证言的真实性令人怀疑。这种证据状况尚不能证明原告已履行供货义务。在原告不能继续提供证据的情况下,二审改判驳回了原告的诉讼请求。

3. 一审举证责任分配有误

▶【例1】

　　某买卖合同纠纷案中,原被告之间没有书面合同。原告是供货方,收货人是个人。原告认为收货人是被告单位的工作人员,收货行为是被告单位授权收货的职务行为,故起诉要求被告支付货款。被告承认该个人是其单位的工作人员,但否认委托该工作人员代表单位订货,更谈不上代表单位收货,因此不同意向原告支付货款。一审法院要求被告对其工作人员是否属于职务行为承担举证责任,并以被告未举证认定其工作人员的行为系职务行为为由,判令被告承担付款责任。二审认为,按照最高人民法院《关于民事诉讼证据的若干规定》关于"对代理权发生争议的,由主张有代理权一方当事人承担举证责任"的规定,此案举证责任在原告。一审将举证责任分配给被告有误。在原告不能证明收货人收货行为是被告单位的职务行为的情况下,二审纠正了一审判决。

▶【例2】
　　一审在判处某买卖合同拖欠货款纠纷案时,被告辩称原告起诉要求支付货款已超过诉讼时效,原告则陈述在诉讼时效期内曾向被告催款主张过权利,一审没有让原告举证,反而责令被告对否认原告催款事实存在进行举证,并以被告辩解缺乏证据判决被告支付货款。二审认为,按照"谁主张,谁举证"的举证责任分配原则,原告应就主张催款事实存在、诉讼时效没有超过,债权应受法律保护承担举证责任。一审将应由原告承担的举证责任分配给抗辩否认催款事实存在的被告有误。在原告未能提供诉讼时效中断证据的情况下,二审改判驳回了原告的诉讼请求。

(二) 对当事人的行为定性错误
1. 将个人行为误认定为职务行为

▶【例】
　　在某买卖合同拖欠货款纠纷案中,原告诉称,被告的工地负责人孟某以被告单位的名义口头向原告联系订购建材,原告依约履行供货义务后,孟某曾用被告的支票向其支付了部分款项,尚欠部分货款未付,原告起诉要求被告和孟某共同给付尚欠货款。被告辩称,其与孟某签有承包方式为包工包料的工程承包合同,并依据该合同约定与孟某结算工程费,被告从未授权孟某购货,孟某对外购货行为应是个人行为,与其无涉。孟某向原告付款所用的支票,是被告支付给孟某的工程材料款,孟某用该支票购料的行为并非被告授权,而是孟某依承包合同自行购料的个人行为,不同意付款。孟某未答辩。
　　一审认为被告与孟某所签工程承包合同无效,孟某以被告名义对外购货,原告已将货物运至被告工地,且被告已支付了部分款项,孟某的行为是代表被告的职务行为,判令被告承担付款责任。二审认为,孟某个人没有资格承包工程的违法性问题应另行处理,不应据此在本案中认定承包行为无效,并作为认定孟某的行为是职务行为的理由。本案应从法律关系上进行分析,被告与孟某之间有承包合同关系,孟某与原告之间有买卖合同关系。在买卖合同关系中,孟某以被告单位的名义订货,未得到被告单位授权,不能认定孟某的行为是代表被告单位的职务行为。在承包合同关系中,由孟某包工包料,最后与被告结算工程款,孟某的承包行为是个人行为,承包期间对外购料也是个人购料,不能认定是代表被告购料,二审据此改判孟某承担付款责任。

2. 将职务行为误认定为个人行为

▶【例】

如某买卖合同纠纷案中,原告起诉被告要求支付货款,被告辩称已将货款给付原告工作人员李某,不同意再支付货款。双方均认可李某收取货款的事实,但对李某收款是代表单位的职务行为还是与单位无关的个人行为,双方意见不一。一审认定李某不是代表单位收款,而是个人收款行为,被告向李某个人的付款与本案无关,因被告不能证明已向原告支付货款,判令被告承担付款责任。二审根据一审卷宗证据认定,李某是原告的工作人员,又是代表原告与被告签订买卖合同的签字代表,李某收取货款时亦向被告出具了原告单位的发票,这些事实足以认定李某的收款行为是代表原告的职务行为。从被告提交的发票和付款凭证来看,双方货款已清,债权债务关系消灭,故二审改判,驳回了原告的诉讼请求。

3. 随意认定表见代理行为

▶【例】

如某买卖合同纠纷案中,被告单位的部门经理陈某得到被告授权,代表被告与原告签订了购货合同。签约之后,陈某即调离了被告单位,被告也将陈某调离的情况及时告之了原告,但原告仍将货物交付给陈某。后原告又以被告单位尚欠货款为由起诉,要求被告付款。被告辩称未收到供货,不同意付款。一审认为陈某收货的行为应为表见代理,判决被告承担付款责任。二审认为,原告在明知陈某已调离被告单位情况下,仍将货物交与陈某,主观上有过错,根本不符合表见代理的构成要件,一审认定表见代理有误,故改判驳回了原告的诉讼请求。

(三) 适用法律有误
1. 将无效合同认定为有效合同

▶【例1】

如某代理合同纠纷案中,某医药公司与某中心签订代理合同,合同约定:中心代理销售医药公司生产的某种药品,定期向医药公司支付货款。后因货款结算双方发生纠纷。一审认定,双方所签代理合同有效,按有效法律关系判处。二审认定,中心未领取药品经营许可证,双方约定销售的药品没有取得药品批准文号,违反了《药品管理法》关于"无药品经营许可证不得经营药品"和"药品生产企业在取得药品批准文号后,方可生产该药品"的强制性规定,确认该合同无效并改判。

► 【例2】

如某合作经营合同纠纷案中,某杂志社与某公司签订合作经营合同,合同约定:杂志社所属某刊物由双方合作经营,其中刊物的编辑、发行、经营工作由公司具体负责,公司定期向杂志社交纳管理费用。一审时,原被告均认为合作经营合同有效,相互指责对方违约,要求追究对方的违约责任。一审也按合同有效进行了处理。二审则认定,合同内容违反了国务院《出版管理条例》和国家新闻出版总署《关于严格禁止买卖书号、刊号、版面等问题的若干规定》中关于"出版单位禁止出售或者以其他形式转让或者出租本出版单位的名称、刊号"和"严禁出版单位买卖刊号,凡以管理费等费用名义收取费用,放弃编辑发行中任何一个环节的职责,均按买卖刊号处理"的强行性规定,确认该合同无效并改判。

2. 将行使履行抗辩权认定为违约

► 【例】

如某定作合同纠纷案中,原告诉称,被告未按约足数交付定作物违约,要求退还剩余的预付款。被告辩称,原告未按约付款违约,不同意退款。本案争议焦点是判断何方违约。基本案情是,双方所签定作合同约定:被告为原告加工制作羽绒服,由原告先支付总价40%的预付款,在被告交首批定作物时,再支付该批定作物的价款,全部定作物交齐后付清余款。合同还约定了具体的交货期限。合同签订后,原告按约支付了预付款。被告未按约定时间交付首批定作物,仅在合同约定的最后交货期限内交付了部分定作物,定作物的价款尚不足以抵销原告已交预付款。一审认为原告实际接收了部分定作物,但未按约付款,构成违约,驳回了原告的诉讼请求。二审认为,被告未能按期交付首批定作物违约在先,在合同约定的最后交货期限内虽然交付了部分定作物,但相应价款尚不足预付款。在这种情况下,原告作为后履行合同义务的一方,出于对自身利益的保护,未再支付价款的行为,不构成违约。故二审改判支持了原告的诉讼请求。

3. 单方依法解除合同的事实不认定,再行判决解除合同

我国《合同法》第96条第1款规定依法享有合同解除权的当事人主张解除合同的,应当通知对方。合同自通知到达对方时解除。依此规定,在案件审理中,遇有当事人一方诉讼前已依法单方行使合同解除权的情况时,法院应认定解除通知的效力和解除合同的事实,不能再行判决解除合同。否则就会出现既对合同解除的事实未认定,又出现法律适用的错误的情况。如某承揽合同纠纷案中,原告起诉前因为被告违约,向被告送达了解除合同通知。依照我国《合同法》的上述规定,双方所签承揽合同自解除合同通知送达给被告时生效,即原告起诉前有自行解除合同的事实和合同已依法解除的后果。后原告以被告违约为由,起诉要求被告赔偿经济损失。一

审在审查认定解除合同的事实时,仍就是否同意解除合同征询双方当事人的意见。在双方表示同意解除合同情况下,一审认定双方协议解除合同符合法律规定,再行判决解除合同,并判被告赔偿原告经济损失。被告以确定赔偿数额有误提起上诉,同时提出一审再行解除合同适用法律有误,也超出了原告的诉讼请求范围。二审维持了一审赔偿数额的判项,但对解除合同一项依法撤销,亦属改判。

4. 约定解除合同的条件成就,不依法判令解除合同,仍判合同继续履行

我国《合同法》第93条第2款规定:双方当事人可以约定一方解除合同的条件,解除合同的条件成就时,解除权人可以解除合同。依此规定,在约定解除合同的条件成就时,法院应支持解除权人主张解除合同的请求。但一审有时不按上述规定处理案件。如在某承包合同纠纷案中,原告起诉认为被告不按期交纳承包费违约,要求被告给付拖欠的承包费,并要求解除合同。被告承认拖欠承包费的事实,但不同意解除合同。双方所签承包合同中约定:若被告不按期交纳承包费,原告有权解除合同。一审适用法定解除合同的情形认定被告拖欠承包费违约,但不构成根本违约,判令被告给付承包费,承包合同继续履行。原告上诉坚持要求法院依法判令解除合同。二审认为,本案属于约定解除合同的情况,不属于法定解除合同的情况。既然双方约定了解除合同的条件,被告不按期交纳承包费,解除合同条件成就,原告依法享有合同解除权,法院应予支持。另外,一审认定拖欠承包费不构成根本违约也有误。因交纳承包费是承包方的主要义务,也是发包方的核心权利,直接影响合同当事人订立承包合同的目的。被告不履行主要合同义务,侵害了原告的重大合同利益,显属根本违约。二审改判支持了原告解除合同的诉讼请求。

(四)其他违反法定程序的错误

如:(1)错判诉讼主体资格;(2)不符合反诉受理条件,却受理反诉与本诉合并审理;(3)对鉴定意见开庭时不质证,即作为定案依据;(4)法官主动适用诉讼时效;(5)剥夺当事人的辩论权,如脱离一审原告选择的法律关系进行判决;等等。

▶【案例】

上诉人山东正泰工业设备安装有限公司(以下简称正泰公司)因与被上诉人宁夏顺泰冶炼有限公司(以下简称顺泰公司)、南京国电环保科技有限公司(以下简称国电公司)、寿光宝隆石油器材有限公司(以下简称寿光公司)、聊城市鑫聚隆物资有限公司(以下简称鑫聚隆公司)票据追索权纠纷一案,不服南京市浦口区人民法院(2014)浦商初字第326号民事判决,提起上诉。

原审法院经审理查明:2013年7月12日,顺泰公司和寿光公司签订工业品买卖合同一份,顺泰公司按约将货物交寿光公司,寿光公司为支付货款,于2013年7月

23日将编号3020005321708739银行承兑票据1张（面额50万元，出票行为中信银行南京浦口支行，出票日是2013年6月24日，汇票到期日2013年12月24日，出票人为被告国电公司）。该汇票背面背书情况为：正泰公司背书给鑫聚隆公司，鑫聚隆公司背书给寿光公司，寿光公司背书给顺泰公司，顺泰公司于2013年8月1日又将涉案汇票背书给中卫供电公司用于支付电费。2013年12月23日，中卫供电公司持涉案承兑汇票要求付款人中信银行南京浦口支行支付承兑，但付款人以法院停止支付为由拒付。顺泰公司向中卫供电公司支付50万元后，中卫供电公司将涉案汇票退还顺泰公司。顺泰公司为本案诉讼开庭，支付交通费3628元、2天住宿费400元。因正泰公司向原审法院申请涉案3020005321708739票据挂失止付，该院于2013年8月27日向支付人中信银行浦口支行发出（2013）浦催字第0006号《停止支付通知书》。2013年11月16日，该院判决宣告涉案票号3020005321708739票据无效，正泰公司自本判决公告之日起有权向支付人请求支付。

原审法院认为：中卫供电公司将涉案汇票退还顺泰公司，顺泰公司即为涉案银行承兑汇票持有人，并有权行使追偿权。国电公司、寿光公司、鑫聚隆公司为合法取得、转让涉案票据，其行为无过错，不应承担责任。顺泰公司合法取得涉案银行承兑汇票后，正泰公司申请公示催告致涉案汇票宣告无效，侵犯顺泰公司的权利，给顺泰公司造成损失，其行为有过错，应承担过错责任，原审法院判决：(1)正泰公司于判决生效后五日内给付顺泰公司50万元，并按中国人民银行同期贷款基准利率支付自2013年12月25日起至欠款清偿之日止的利息。(2)正泰公司于判决生效后五日内给付顺泰公司交通费3628元、2天住宿费400元，合计4028元。(3)驳回顺泰公司的其他诉请。如果未按判决指定的期间履行给付金钱义务，应当依照《中华人民共和国民事诉讼法》第229条之规定，加倍支付迟延履行期间的债务利息。一审案件受理费9266元，保全费3020元，合计12286元，由正泰公司承担。

宣判后，上诉人正泰公司不服原审判决，提起上诉。理由有二：其一是案涉汇票已经人民法院作出除权判决，故顺泰公司不再享有票据追索权。案涉汇票的背书虽然在形式上是连续的，但因鑫聚隆公司自认其系由杨继瑞处购买的汇票，而该汇票未经杨继瑞背书，存在背书实质上的不连续。其二是一审原告以票据追索权起诉，一审法院却以上诉人存在过错为由，判决其承担责任，实际上是判决上诉人承担侵权责任，判非所请，剥夺了上诉人的辩论权。

本院认为，案涉汇票已被原审法院判决除权，票据自除权判决公告之日起即丧失效力，持票人基于已被除权的票据不再享有票据权利，其中也包括追索权。对于公示催告程序开始前已经受让票据的持票人，其权利救济途径有三：一是提起撤销之诉；二是基于不当得利提起返还票据利益之诉；三是对于申请人谎称票据被盗、遗失或恶意申请公示催告，导致人民法院作出除权判决的，持票人可以以票据侵权为由要求申请公示催告人承担损害赔偿责任，顺泰公司在二审诉讼中明确提起本案诉讼的请求权基础为票据侵权责任。但顺泰公司在一审中系依据票据追索权的请求权基础提起诉讼,原审法院亦据此进行了审理。在当事人未主动变更其请求权基础,原审法院亦未向当事人作出释明询问其是否变更的情况下,原审法院依据票据侵权责任的法律关系作出判决,判非所请,亦导致原审被告不能针对票据侵权责任充分行使答辩、辩论的权利。二审中,顺泰公司明确请求权基础为票据侵权责任纠纷实质是变更起诉所依据的请求权基础。据此,原审判决超出诉讼请求,属程序错误,依照《中华人民共和国民事诉讼法》第170条第1款第4项、第200条第11项的规定,裁定如下:

(1) 撤销南京市浦口区人民法院(2014)浦商初字第326号民事判决;
(2) 本案发回南京市浦口区人民法院重审。

江苏省南京市中级人民法院(2014)宁商终字第1533号民事裁定书

需要特别注意的是,如果一审法院确实认定事实或者适用法律上有瑕疵,或存在程序错误,但实体判决并没有错误的话,则需要慎重考虑有无提起上诉的必要。因为《民事诉讼法解释》第334条规定,原判决、裁定认定事实或者适用法律虽有瑕疵,但裁判结果正确的,第二审人民法院可以在判决、裁定中纠正瑕疵后,依照《民事诉讼法》第170条第1款第1项规定予以维持。此时,当事人花费了大量的人力物力并不能从实体结果上得到回报。

▶【案例】

上诉人张某甲、张某乙因与被上诉人张某丙、李某某遗赠纠纷一案,不服四川省会东县人民法院(2015)东民初字第425号民事判决上诉案。原审法院经审理查明:1993年3月1日(农历二月初九),张某戊立下遗嘱,将200多棵杉树送给被告张某丙。1993年8月18日(农历七月初一),张某戊去世。1994年11月22日,张某己、张某庚等人与张某甲为分割张某戊的遗产而发生纠纷,经原审法院调解,将250棵杉树确认给张某己、张某庚等三户人家,剩余杉树全部归张某甲、张某乙所有。原审法院在调解遗产纠纷时,并未将张某戊的遗赠书纳入调解范围。2015年3月3日,原告诉至法院,请求:(1) 确认遗嘱遗产遗赠书无效;(2) 判决被告张某丙返还所侵占的杉树;(3) 本案诉讼费由被告承担。

原审法院审理认为,张某戊所立遗赠书是在1993年3月1日,张某丙执有一份,李某某执有一份,原告张某甲于2014年12月份在家发现有该遗赠书,并在2015年3月3日诉至法院。法律对诉讼时效期期间的规定是从知道或应当知道权利被侵害时起计算。但是,从权利被侵害之日起超过20年的,人民法院不予保护,原告在20

年后才请求确认遗赠书无效,超过了法律规定的诉讼时效,故对原告的诉讼请求不予支持。依照《中华人民共和国民法通则》第137条之规定,判决:驳回原告张某甲、张某乙的诉讼请求。案件受理费100元,减半收取人民币50元,由原告承担。

宣判后,上诉人张某甲、张某乙不服,提起上诉,事实和理由如下:(1) 一审审理程序违法。第一,一审未就上诉人提出笔迹、手印鉴定进行审理,作出是否委托鉴定的决定,以便审理查明案件事实,违背客观、公正和以事实为依据的基本原则。第二,法官主动适用诉讼时效进行判决。第三,一审适用简易程序审理,其审理程序不合法。(2) 一审判决认定事实不清。第一,一审未审查明遗嘱遗产遗赠书的性质。第二,遗嘱遗产遗赠书的效力状态未审理认定清楚。(3) 一审判决举证责任分担错误。(4) 一审判决适用法律错误。

二审法院经审理后认为,本案一审审理中张某丙并未提出张某甲、张某乙的起诉超过诉讼时效的抗辩,原审法院主动审查诉讼时效期间违反法律规定,上诉人关于原审法院主动适用诉讼时效进行判决违背法律规定的上诉理由成立,本院予以采纳。其他上诉理由均不成立。

综上所述,一审判决认定事实清楚,审判程序合法,虽然适用法律不当,但处理结果并无不当,对判决结果本院予以维持。依照《中华人民共和国继承法》第16条、《中华人民共和国民事诉讼法》第170条第1款第1项的规定,判决如下:

驳回上诉,维持原判。

四川省凉山彝族自治州中级人民法院(2015)川凉中民终字第557号民事判决书

▶ 三、上诉状的撰写

我国《民事诉讼法》第165条规定,上诉应当递交上诉状。上诉状的内容,应当包括当事人的姓名、法人的名称及其法定代表人的姓名或者其他组织的名称及其主要负责人的姓名;原审人民法院名称、案件的编号和案由;上诉的请求和理由。《民事诉讼法解释》第320条规定,一审宣判时或者判决书、裁定书送达时,当事人口头表示上诉的,人民法院应告知其必须在法定上诉期间内递交上诉状。未在法定上诉期间内递交上诉状的,视为未提起上诉。也就是说,上诉必须提交书面的上诉状,不可口头上诉。

上诉状包括下列内容:

1. 上诉人与被上诉人的确定

(1) 在简单一对一的民事案件中,提起上诉的人即为上诉人,对方就是被上诉人,无需考虑对方是否上诉。同时在括号中注明自己在一审中的诉讼地位,如上诉人(一审被告)。《民事诉讼法解释》第317条规定,双方当事人和第三人都提起上诉的,均列为上诉人。人民法院可以依职权确定第二审程序中当事人的诉讼地位。该系指的是二审法院会在裁判文书中将双方均列为上诉人。

(2) 对于必要共同诉讼,根据《民事诉讼法解释》第319条的规定,上诉人与被上诉人按下列方式确定:① 该上诉是对与对方当事人之间权利义务分担有意见,不涉及其他共同诉讼人利益的,对方当事人为被上诉人,未上诉的同一方当事人依原审诉讼地位列明。② 该上诉仅对共同诉讼人之间权利义务分担有意见,不涉及对方当事人利益的,未上诉的同一方当事人为被上诉人,对方当事人依原审诉讼地位列明。③ 该上诉对双方当事人之间以及共同诉讼人之间权利义务承担有意见的,未提出上诉的其他当事人均为被上诉人。概括起来就是一句话:谁不服谁就是上诉人,对谁不服谁就是被上诉人,其他人按原审地位列明。如:上诉人甲(原审被告),被上诉人乙(原审被告),丙(原审原告)。同时写清楚上诉当事人的基本信息。

2. 原审人民法院名称、案件的编号和案由

通常就是一句话,如"上诉人因不服河北省三河市人民法院(2016)冀1082民初字第3598号民事判决书,特提起上诉"。

3. 上诉请求

上诉请求是上诉人请求二审法院对一审法院判决的全部或部分进行具体处理的要求。它限定了二审法院的审理范围。《民事诉讼法解释》第323条规定,第二审人民法院应当围绕当事人的上诉请求进行审理(第1款)。当事人没有提出请求的,不予审理,但一审判决违反法律禁止性规定,或者损害国家利益、社会公共利益、他人合法权益的除外(第2款)。也就是说,二审法院原则上仅对上诉人的上诉请求进行审理。只有在一审判决违反法律禁止性规定,或者损害国家利益、社会公共利益、他人合法权益时才不受上诉请求的限制。因此,上诉请求在二审中具有非常重要的地位。

在提出上诉请求时,首先要确定是对一审判决的全部判项不服还是部分判项不服。一审判决可能有多个判项,如离婚判决,可能包括:(1) 判决离婚;(2) 分割共有财产;(3) 孩子归原告抚养,被告每月支付×××元抚养费。如果被告认为不应判决离婚,就属于对一审判决全部不服。因为后两个判项是以离婚判项为前提。不同意第一个判项,自然也就不同意后两个判项。如果同意离婚,孩子归原告抚养,仅是对财产分割和孩子抚养费有意见,则属于对部分判项不服。其次是要明确提出对一审法院判决不服判项的处理方式。处理方式总的看来都是"改判"。但"改判"有广义与狭义之分。广义的"改判"是指请求二审法院对一审法院判决结果作出更改,如撤销一审判决后另行作出判决,或者仅对其中一项或几项予以变更。《民事诉讼法》第170条第1款第3项"原判决认定基本事实不清的,裁定撤销原判决,发回原审人民法院重审,或者查清事实后改判"规定中的"改判"即属于此。狭义的改判

是指请求二审法院撤销一审判决的判项并作出完全不同的判决。《民事诉讼法》第170条第1款第2项"原判决、裁定认定事实错误或者适用法律错误的,以判决、裁定方式依法改判、撤销或者变更"规定中的"改判"即属于此。如一审法院驳回了原告的全部诉讼请求,原告提起上诉,请求二审法院改判全部予以支持。狭义的撤销是指上诉人请求二审法院对一审法院判决多余或已作出的判项予以废除。不过,仅仅撤销一审判决尚不足以解决当事人之间的纠纷,因此撤销之后还需要进行后续处理,结合各种具体的后续处理要求,具体情形包括:撤销一审判决,发回重审;撤销一审判决,驳回起诉;撤销一审判决,驳回原告的诉讼请求;撤销一审判决,要求改判为……狭义的变更是指上诉人请求二审法院对一审法院的判决在维持的前提下对其内容或表述予以更改。如"请求二审法院将由被告每月支付抚养费800元变更为2000元"。

在上诉请求上,处理方式看似不多,但上诉人具体应选择哪种方式,取决于上诉人在一审中的地位、对其不利的判决结果和希望达到的目的。比如,一审原告的诉讼请求被全部驳回,原告不服提起上诉认为自己的诉讼请求应得到全部支持,上诉请求自然应当是要求撤销一审判决,改判全部支持;一审原告的诉讼请求在数量得到了部分支持,如要求被告归还利息共计50万,一审法院仅支持了20万,不服提起上诉,要求全部支持,上诉请求自然就是变更一审判决为被上诉人支付全部利息50万。如果被告在一审中败诉,法院支持了原告的全部诉讼请求,但被告认为本案不属于法院主管范围,上诉请求则应是撤销一审判决,驳回一审原告的起诉;如果完全不应支持原告的诉讼请求,上诉请求则应是撤销一审判决,判决驳回被上诉人的诉讼请求;如果是不应全面支持原告的诉讼请求,如赔偿金额不应是100万,而应是40万,上诉请求就是将一审判决中100万的赔偿变更为40万。

4. 上诉理由

上诉理由是指对一审判决存在的主要错误及其"错因"进行的分析论证。寻找上诉理由时,一定要认真分析一审判决书;如果是二审才开始代理的,还需要认真阅读一审卷宗。当然,如果时间紧张来不及阅卷,也可以先以一个大概的理由提起上诉再说,以免错过上诉期限。因为我国采用权利上诉制,上诉理由成立与否不影响上诉。事后再认真阅读一审卷宗,精准找到一审判决存在的错误,在二审开庭审理时予以阐述。

具体的上诉理由,因案而异,但一般不外乎四种情况:(1)一审裁判事实认定不清或错误。如一审法院采纳的证据有虚假、相互矛盾或证据的证明力不足以认定事实,有新的证据证明一审认定的事实错误等;《民事证据规定》第42条规定,新证据应当在二审开庭前或者开庭审理时提出;二审不需要开庭审理的,应当在人民法院指定的期限内提出。考虑到对判决的上诉理由既然是基于新证据,二审法院一定会开庭。因此,新证据可以在上诉时提交,也可以在开庭审理时提交。(2)一审裁判适用法律不当。如误用法律或曲解法律、举证责任分配不当等。(3)一审裁判违反法定诉讼程序。如未按规定交给被告送达起诉状副本、独任法官行使合议庭职权等。(4) 其他错误。如采用的计算方法有误或计算有误,判决书自相矛盾等。

在撰写上诉理由时,一般先指出一审判决存在何种错误而后分析其错误的形成原因。对一审判决错误的概括应当精准、鲜明。如果认为一审法院有两个以上的错误,应当用数字分别标出并阐述。当然,如果多个上诉理由均成立,二审法院不见得全部采纳,有可能仅是根据其中的一个上诉理由就作出裁判。

▶ **四、上诉状的格式**

以笔者代理的一起上诉案为例。该案属于票据追索权纠纷。原告宁夏顺泰冶炼有限公司(下称顺泰公司)于 2013 年 7 月 12 日与被告寿光宝隆石油器材有限公司(下称寿光公司)进行买卖业务,原告按约将货物交被告寿光公司,被告寿光公司于 2013 年 7 月 23 日将编号 3020005321708739 银行承兑票据 1 张,面额 50 万元作为货款背书给原告。该汇票承兑银行为中信银行南京浦口支行,出票日是 2013 年 6 月 24 日,汇票到期日 2013 年 12 月 24 日,出票人为被告南京国电环保科技有限公司(下称国电公司),背书人被告山东正泰工业设备安装有限公司(下称正泰公司)背书给被告聊城市鑫聚隆物资有限公司(下称鑫聚隆公司),鑫聚隆公司又背书给被告寿光公司,寿光公司又背书给原告,原告于 2013 年 8 月 1 日又将涉案汇票背书给国网宁夏电力公司中卫供电公司(下称中卫供电公司)用于支付电费。由于被告正泰公司申请公示催告,法院作出了除权判决。2013 年 12 月 23 日,中卫供电公司持涉案承兑汇票要求付款人中信银行南京浦口支行支付承兑,但付款人以法院停止支付为由拒付。中卫供电公司于是将票据退回给了原告,原告另行支付了 50 万给中卫供电公司。后原告提起诉讼向出票人和所有前手进行追索。后一审法院判决公示催告的申请人正泰公司给付原告顺泰公司人民币 50 万元,并按中国人民银行同期贷款基准利率支付自 2013 年 12 月 25 日起至欠款清偿之日止的利息。

南京市浦口区人民法院(2014)浦商初字第 326 号民事判决书

笔者接受正泰公司的委托,作为其二审代理人提起上诉,撰写了如下上诉状。

民事上诉状

上诉人(原审被告):山东正泰工业设备安装有限公司(下称正泰公司),住所地:山东省聊城市聊禹路南首。

法定代表人任宇,总经理。

委托代理人:王学棉,北京圣运律师事务所律师。

被上诉人(原审原告):宁夏顺泰冶炼有限公司(下称顺泰公司),住所地:宁夏回族自治区中卫市美利工业园区。

法定代表人王建,董事长。

原审被告:南京国电环保科技有限公司(下称国电公司),住所地:江苏省南京市高新技术开发区永锦路8号。

法定代表人刘建民,总经理。

原审被告:聊城市鑫聚隆物资有限公司(下称鑫聚隆公司),住所地:山东聊城市建设东路路南。

法定代表人刘广奇,总经理。

原审被告:寿光宝隆石油器材有限公司(下称寿光公司),住所地:山东省寿光市新泽路东。

法定代表人国焕然,总经理。

上诉人因票据追索权一案,不服南京市浦口区人民法院(2014)浦商初字第326号民事判决书,特提起上诉。

上诉请求:

请求撤销南京市浦口区人民法院(2014)浦商初字第326号民事判决书的第一项和第二项。

上诉理由:

第一,一审法院的认证意见与判决主文相互矛盾。一审法院在认证意见中明确指出原告为本案开庭,支付差旅费为交通费3628元、2天住宿费应以公务标准每日200元计算。代理费、立案差旅费不是必须发生的费用,故本院对原告的此项请求不予以支持。但在判决主文第二项却判决被告正泰公司于本判决生效后5日内给付原告顺泰公司交通费3628元、2天住宿费400元,合计人民币4028元。

第二,一审法院认定的事实与法律适用相互矛盾。一审法院在查明部分认为上诉人正泰公司申请公示催告致涉案汇票宣告无效,即一审法院已认可汇票已经无效。汇票既然无效,被上诉人顺泰公司就不享有票据追索权,也不能行使追索权。但判决的依据却是《中华人民共和国票据法》第61条、第68条和第70条。也就是说,一审法院又认为汇票有效,被上诉人顺泰公司享有票据追索权。

第三,一审法院认定原告享有票据追索权完全错误。一审法院认定票据有效,将会带来以下严重后果:一是会导致本案判决与该院作出的(2013)浦催字第0006号民事判决相互矛盾。后者已经将争议票据上包括追索权在内的所有票据权利全部除去。在除权判决没有被撤销之前,其法律效力是不容否认的。本案判决确认为争议票据的追索权仍在。从时间上看,第0006号民事判决在先,本案判决在后,后诉判决需要尊重前诉判决结论系诉讼法基本原理。二是违反票据追索权基本法理。本案中的被上诉人顺泰公司以票据追索权为由提起诉讼,因此一审法院应当查明顺泰公司是否享有票据追索权。票据追索权分为最初追索权和再追索权。最初追索权只能由最后的持票人享有。履行了义务的票据债务人享有再追索权。本案中的最后持票人中卫供电公司，其在提示承兑的汇票因除权被拒付后，是否享有最初追索权是被上诉人顺泰公司是否享有再追索权的前提。《中华人民共和国票据法》第61条规定的追索权是以票据没有被除权为前提。涉案票据的除权判决已经生效，包括追索权在内的所有票据权利均被除去。最后持票人中卫供电公司也就不享有最初追索权。既然最后持票人中卫供电公司不享有最初追索权，被上诉人顺泰公司作为中卫供电公司的票据债务人，自然也不能享有再追索权。本案中，最后持票人中卫供电公司在票据未获承兑之后，将票据退回给了被上诉人顺泰公司。一审法院误以为中卫供电公司在行使追索权，实属理解错误。三是该认定与最高人民法院《关于审理票据纠纷案件若干问题的规定》第16条的规定也不符。该条规定，票据债务人依照票据法第9条、第17条、第18条、第22条和第31条的规定，"对持票人提出下列抗辩的，人民法院应予支持：（3）人民法院作出的除权判决已经发生法律效力的。"正泰公司已经提出涉案票据背书不连续且被除权，但一审法院却置前述司法解释于不顾，显系错误。

第四，一审法院判决违反背书连续的证据效力原理和自认法则。《中华人民共和国票据法》第31条第1款规定，以背书转让的汇票，背书应当连续。持票人以背书的连续，证明其汇票权利；非经背书转让，而以其他合法方式取得汇票的，依法举证，证明其汇票权利。持票人可以通过背书连续来证明自己是正当权利人，但该背书连续可以被推翻。本案中，鑫聚隆公司在答辩中明确自认其是以482 500元从已死亡的案外人杨继瑞处购买了本案票据，由此可见，票据背书在上诉人正泰公司与杨继瑞之间并不连续。在没有任何证据证明杨继瑞是从上诉人正泰公司手中合法获得票据的情况下，一审法院在审理查明中仅仅根据背书连续认定是正泰公司背书给了鑫聚隆公司。这一认定显然置自认法则于不顾。最高人民法院《关于民事诉讼证据的若干规定》第74条规定，诉讼过程中，当事人在起诉状、答辩状、陈述及其委托代理人的代理词中承认的对己方不利的事实和认可的证据，人民法院应当予以确认，但当事人反悔并有相反证据足以推翻的除外。

第五，脱离当事人选择的法律关系进行判决，剥夺上诉人的辩论权。被上诉人以票据追索权纠纷起诉，上诉人也是围绕票据追索权进行答辩，举证质证。一审法院在判决理由中却认为原告合法取得涉案银行承兑汇票后，被告正泰公司申请公示催告致涉案汇票宣告无效，侵犯原告的权利，给原告造成损失，其行为有过错，应承担过错责任，应向原告支付50万元并按中国人民银行同期贷款基准利率支付自2013年12月25日起至欠款清偿之日止的利息，并赔偿原告开庭诉讼支付必需的交通费、住宿费，也就是说一审法院认为本案系侵权纠纷，但一审法院从来没有告诉上诉人要围绕侵权关系进行举证、质证和辩论，显然剥夺了当事人对侵权关系的辩论权。

综上所述,请求贵院依法撤销一审判决,判决驳回被上诉人的诉讼请求。

此致

南京市中级人民法院

上诉人:山东正泰工业设备安装有限公司

2014 年 11 月 3 日

第二节　对裁定的上诉

根据我国《民事诉讼法》第154条的规定,可以提起上诉的裁定有三:不予受理的裁定;对管辖权有异议的裁定;驳回起诉的裁定。由于对裁定的上诉仅涉及程序问题,且不收案件受理费,没有得到支持的话,通常不会影响实体权利,并且有不少当事人就裁定提起上诉仅仅是为了拖延时间,因此对裁定提起上诉不需要进行严谨的胜诉概率分析。

由于《民事司法解释》第333条规定,第二审人民法院对不服不予受理、管辖权异议和驳回起诉裁定的上诉案件,依照《民事诉讼法》第169条规定可以不开庭审理。由于可以不开庭审理,上诉人有可能没有当面向二审法官陈述理由的机会,因此务必在上诉状中将所有理由都陈述清楚。

由于三种裁定的作用不同,因此,上诉请求也不一样。但就同一种裁定而言,无论案情、涉及的实体法律是什么,上诉请求则都一样。具体而言,就不予受理的裁定而言,上诉请求有两个:一是撤销一审裁定(注明裁定书文号),二是指令一审法院予以受理。就驳回起诉的裁定而言,上诉请求包括两个:一是撤销一审裁定(注明裁定书文号),二是指令一审法院进行审理。就驳回管辖权异议的裁定而言,上诉请求也是两个:一是撤销一审裁定(注明裁定书文号);二是要求该案移送至特定的人民法院(如湖南省湘潭市雨湖区人民法院)管辖。在实践中,有很多人在对裁定提起上诉时,喜欢在上诉请求中写上本案诉讼费用由被上诉人承担。实际上,这毫无必要。原因在于《诉讼费用交纳办法》第8条规定,对不予受理、驳回起诉和管辖权异议裁定不服,提起上诉的案件,不交纳案件受理费。既然不需要交纳案件受理费,何来由被上诉人承担诉讼费用一说呢?

关于对不服裁定提起上诉之上诉状格式,现附一笔者自己撰写的上诉状,供参考。

民事上诉状

上诉人:北京泰宁科创雨水利用技术股份有限公司,住所地:北京市昌平区科技园区凉水河路×号楼××室。统一社会信用代码:91110114749396027W。

法定代表人:潘晓军,董事长。

委托代理人:周×,北京××律师事务所律师,联系电话:1501008××××、010-6974×××。

被上诉人:昆明达能建筑劳务有限公司,住所地:昆明市东骏苑小区二期×幢×单元×号。统一社会信用代码:915301115579827372Q。

法定代表人:吴发松,总经理,联系电话:13708862×××

上诉人因不服云南省昆明市五华区人民法院(2017)云0102民初10067号《民事裁定书》,特此向贵院提起上诉。

上诉请求:

请求撤销一审裁定,将本案移送至北京市昌平区人民法院管辖。

事实与理由:

昆明达能建筑劳务有限公司诉北京泰宁科创雨水利用技术股份有限公司合同纠纷一案,已由云南省昆明市五华区人民法院立案受理。经上诉人查实,上诉人在"大理卷烟厂就地技术改造项目制丝联合工房虹吸排水系统制安"项目实施过程中从未授权过任何单位和个人成立项目部,亦未授权过任何单位和个人刻制项目部章与第三方签订协议。被上诉人起诉所依据的《大理卷烟厂就地技术改造项目制丝联合工房虹吸排水系统制安项目供货及劳务协议》(以下简称"该协议")系他人私自刻制上诉人项目部章,并冒用上诉人项目部名义与被上诉人签订。

基于上述原因,上诉人与被上诉人不存在合同关系。该协议并非由上诉人签订。该协议第8条约定的管辖权条款对上诉人不具有法律约束力。被上诉人也无权依据该协议约定的管辖权条款向昆明市五华区人民法院提起诉讼。

《中华人民共和国民事诉讼法》第21条第2款规定,"对法人或者其他组织提起的民事诉讼,由被告住所地人民法院管辖。"上诉人住所地位于北京市昌平区科技园区凉水河路×号楼××室。本案依法应由上诉人住所地人民法院即北京市昌平区人民法院管辖。

综上所述,上诉人特此提出管辖权异议申请,请求将本案移送至北京市昌平区人民法院管辖,但却被一审法院裁定驳回。上诉人不服一审裁定,特此提起上诉。

此致
云南省昆明市中级人民法院

上诉人:北京泰宁科创雨水利用技术股份有限公司
(盖章)

法定代表人(签名或人名章):

年　月　日

第三节　上诉中的其他问题

▶ 一、上诉状的提交

虽然我国《民事诉讼法》第166条规定上诉可以向原审法院提起,也可以向二审法院提起。但由于二审法院没有卷宗,无法审查上诉是否符合条件,因此实务中有的二审法院不接受当事人的上诉,要求当事人必须向原审法院提起。原审法院应当交给谁呢?起诉时当事人是将起诉书提交给原审法院的立案窗口。上诉时还是将上诉书提交给原审法院的立案窗口吗?不是。而是直接交给或邮寄给原审的审理法官。这是因为起诉与上诉的条件不一样,审查的内容也不一样。起诉只作形式审查,上诉却不是,须作实质审查。由于卷宗在原审法官手里,只有他/她才有条件审查上诉人的上诉是否符合条件。经常有当事人担心把上诉状交给原审法官,他/她又不给我收到上诉状的收据,若不交给二审法院怎么办?这个担心没有必要,上诉是要交上诉费的,原审法官必须给上诉人开具交纳上诉费的凭证,上诉人只要持有已交纳上诉费的凭证,就表明原审法官已经收到了你的上诉状。如果采取邮寄方式上诉的话,上诉人可以通过汇款方式直接向二审法院交纳上诉费,然后将汇款凭证及上诉状等材料一并寄给原审法官。日后你的上诉状真的不见了,凭交纳上诉费的凭证就可追查。

▶ 二、上诉费的交纳

根据《诉讼费用交纳办法》第8条的规定,对于裁定提起上诉无需交纳案件受理费。根据第17条的规定,对财产案件提起上诉的,按照不服一审判决部分的上诉请求数额交纳案件受理费。其他上诉案件按件征收。如果离一审法院比较近,可以与一审法官联系好之后,直接将上诉材料交给一审法官,持一审法官给的交费通知到银行交费,然后将收费收据(有的法院可能需要换票)交给一审法官。如果离一审法院比较远,可以在与一审法官沟通后,直接向一审判决书中注明的二审法院账户进行汇款。然后将汇款凭证和上诉材料一并寄给一审法官。这样既能完成上诉又能节省时间和差旅费。

▶ 三、二审答辩

在一审中,有很多被告往往不答辩,等到开庭时才答辩。原因在于:(1) 一审一定会开庭,有机会阐述自己的观点和理由;(2) 不答辩也没有什么不利后果;(3) 有时很能突然袭击一下原告。对于二审的上诉,被上诉人最好答辩,原因在于二审有时不开庭。《民事诉讼法解释》第333条规定,第二审人民法院对下列上诉案件,依照《民事诉讼法》第169条规定可以不开庭审理:(1) 不服不予受理、管辖权异议和驳回起诉裁定的;(2) 当事人提出的上诉请求明显不能成立的;(3) 原判决、裁定认定事实清楚,但适用法律错误的;(4) 原判决严重违反法定程序,需要发回重审的。一旦法院不开庭的话,被上诉人就将没有机会阐述自己的观点和理由。

答辩当然是针对上诉状的观点和理由展开。上诉人是不服一审裁判,被上诉人没有提起上诉的话,通常意味着认可一审裁判。此时可以直接肯定一审裁判的结论和理由即可,也可以阐述其他支持一审裁判结论的理由。实践中也不排除被上诉人也不服一审裁判,只是没上诉罢了。此时在答辩中可以一方面对上诉人的上诉理由作出回应,另一方面也可以一并阐述自己对一审裁判的观点。

写好答辩状并签名后,应立即联系一审法官,将答辩状直接交给或者邮寄给一审法官。如果一审卷宗已经移送二审法院,则只能与二审法院的诉讼中心联系,看案件分配给了哪个法官,将答辩状直接交给或者邮寄给二审法官。

▶ 四、二审审理

对于一审判决不服提起上诉后,二审法院通常会开庭审理。《民事诉讼法解释》第 323 条规定,第二审人民法院应当围绕当事人的上诉请求进行审理。当事人没有提出请求的,不予审理,但一审判决违反法律禁止性规定,或者损害国家利益、社会公共利益、他人合法权益的除外。因此,二审的审理对象原则上仅限于上诉人的诉讼请求。对于上诉人没有意见的一审判项,二审法院不予审理。由于有的二审法官在开庭之前并没有阅读一审卷宗和判决书,在审理时会对照一审判决书,要求上诉人逐一说明对一审判决书的内容哪些有意见,哪些没有意见。即使二审法官阅读过一审卷宗和判决书,当一审的判决书内容较多时,也会要求上诉人详细说明对判决书的哪些内容不服。因此,上诉人应当详细标出对一审判决书不服的内容及页码,这样在庭审时可以快速找到对一审判决书不服的内容及所在位置,以提高诉讼效率。

对于有新证据提供的,其举证、质证的过程、方法与一审基本相同。

在辩论时,对于已在上诉状和答辩状中阐述清楚的观点和理由无需再重述,重点阐述新的理由。有的二审法官可能由于安排有多个庭,时间不够,不会让当事人和律师充分展开辩论,而是让其提交书面辩论意见。

▶ 五、二审调解

二审中的调解在技巧上与一审一样。只不过,二审中的调解在情形上比一审要多一些。对此,《民事诉讼法解释》第 326—329 条作了明确规定。分别是:(1) 对当事人在第一审程序中已经提出的诉讼请求,原审人民法院未作审理、判决的,第二审人民法院可以根据当事人自愿的原则进行调解;调解不成的,发回重审。(2) 必须参加诉讼的当事人或者有独立请求权的第三人,在第一审程序中未参加诉讼,第二审人民法院可以根据当事人自愿的原则予以调解;调解不成的,发回重审。(3) 在第二审程序中,原审原告增加独立的诉讼请求或者原审被告提出反诉的,第二审人民民法院可以根据当事人自愿的原则就新增加的诉讼请求或者反诉进行调解；调解不成的，告知当事人另行起诉。双方当事人同意由第二审人民法院一并审理的，第二审人民法院可以一并裁判。(4) 一审判决不准离婚的案件，上诉后，第二审人民法院认为应当判决离婚的，可以根据当事人自愿的原则，与子女抚养、财产问题一并调解；调解不成的，发回重审。双方当事人同意由第二审人民法院一并审理的，第二审人民法院可以一并裁判。

▶ 六、二审和解

《民事诉讼法解释》第339条规定，当事人在第二审程序中达成和解协议的，人民法院可以根据当事人的请求，对双方达成的和解协议进行审查并制作调解书送达当事人；因和解而申请撤诉，经审查符合撤诉条件的，人民法院应予准许。该条给予了当事人两种选择：申请法院制作调解书和申请撤诉。那在实践中具体应当选择哪种方式呢？如果和解后当场就履行了的，意味着纠纷得到了彻底解决，就可以选择申请撤诉。如果不能当场履行，最好申请法院制作调解书。债务人日后如果不履行，就可以申请法院强制执行。这样可以有效防止债务人利用和解拖延时间，浪费债权人已经投入的诉讼成本。

第十五章　再审实务技巧

第一节 申 请 再 审

我国《民事诉讼法》将再审程序划分为三个阶段:启动、审查和审理阶段。其中启动有三种方式:当事人申请再审、申请检察院抗诉和法院启动再审。其中启动阶段最为重要。只有这一阶段的工作做扎实了,才能确保再审申请通过审查,才会有第三阶段的实体审理。审查阶段由法院负责。再审启动后的审理,或适用一审普通程序或适用二审程序。鉴于本书前面已经对一审普通程序和二审程序的实务作了详细介绍,本部分不再赘述。因此,本章重点阐述如何向人民法院申请再审和如何向人民检察院申请抗诉。

申请再审时需要注意下列事项:

一、准确把握申请再审人的适格主体范围

只有适格的申请再审人才能申请再审。适格的申请再审人包括三类:

第一,申请再审的人原则上只能是生效裁判文书列明的当事人,此乃当事人恒定主义的体现。生效裁判文书列明的当事人,包括原告、被告、被判决承担实体义务的第三人,且该当事人必须是败诉或者部分败诉当事人。

第二,在特殊情形下,案外人也能申请再审。(1)《民事诉讼法》第200条第8项和《民事诉讼法解释》第422条规定,必须共同进行诉讼的当事人因不能归责于本人或者其诉讼代理人的事由未参加诉讼的,可以申请再审。必须共同进行诉讼的当事人(实际上就是案外人)如果提起执行异议被裁定驳回之后,想申请再审,就只能以《民事诉讼法解释》第423条为根据。

(2)《民事诉讼法》第227条和《民事诉讼法解释》第423条规定,案外人对驳回其执行异议的裁定不服,认为原判决、裁定错误的,也可以申请再审。案外人异议,是指在执行过程中,案外人对执行标的向人民法院提出不同意见,并主张全部或部分的权利,人民法院根据不同的情况作出不同处理结果的一种法律制度。但由于《民事诉讼法》第56条第3款又规定,前两款规定的第三人,因不能归责于本人的事由未参加诉讼,但有证据证明发生法律效力的判决、裁定、调解书的部分或者全部内容错误,损害其民事权益的,可以自知道或者应当知道其民事权益受到损害之日起6个月内,向作出该判决、裁定、调解书的人民法院提起诉讼。人民法院经审理,认为诉讼请求成立的,应当改变或者撤销原判决、裁定、调解书;诉讼请求不成立的,驳回诉讼请求。由于案外人申请再审需以申请执行异议为前提,因此对于不需要执行和尚未进入执行的裁判文书,案外人就只能提起第三人撤销之诉,这两种救济方式不重合。如果进入了执行程序,案外人提起执行异议被裁定驳回,且认为原判决、裁定错误的,就有两种选择:申请再审或者提起第三人撤销之诉。此时,应当认真分析两条路径提起的条件和利弊,然后从中择一,不可二者都选择。为此《民事诉讼法解

释》第303条明确规定,第三人提起撤销之诉后,未中止生效判决、裁定、调解书执行的,执行法院对第三人依照《民事诉讼法》第227条规定提出的执行异议,应予审查。第三人不服驳回执行异议裁定,申请对原判决、裁定、调解书再审的,人民法院不予受理(第1款)。案外人对人民法院驳回其执行异议裁定不服,认为原判决、裁定、调解书内容错误损害其合法权益的,应当根据《民事诉讼法》第227条规定申请再审,提起第三人撤销之诉的,人民法院不予受理(第2款)。

第三,上述当事人或者案外人死亡或者终止的,其权利义务继受人有权申请再审。需要特别注意的是,判决、调解书生效后,当事人将判决、调解书确认的债权转让,债权受让人对该判决、调解书不服,无权申请再审。因为债权受让人受让的是已为生效判决、调解书确定的债权,不是原当事人争议的债权,其也不受判决、调解书既判力的约束,因而无权申请再审。

如果双方当事人都认为生效裁判存在错误,双方均可以提出再审申请。

▶二、准确把握再审裁判文书范围

虽然《民事诉讼法》第199条规定,当事人对已经发生法律效力的判决、裁定,认为有错误的,可以向上一级人民法院申请再审。第201条规定,当事人对已经发生法律效力的调解书,提出证据证明调解违反自愿原则或者调解协议的内容违反法律的,可以申请再审。但这属于一般规定,尚有很多不得申请再审的例外,散见于《民事诉讼法》和各种司法解释中,对于这些例外规定一定要清楚。主要包括:

(1)根据《民事诉讼法》第202条的规定,人民法院就解除婚姻关系作出的判决或调解书,当事人不得申请再审,但就裁判涉及的财产分割问题可以申请再审。离婚判决生效后,当事人很有可能另行结婚。即使当初的离婚判决是错误的,过后也无法通过再审来恢复当初的婚姻关系;如果当事人均没有再婚,再婚后再离婚或者配偶死亡,通过重新结婚就可以轻易地、低成本地解决曾经错误的离婚判决,无须再审。

(2)根据《民事诉讼法解释》第380条的规定,人民法院依照特别程序、督促程序、公示催告程序和破产还债程序审理作出的裁判文书,当事人不得申请再审。

(3)根据《民事诉讼法解释》第383条的规定,当事人的再审申请被驳回后不得再次提出申请;对再审判决、裁定不得再次提出申请;在人民检察院对当事人的申请作出不予提出再审检察建议或者不予抗诉决定后不得再次提出申请。

(4)根据《民事诉讼法解释》第381条的规定,当事人对不予受理、驳回起诉之外的其他裁定不得申请再审。如执行程序中的裁判,对此不可以再审,只能通过申诉、向有关机关提出执行监督申请等方式来救济。

(5)当事人对人民法院撤销仲裁裁决和裁定不予执行仲裁裁决的裁定不得申

请再审。①

三、需向原审法院或上一级法院申请再审

《民事诉讼法》第199条规定,当事人对已经发生法律效力的判决、裁定,认为有错误的,可以向上一级人民法院申请再审;当事人一方人数众多或者当事人双方为公民的案件,也可以向原审人民法院申请再审。《民事诉讼法解释》第376条进一步规定,人数众多的一方当事人,包括公民、法人和其他组织。双方为公民的案件,是指原告和被告均为公民的案件。第379条规定,当事人一方人数众多或者当事人双方为公民的案件,当事人分别向原审人民法院和上一级人民法院申请再审且不能协商一致的,由原审人民法院受理。

当事人未上诉,一审裁判生效的,当事人可以向作出一审裁判的法院或者其上一级法院申请再审;生效裁判是经过第二审程序审理后作出的,当事人可以向第二审法院或者其上一级法院申请再审。

四、需在法定期间内申请再审

当事人申请再审,应当在判决、裁定发生法律效力后6个月内提出。有以下四种情况的,自知道或者应当知道之日起6个月内提出:(1)有新的证据,足以推翻原判决、裁定的;(2)原判决、裁定认定事实的主要证据是伪造的;(3)据以作出原判决、裁定的法律文书被撤销或者变更的;(4)审判人员审理该案件时有贪污受贿,徇私舞弊,枉法裁判行为的。

需要特别注意的是,6个月的期间是除斥期间,不适用诉讼时效中止、中断、延长的规定。起算点从裁判的生效之日起计算。

五、准备好申请再审所需材料

(1)再审申请书。份数按照被申请人和原审其他当事人的人数加一份。申请人是自然人的,签名;申请人是法人或其他组织的,盖公章,法定代表人签名或盖人名章。

(2)身份证明材料。申请人是自然人的,应交身份证明原件及复印件一份;申请人是法人或其他组织的,应提交企业法人营业执照副本复印件(加盖公章)或登记证书复印件(加盖公章)或事业单位法人证书复印件(加盖公章)、法定代表人或负责人身份证明书各一份。对委托代理人而言,代理人是律师的,应提交律师执业证原件及复印件一份、所函一份、授权委托书一份;代理人是近亲属的,应提交代理人身份证原件及复印件一份,与申请人有近亲属关系的证明、授权委托书一份;代理人是申请人的工作人员,应提交身份证原件及复印件一份,推荐信原件(加盖公章)、

---

① 参见最高人民法院《关于当事人对驳回其申请撤销仲裁裁决的裁定不服而申请再审,人民法院不予受理问题的批复》《关于当事人对人民法院撤销仲裁裁决的裁定不服申请再审人民法院是否受理问题的批复》。

工作证明、授权委托书一份,代理人与委托单位的社会保险缴费证明(可到缴纳地的社会保险基金管理中心打印)或劳动合同复印件(加盖公章)。

(3) 申请再审的生效裁判文书原件及复印件一份。立案时法官核对原件与复印件无误后将原件退还给申请人。生效裁判经过二审终审的,应同时提交一审、二审裁判文书原件及复印件各一份。

向最高人民法院申请再审的,需要提供再审申请书、一审判决书、二审判决书及申请再审材料的电子文档,即人工录入的、能够编辑、修改的文本形式(word 格式),需制作成光盘。如果存在重审的情况,发回重审的裁定、重审判决书等也要制作成电子文档。

(4) 申请人在之前诉讼过程中已向法院提交的全部证据材料复印件一套。如有新证据,应当一并提交相关新证据的复印件,份数按被申请人人数加一份。

▶ 六、再审申请书的格式

(一) 当事人基本情况

(1) 需要列明各方当事人在一审、二审中的诉讼地位。当事人申请再审的,列为"申请再审人",其后的括号中按照"一审原告、反诉被告(或一审被告、反诉原告),二审上诉人(或二审被上诉人)"列明当事人在一审、二审中的诉讼地位。将对方当事人列为"被申请人",其后的括号中按照"一审被告、反诉原告(或一审原告、反诉被告),二审被上诉人(或二审上诉人)"列明对方当事人在一审、二审中的诉讼地位。案外人申请再审的,列为"申请再审人",并在括号中列明"案外人"。当事人名称与一审、二审中发生变化的,在名称后加括号注明原名称。

▶【示例】

再审申请人(一审被告;再审一审申诉人、再审二审上诉人):广东××集团股份有限公司。

法定代表人:刘××,该公司董事长。

被申请人(一审原告;再审一审被申诉人、再审二审被上诉人):广东省××建筑工程有限公司。

法定代表人:林×,该公司董事长。

(2) 当事人是自然人的,列明姓名、性别、民族、出生日期、住址、联系方式。其中,自然人居住在身份证载明的住址写为"住(身份证上载明的地址)";实际居住地址与身份证上载明的住址不一致的,住址写为"住(身份证上载明的地址),现住(具体地址)"。

当事人是法人或者其他组织的,列明名称、住所和法定代表人或者主要负责人的姓名、职务。其中,住所写为"住所地:(营业执照上载明的住所)"。

当事人住址或住所在市辖区的,写为"××省(自治区、直辖市)××市××区

(具体地址)"；当事人住址或住所在市辖县、市辖县级市的，写为"××省(自治区、直辖市)××县(市)(具体地址)"，不写所在地级市(地区)；如有两个以上当事人住址相同，应当分别写明，不能用"住址同上"代替。

法人或者其他组织的法定代表人或主要负责人写为"法定代表人(或负责人)：×××，该公司(或厂、村委会等)董事长(或厂长、主任等职务)"。

(3) 委托代理人是律师的，写为"委托代理人：×××，×××律师事务所律师"；委托代理人是同一律师事务所律师的，应当分别写明所在律师事务所；同一律师事务所的实习律师与律师共同担任委托代理人的，实习律师写为"委托代理人：×××，×××律师事务所实习律师"；委托代理人是法律工作者的，写为"委托代理人：×××，×××法律服务所法律工作者"。

委托代理人是自然人的，写为"委托代理人：×××，性别，民族，出生日期，职业，住址"；委托代理人是当事人近亲属的，还应当在姓名之后用括号注明其与当事人的关系；法人或者其他组织的工作人员受所在单位委托代为诉讼的，写为"委托代理人：×××，该公司(或厂、村委会等)工作人员(写明职务)"。

为了方便法院通知，应写明申请再审人或委托代理人、对方当事人的有效联系方式。手机号、办公电话均写上，以便在手机没电或没信号时法院也可以联系到。

▶【示例】

申请再审人(一审被告、二审被上诉人)：×××有限公司。住所地：××省××市××区××街××号。

法定代表人：×××，该公司董事长。

委托代理人：×××，该公司职员。

委托代理人：×××，××律师事务所律师。

委托代理人联系电话：××××××××××。

被申请人(一审原告、二审上诉人)：×××，男，汉族，×年×月×日出生，住(北京市××区××路××号)，现住(北京市××区××路××号)。

联系电话：139××××××××，办公电话：010-×××××××。

(二) 案件来源部分

原审人民法院的名称，申请再审的生效裁判文书名称及原判决、裁定、调解文书案号均应当书写完整。

▶【示例】

申请再审人北京×××有限公司因与被申请人×××、原审第三人北京×××有限公司商品房销售合同纠纷一案，不服北京市海淀区人民法院(2016)海民初字第×××号民事判决及北京市第一中级人民法院(2016)一中民终字第×××号民事判决，特向北京市高级人民法院申请再审。

(三) 再审请求

再审诉讼请求与上诉请求一样,首先要厘清的是认为生效裁判的判项全部存在错误还是部分存在错误。其次是明确请求再审法院对存在错误判项的处理方式。最常见的处理方式就是撤销。如果是全部撤销,可以表述为"撤销××人民法院(××××)×法民×字第××号民事判决(裁定、调解书)"。如果是部分撤销,可表述为"撤销××人民法院(××××)×法民×字第××号民事判决第×项"。但仅是撤销尚不足以全面解决纠纷,往往还需要就撤销之后的处理作进一步的明确。后续如何处理与再审申请人在一审中的地位有很大关系。再审申请人如果是一审的原告,其再审请求可能是:

(1) 撤销原判,对案件进行再审。

▶ 【案例】

张砚钧与陕西日报社、耿淑丽著作权权属、侵权纠纷申请再审案。

2013年5月14日,张砚钧起诉至河南省郑州市中级人民法院,诉称陕西日报社未经张砚钧许可,使用其作品,未署作者姓名,亦未支付相关费用,侵犯了张砚钧对其作品享有的著作权,因此请求法院判令:(1)陕西日报社停止使用张砚钧的漫画作品,停止出版、发行侵权刊物,在其刊物上刊登致歉声明;(2)耿淑丽停止销售侵权刊物;(3)陕西日报社、耿淑丽赔偿经济损失及为制止侵权行为支付的合理费用共计10000元。河南省郑州市中级人民法院于2013年9月13日作出(2013)郑知民初字第476号民事判决:(1)陕西日报社于本判决生效之日起立即停止使用张砚钧的涉案作品,停止出版、发行2010年第8期《报刊荟萃》。(2)陕西日报社于本判决生效之日起30日内在其主办的《报刊荟萃》杂志上刊登致歉声明,公开向张砚钧赔礼道歉,内容需经一审法院审定。若逾期不履行,一审法院将在相关媒体上公布本判决内容,费用由陕西日报社负担。(3)耿淑丽于本判决生效之日起立即停止销售2010年第8期《报刊荟萃》。(4)陕西日报社于本判决生效之日起10日内赔偿张砚钧经济损失及为制止侵权行为支付的合理开支共计800元。(5)驳回张砚钧的其他诉讼请求。

陕西日报社不服一审判决,向河南省高级人民法院上诉,请求撤销一审判决,驳回张砚钧的诉讼请求。张砚钧亦不服一审判决,向河南省高级人民法院上诉,请求支持其一审诉求,并由陕西日报社负担全部诉讼费用。

河南省高级人民法院于2014年6月18日作出(2014)豫法知民终字第63号民事判决:(1)撤销河南省郑州市中级人民法院(2013)郑知民初字第476号民事判决;(2)驳回张砚钧的诉讼请求。一、二审案件受理费各50元,由张砚钧负担。

张砚钧不服二审判决,向最高人民法院申请再审,请求撤销二审判决,对本案进行再审。

最高人民法院经再审后判决如下:(1)撤销河南省高级人民法院(2014)豫法知民终字第63号民事判决;(2)维持河南省郑州市中级人民法院(2013)郑知民初字

第 476 号民事判决主文第一、二、三、五项;(3) 变更河南省郑州市中级人民法院(2013)郑知民初字第 476 号民事判决主文第四项为:陕西日报社于本判决生效之日起 10 日内赔偿张砚钧经济损失及为制止侵权行为支付的合理费用共计 2000 元。

中华人民共和国最高人民法院(2016)最高法民再 86 号民事判决书

(2) 撤销二审判决,维持一审判决。

▶【案例】

北京开维文化有限责任公司(以下简称开维公司)、北京阅读纪文化有限责任公司(以下简称阅读纪公司)与蒋春玲出版合同纠纷申请再审案。

2013 年 5 月,开维公司、阅读纪公司以蒋春玲违反三方签订的《补充协议》中关于优先签约权的约定为由,向广西壮族自治区南宁市中级人民法院(以下简称一审法院)提起诉讼,请求法院判令蒋春玲:(1) 向阅读纪公司支付违约金 50 万元。(2) 赔偿开维公司、阅读纪公司合理费用支出 30071.8 元。一审判决:蒋春玲支付阅读纪公司违约金 50 万元;驳回开维公司和阅读纪公司的其他诉讼请求。一审案件受理费人民币 9100 元,由蒋春玲负担。

蒋春玲不服一审判决,向广西壮族自治区高级人民法院(以下简称二审法院)提起上诉。二审判决:撤销一审判决;驳回阅读纪公司、开维公司的诉讼请求。本案一审案件受理费 9100 元,二审案件受理费 9100 元,合计 18200 元,由阅读纪公司、开维公司负担。

开维公司、阅读纪公司不服二审判决,向最高人民法院申请再审,请求本院撤销二审判决,维持一审判决。

最高人民法院经再审判决如下:(1) 撤销广西壮族自治区高级人民法院(2014)桂民三终字第 132 号民事判决;(2) 撤销广西壮族自治区南宁市中级人民法院(2013)南市民三初字第 398 号民事判决;(3) 蒋春玲于本案生效判决送达之日起 10 日内向阅读纪公司支付违约金 5 万元;(4) 驳回开维公司、阅读纪公司的其他诉讼请求。

中华人民共和国最高人民法院(2016)最高法民再 177 号民事判决书

如果再审申请人在一审中是被告,再审诉讼请求有可能是:

(3)撤销原审判决,改判驳回一审原告的诉讼请求。

▶【案例】

石永山、兰州泰和水烟工业有限责任公司侵害商标权纠纷申请再审案。

2014年8月20日,兰州泰和水烟公司以石永山的生产、销售行为涉嫌侵犯其"甘"字注册商标专用权为由,诉请一审法院判令石永山停止侵权,并赔偿其经济损失30万元。一审法院于2014年12月3日作出(2014)兰民三初字第37号民事判决:(1)石永山立即停止对兰州泰和水烟公司"甘"字商标及图样(第34类)注册商标的侵权行为;(2)石永山赔偿兰州泰和水烟公司经济损失75000元。案件受理费5800元,由石永山负担。

石永山不服一审判决,向甘肃省高级人民法院提起上诉。请求撤销一审判决,依法驳回兰州泰和水烟公司的各项诉讼请求,并由兰州泰和水烟公司承担本案所有诉讼费用及其他合理费用。二审法院于2015年3月19日作出(2015)甘民三终字第7号民事判决:驳回上诉,维持原判。二审案件受理费1675元,由石永山负担。石永山不服二审判决,向最高人民法院申请再审,请求本院撤销原审判决,改判驳回兰州泰和水烟公司的诉讼请求,并由其承担本案全部诉讼费用。

最高人民法院最后判决如下:(1)撤销甘肃省高级人民法院(2015)甘民三终字第7号民事判决;(2)撤销甘肃省兰州市中级人民法院(2014)兰民三初字第37号民事判决;(3)驳回兰州泰和水烟工业有限责任公司的诉讼请求。

中华人民共和国最高人民法院(2016)最高法民再178号民事判决书

存在多项再审请求的,逐项列明,每一项单独成段。再审审理范围根据当事人声明不服的范围确定,对于当事人没有争议的事项不予审理。因此,必须对原裁判不服的范围、具体要求如何撤销或变更表述清楚。

诉讼费用一般由败诉方承担,申请再审人也可以写明自己对诉讼费用承担方面的要求。如:请求一审、二审、再审的诉讼费用由被申请人承担。

(四)申请再审的法定事由

在我国《民事诉讼法》第200条中列举了13种法定事由,符合其中一项或几项,法院就应当立案。在写再审申请书之前,律师应当对想要申请的事项与法定事由进行对比,以提高申请再审立案的成功率。

这部分最好单独成段,这样做的好处:一是对事实与理由有提纲挈领的作用,围绕法定事由进一步阐述，避免偏离；二是方便法官审查。

▶【示例】

依据《中华人民共和国民事诉讼法》第200条第2项、第6项之规定申请再审。

(五) 申请再审的事实与理由

申请再审的事实与理由，是再审申请书的重点，是再审程序启动的根据，也是说服再审法院立案重审案件的关键所在。它是使案件重新进入再审审判程序的理由，不同于一审起诉理由，也不同于二审的上诉理由，因此应避免照搬起诉书或答辩状、上诉状的事实和理由，而应当根据案件涉及的事实、法律和司法解释，并围绕申请再审的法定事由有针对性地阐述，逐一进行分析，做到既简明扼要又突出重点，避免遗漏或重复啰唆。

法定再审事由如下：

(1) 根据《民事诉讼法》第200条第1项的规定，有新的证据，足以推翻原判决、裁定的。如何理解"新的证据"是申请再审时的难点。根据《民事诉讼法解释》第387条的规定，再审申请人提供的新的证据，能够证明原判决、裁定认定基本事实或者裁判结果错误的，并且应当说明逾期提供该证据的理由。因此，在阐述理由时，一要说清楚证据属于"新的证据"，二要说清楚逾期提供的理由。

由于《民事诉讼法》对于举证时限的功能从"原则失效例外不失效"转向"原则不失效例外失效"，因而"新的证据"的范围也在发生变化。《民事证据规定》第44条规定，"新的证据"是指"原审庭审结束后新发现的证据"。最高人民法院《关于适用〈中华人民共和国民事诉讼法〉审判监督程序若干问题的解释》第10条规定，"新的证据"是指："(一) 原审庭审结束前已客观存在庭审结束后新发现的证据；(二) 原审庭审结束前已经发现，但因客观原因无法取得或在规定的期限内不能提供的证据；(三) 原审庭审结束后原作出鉴定结论、勘验笔录者重新鉴定、勘验，推翻原结论的证据。当事人在原审中提供的主要证据，原审未予质证、认证，但足以推翻原判决、裁定的，应当视为新的证据。"最高人民法院《关于适用〈关于民事诉讼证据的若干规定〉中有关举证时限规定的通知》第10条规定："人民法院对于'新的证据'，应当依照《民事证据规定》第41条、第42条、第43条、第44条的规定，结合以下因素综合认定：(一) 证据是否在举证期限或者《民事证据规定》第41条、第44条规定的其他期限内已经客观存在；(二) 当事人未在举证期限或者司法解释规定的其他期限内提供证据，是否存在故意或者重大过失的情形。"这三个司法解释中"新的证据"都是"举证时限功能原则失效例外不失效"的产物，因而从严把握。按照现行的《民事诉讼法》第65条第2款的规定，当事人逾期提供证据的，人民法院应当责令其说明理由；拒不说明理由或者理由不成立的，人民法院根据不同情形可以不予采纳该证据，或者采纳该证据但予以训诫、罚款。对于举证期限的功能采取的是"原则不失效例外失效"，因而以前没有提供，直到再审中才提供的证据都是新证据。至于能否成为再审理由,关键在于逾期提供的理由能否成立。为此,《民事诉讼法解释》第 388 条规定,再审申请人证明其提交的新的证据符合下列情形之一的,可以认定逾期提供证据的理由成立:① 在原审庭审结束前已经存在,因客观原因于庭审结束后才发现的;② 在原审庭审结束前已经发现,但因客观原因无法取得或者在规定的期限内不能提供的;③ 在原审庭审结束后形成,无法据此另行提起诉讼的。再审申请人提交的证据在原审中已经提供,原审人民法院未组织质证且未作为裁判根据的,视为逾期提供证据的理由成立,但原审人民法院依照《民事诉讼法》第 65 条规定不予采纳的除外。但这显然不是逾期提供证据的全部正当理由。

鉴定机构出具的鉴定结论仅存在程序瑕疵,实质正确,且不影响原审法院对事实认定的情况下,申请人以此为由提起再审时,人民法院将会裁定驳回再审申请。鉴定机构根据一方当事人申请,以原鉴定结论存在程序瑕疵为由撤销了原决定。但该当事人拒绝进行重新鉴定,仅以撤销决定构成新证据为由提出申诉。法院审查发现司法鉴定中心原鉴定结论正确,仅存在程序瑕疵,该程序上的瑕疵并不影响原鉴定结果的准确性、客观性、公正性,对案件事实的认定不产生影响,不足以推翻原判决的相应判项,应认定撤销决定不符合新证据的规定。①

▶【案例】

在延安延飞建筑(集团)有限责任公司与范光义、志丹县保安镇街道办马岔村委会建设工程施工合同纠纷申请再审一案中,范光义将陕西省志丹县人民法院 2014 年 7 月 29 日作出的(2014)志民初字第 00652 号民事调解书作为新证据提交最高人民法院,欲以此推翻原审判决,但最高人民法院认为其诉讼主张不能成立。该调解书作出的时间为 2014 年 7 月 29 日,系二审庭审结束(2012 年 5 月 17 日)之后"新产生"的证据,而非"原审庭审结束前已客观存在庭审结束后新发现的证据",因此,该调解书不符合再审程序中"新的证据"要件。

中华人民共和国最高人民法院(2014)民申字第 1860 号民事裁定书

(2) 根据《民事诉讼法》第 200 条第 2 项规定,原判决、裁定认定的基本事实缺乏证据证明的。依据最高人民法院《关于适用〈中华人民共和国民事诉讼法〉审判监督程序若干问题的解释》第 11 条的规定,"基本事实"是指对原判决、裁定的结果有实质影响、用以确定当事人主体资格、案件性质、具体权利义务和民事责任等主要

---

① 胡云红:《鉴定机构出具的撤销决定不属上诉或再审新证据》,载《人民司法》2016 年第 5 期。

内容所依据的事实。导致"基本事实缺乏证据证明"的原因很多,常见的情形有:因举证责任分配不当而导致缺乏证据证明;当事人认识不足导致的证据缺乏;法院采纳证据时遗漏主要证据;当事人自身无法取证,又没有申请法院取证,或者申请法院调取却没有被批准,导致证据缺乏,如法院拒绝了当事人的鉴定申请,直接认定事实。

(3)根据《民事诉讼法》第200条第3项规定,原判决、裁定认定事实的主要证据是伪造的。主要证据指用来证明案件基本事实的证据。伪造证据是指制造虚假的证据材料,包括伪造(模仿真实证据而制造假证据,如伪造书证)、虚假(凭空捏造,如证人作伪证)和变造(对真实证据加以涂改、添加、挖补等,使其增强或减弱证明力)三种情形。需要注意此项与第200条第1项的"新证据"的区别。对于已经被生效民事或刑事裁判确认的伪造证据,或者被民事强制制裁决定以及其他国家行政机关行政处罚决定确认的伪造证据,应当适用伪造证据事由申请再审。当当事人以新证据为手段,通过该新证据来证明原裁判认定事实的主要证据是伪造的时候,应当适用伪造证据的再审事由。

(4)根据《民事诉讼法》第200条第4项规定,原判决、裁定认定事实的主要证据未经质证的。《民事诉讼法》第68条规定,证据应当在法庭上出示,并由当事人互相质证。采纳未经质证的主要证据属于严重的程序违法,当事人可以申请再审。但质证也存在免除情形,如弃权。因此,当事人对原判决、裁定认定事实的主要证据在原审中拒绝发表质证意见或者质证中未对证据发表质证意见的,不属于未经质证的情形。法官和书记员没有在庭审笔录上签字,或者当事人只在庭审笔录的最后一页上签字而没有逐页签字并不属于主要证据未经质证。当事人在原审中已经提交但未经质证、也未采纳,但又足以推翻原裁判的主要证据不属于本项再审事由,而应按新证据申请再审。

(5)根据《民事诉讼法》第200条第5项规定,对审理案件需要的主要证据,当事人因客观原因不能自行收集,书面申请人民法院调查收集,人民法院未调查收集的。"对审理案件需要的证据",是指人民法院认定案件基本事实所必需的证据。当事人因客观原因不能自行收集包括因证据的特点导致当事人客观上不能收集和当事人自身原因导致其客观上不能收集。前者如保存在国家有关部门需由人民法院依职权调取的档案材料;后者如当事人年老体弱、因病住院等自身存在的特殊情形。《民事证据规定》第19条第2款规定,人民法院对当事人及其诉讼代理人的申请不予准许的,应当向当事人或其诉讼代理人送达通知书。当事人及其诉讼代理人可以在收到通知书的次日起3日内向受理申请的人民法院书面申请复议一次。人民法院应当在收到复议申请之日起5日内作出答复。若当事人对法院的通知没有申请复议,说明其认可了法院的处理,不能再以本项事由申请再审。如果是法院没有向当事人送达通知,则属于法院审理程序上的问题,若影响到了案件的正确裁判,可根据第200条第2项申请再审。

(6) 根据《民事诉讼法》第 200 条第 6 项规定,原判决、裁定适用法律确有错误的。主要包括:① 适用的法律与案件性质明显不符的。案件性质是指某一民事案件中当事人之间的法律关系的性质,是某一案件区别于其他案件的根本属性。案件性质在一定程度上可以通过案由反映。② 确定民事责任明显违背当事人约定或者法律规定的。"明显违背当事人的约定"是指超过了法院的自由裁量权范围,与当事人的约定完全相反,完全背离了当事人的根本目的。"明显违背法律的规定"是指违背法律的强行性规定。③ 适用已经失效或者尚未施行的法律的。④ 违反法律溯及力规定的。⑤ 违反法律适用规则的。⑥ 明显违背立法原意的。这一项经常与事实不清相关,事实认定有问题时一般会导致法律适用的错误。

▶【案例】

在山东金乡农村商业银行股份有限公司、王广峰金融借款合同纠纷再审案中,再审申请人山东金乡农村商业银行股份有限公司(以下简称金乡农商银行)因与被申请人王广峰、刘巧岭金融借款合同纠纷一案,不服济宁市中级人民法院(2014)济商终字第 627 号民事判决,向山东省高级人民法院申请再审。

金乡农商银行申请再审,请求:(1) 撤销一、二审判决;(2) 判令王广峰、刘巧岭共同偿还金乡农商银行借款本金 20 万元及利息;(3) 判令金乡农商银行对王广峰抵押的房地产享有优先受偿权;(4) 本案诉讼费用由王广峰承担。主要理由:(1) 原判决认定的基本事实缺乏证据证明。2010 年 8 月 19 日和 2011 年 8 月 31 日的两笔借款是一份附最高额抵押合同的借款合同项下连续发生的两笔借款,完全符合法律关于最高额抵押合同的规定,原审法院认定金乡农商银行对抵押物没有优先受偿权是错误的。(2) 原判决适用法律错误。本案应适用《中华人民共和国担保法》关于最高额抵押的法律规定,刘巧岭亲笔签字的财产共有人承诺书具有担保函的性质,该承诺书表明刘巧岭对借款明知并自愿承担还款责任。

王广峰辩称,钱不是我取走的,是聂志翔取走的,刘巧岭在财产共有人承诺书上的签字是我骗她签的,刘巧岭不认字,到了信用社之后,信用社工作人员让在哪里签字,刘巧岭就在哪里签字了,应该谁取走的钱谁还。

刘巧岭辩称,聂志翔当时让王广峰拿我家的房产证贷款 20 万元我根本不知情,我没有签字。

本院再审查明,2016 年 3 月 21 日,中国银监会山东监管局下发鲁银监准【2016】74 号批复,批复同意:(1) 山东金乡农村商业银行股份有限公司开业。(2) 在山东金乡农村商业银行股份有限公司开业的同时,金乡县农村信用合作联社自行终止,其债权债务由山东金乡农村商业银行股份有限公司承担。

本院再审认为,原一、二审判决认定事实不清,适用法律错误。依据《中华人民共和国民事诉讼法》第 207 条第 1 款、第 170 条第 1 款第 3 项的规定,判决如下:

(1) 撤销济宁市中级人民法院(2014)济商终字第 627 号民事判决及山东省金

乡县人民法院(2013)金商初字第269号民事判决；

(2) 本案发回山东省金乡县人民法院重审。

山东省高级人民法院(2016)鲁民再4021号民事判决书

(7) 根据《民事诉讼法》第200条第7项规定，"审判组织的组成不合法或者依法应当回避的审判人员没有回避的"。审判委员会不属于法律规定的一级审判组织，当事人不得以审判委员会的组成不合法为由向人民法院申请再审。

▶【案例】

申诉人何玉艳因与被申诉人孙占武生命权、健康权、身体权纠纷一案，不服大庆市中级人民法院(2014)庆民一民终字第107号民事判决，向黑龙江省人民检察院申诉。黑龙江省人民检察院于2016年12月19日作出黑检民(行)监〔2016〕23000000099号民事抗诉书向本院提出抗诉。黑龙江省高级人民法院于2017年1月24日作出(2017)黑民抗17号民事裁定书，提审本案。

黑龙江省人民检察院认为，大庆市中级人民法院(2014)庆民一民终字第107号民事判决适用法律确有错误。

首先，本案由简易程序转为普通程序后，应当组成合议庭进行审理。2012年10月8日，经大庆市龙凤区人民法院院长批准，本案由简易程序转为普通程序审理。由审判员王海珍担任审判长，与审判员朱爱华、代理审判员杨旭昕组成合议庭。但2012年10月29日，由代理审判员杨旭昕独任开庭审理此案，王海珍、朱爱华未参加庭审。

其次，合议庭组成人员变更没有告知当事人。合议庭组成人员确定且告知当事人后，无证据显示经合法手续变更了合议庭组成人员，判决署名为审判长王海珍、代理审判员杨旭昕与人民陪审员魏成彦，魏成彦并非简易程序转为普通程序审批表内确定的合议庭组成人员。

再次，最高人民法院《关于适用〈中华人民共和国民事诉讼法〉的解释》第325条第1款第1项规定，审判组织的组成不合法可以认定为《民事诉讼法》第170条第1款第4项规定的严重违反法定程序。《中华人民共和国民事诉讼法》第170条第1款第4项规定，原判决遗漏当事人或者违法缺席判决等严重违反法定程序的，应当撤销原判决，发回原审人民法院重审。因此，大庆市中级人民法院判决驳回上诉，维持原判，属适用法律确有错误。

申诉人何玉艳称，同意检察机关的抗诉意见。

被申诉人孙占武经传票传唤未到庭,未答辩。

黑龙江省高级人民法院再审认为,原审法院在 2012 年 10 月 8 日作出本案由简易程序转为普通程序审理,并确定合议庭由审判员王海珍担任审判长,与代理审判员朱爱华、杨旭昕共同组成,由杨旭昕主审的决定后,理应由合议庭三名成员共同参加的 2012 年 10 月 29 日的庭审,却由主审人杨旭昕一人参加,在另二人未参加庭审的情况下,即署合议庭名义作出判决,且所署合议庭成员中有一人魏成彦非程序转换审批决定中确定的代理审判员朱爱华,属严重违反法定程序。

依照《中华人民共和国民事诉讼法》第 207 条第 1 款、第 170 条第 1 款第 4 项规定,裁定如下:

(1) 撤销大庆市中级人民法院(2014)庆民一民终字第 107 号及大庆市龙凤区人民法院(2012)龙卧民初字 183 号民事判决;

(2) 本案发回大庆市龙凤区人民法院重审。

黑龙江省高级人民法院(2017)黑民再 42 号民事裁定书

(8) 根据《民事诉讼法》第 200 条第 8 项规定,无诉讼行为能力人未经法定代理人代为诉讼或者应当参加诉讼的当事人,因不能归责于本人或者其诉讼代理人的事由,未参加诉讼的。

实务中,原审法院往往重视实体审查,忽略诉讼主体是否适格。如:一方当事人患有精神疾病,并取得中国残疾人联合会颁发的贰级精神残疾证,但原一审、二审法院没有对其是否具有诉讼行为能力进一步查清,再审法院只得撤销一审及二审判决,发回重审。

北京市第二中级人民法院(2017)京 02 民再 10 号民事裁定书

"应当加诉讼的当事人"是指基于法律规定,当事人必须一并提起诉讼或者必须一并作为被告参加诉讼。如果有当事人未参加诉讼,法院必须依职权予以追加,若没有追加则构成本项再审事由。如果当事人申请人民法院追加,但被人民法院错误驳回的,也构成本项再审事由。

► 【案例】

在经纬纺织机械股份有限公司与新疆天盛实业有限公司、雄峰控股集团有限公司、张兴海、汤佩芳、何兴荣、陈雅丽、葛水国与裘雅芬分期付款买卖合同纠纷申请再审案中,申请人裘某某因与被申请人经纬纺织机械股份有限公司(以下简称经纬公司)及一审被告新疆天盛实业有限公司(以下简称天盛公司)、雄峰控股集团有限公司、张某某、何某某、陈某某、葛某某、汤某某分期付款买卖合同纠纷一案,不服新疆维吾尔自治区高级人民法院生产建设兵团分院(2012)新兵民二初字第00008号民事判决,向最高人民法院申请再审。

裘某某申请再审称:(1)本案一审程序违法。一是根据《中华人民共和国民事诉讼法》的规定,经纬公司起诉状应当写明当事人的职业、工作单位、证据及证据来源,但其起诉状中均无上述内容,不符合立案受理条件。二是本案一审法院在经纬公司没有说明裘某某的工作单位且没有证据表明裘某某下落不明的情况下采用公告送达,违反了《中华人民共和国民事诉讼法》第92条的规定。三是一审法院剥夺了裘某某要求鉴定的程序性权利,且对存在重大疑点的《个人保证担保函》未予鉴定。(2)本案认定事实错误。一是一审判决没有证据证明经纬公司将7680万元货款支付给天盛公司。二是《个人保证担保函》中裘某某的签字系伪造,应不予采信。裘某某依据《中华人民共和国民事诉讼法》第200条第2项、第8项的规定申请再审。

最高人民法院审查查明,(2012)新兵民二初字第00008号案卷中没有关于一审法院在公告送达裘某某诉讼文书前曾采用过其他方式送达的记录,且尚无证据证明裘某某在一审期间下落不明,裘某某未参加一审庭审。

最高人民法院认为,上述查明事实足以认定一审法院违反了《中华人民共和国民事诉讼法》第92条"受送达人下落不明,或者用本节规定的其他方式无法送达的,公告送达"以及该条第2款"公告送达,应当在案卷中记明原因和经过"的规定。裘某某的再审理由符合《中华人民共和国民事诉讼法》第200条第8项规定的情形,本案应予再审。

最高人民法院《关于适用〈中华人民共和国民事诉讼法〉若干问题的解释》第405条规定:"人民法院审理再审案件应当围绕再审请求进行"。裘某某的再审请求为驳回经纬公司要求其承担保证责任的诉讼请求。其依据的理由,一是经纬公司未向天盛公司支付7680万元货款,即主债权债务不存在;二是《个人保证担保函》中裘某某的签字系伪造。关于第一项理由,一审查明经纬公司提交了双方签订的《棉花购销合同》,载明经纬公司向天盛公司采购皮棉,先款后货,首付款7680万元。合同签订后天盛公司给经纬公司出具的《不能履行棉花购销合同确认函》,载明"贵公司已于2010年12月17日支付了货款7680万元"。提交了天盛公司出具的《还款承诺函》,载明"直至今日仍未偿还贵公司的7680万元"。债务人天盛公司亦确认收到该笔款项。一审法院依据当事人陈述及经庭审质证的上述证据,认定经纬公司已向天盛公司支付7680万元货款。现裘某某否认主债权债务实际发生,但未能提交相关证据,不能推翻一审法院上述认定,该项理由不能成立,不应纳入再审审理范围。关于第二项理由,由于一审法院公告送达违反了《中华人民共和国民事诉讼法》第92条的规定,导致裘某某未能参加一审庭审,未对《个人保证担保函》质证,也使裘某某申请鉴定的权利无法行使。因此,裘某某提出的其在《个人保证担保函》上的签字系伪造,并据此主张不应承担保证责任的理由能否成立,应当由再审法院在依法保障裘某某诉讼权利的基础上依照事实和法律作出认定。据此,本案再审审理应当围绕《个人保证担保函》中裘某某的签字是否系伪造、裘某某是否应当承担保证责任进行。

本案一审判决作出后,除裘某某外,主债务人天盛公司及其他保证人均未上诉,亦未申请再审。为依法保障债权人经纬公司的权利,依照《中华人民共和国民事诉讼法》第206条"按照审判监督程序决定再审的案件,裁定中止原判决、裁定、调解书的执行,但追索赡养费、扶养费、抚育费、抚恤金、医疗费用、劳动报酬等案件,可以不中止执行"的规定,本案仅对裘某某中止执行,对天盛公司及其他保证人不中止执行。

综上,裘某某的再审申请符合《中华人民共和国民事诉讼法》第200条第8项规定的情形。依照《中华人民共和国民事诉讼法》第204条、第206条之规定,裁定如下:

(1)指令新疆维吾尔自治区高级人民法院生产建设兵团分院再审本案;
(2)再审期间,中止对裘某某的执行。

最高人民法院(2015)民申字第1823号民事裁定书

(9)根据《民事诉讼法》第200条第9项规定,"违反法律规定,剥夺当事人辩论权利的"。常见情形有:① 不允许当事人发表辩论意见的。当事人及其诉讼代理人的发言因与本案无关或者重复而被审判人员制止的不属于本项规定的再审事由。② 应当开庭审理而未开庭审理的。③ 违反法律规定送达起诉状副本或者上诉状副本,致使当事人无法行使辩论权利的。当事人以没有收到受理通知书、应诉通知书、合议庭组成人员告知书为由申请再审的,不属于本项规定的再审事由。④ 违法剥夺当事人辩论权利的其他情形,如违法缺席判决。

在缺席判决中,容易出现因被告未参加诉讼而未发表辩论意见的情形。原告故意或过失未提供被告准确的联系方式,导致通知不到被告本人,法院一般会采取公告送达。公告发布在《人民法院报》上,但实际上普通老百姓或公司并不会去翻看,也就不可能得知自己被诉,往往到了被执行阶段才知道,使自己的合法权利受到损害。如:由原告提供的原审被告信息是同名同姓的其他人,法院通知后该人不出庭,而真正的被告却一直不知情,这就属于"对不能归责于本人原因导致申请人不能参诉,应当给予申请人程序救济以确保其诉权行使;应根据适格被告情况,对本案法律适用争议重新审查认证"。

现实生活中,"人户分离"的情况也比较常见,原审原告提供的是被告户籍地的地址,而实际上被告并不居住在那里,甚至在北京有的胡同整片拆迁,房子都拆完了,但户口仍在原来的房子上,根本送达不了。还有比如被告到某地旅游,居住一段时间,或者看病,照看外地的家人,等等,离开户籍地一定时间,而正好在此时被诉,法院通知不到,只能进行公告送达,被告就容易错过答辩和参加诉讼的时间。当然,并不是只要公告送达的裁判文书都容易发生错误,应当围绕《民事诉讼法》第200条并结合其他证据综合分析。因为公告送达是一种合法的送达方式,对解决被告恶意不参加诉讼,避免诉讼久拖不决是有一定积极作用的。

(10)根据《民事诉讼法》第200条第10项规定,未经传票传唤,缺席判决的。最高人民法院《关于适用简易程序审理民事案件的若干规定》第18条规定,以捎口信、电话、传真、电子邮件等形式发送的开庭通知,未经当事人确认或者没有其他证据足以证明当事人已经收到的,人民法院不得将其作为按撤诉处理和缺席判决的根据。该规定由于与本项规定不一致,应当以《民事诉讼法》为准。在简易程序中,可以通过捎口信、电话、传真、电子邮件传唤双方当事人。但在准备缺席判决时,则要审查被告是否到庭,是否经传票传唤。传票传唤了就可以缺席判决,否则不可以。

(11)根据《民事诉讼法》第200条第11项规定,原判决、裁定遗漏或者超出诉讼请求的。诉讼请求包括一审诉讼请求、二审上诉请求,但当事人未对一审判决、裁定遗漏或者超出诉讼请求提起上诉的除外。诉讼请求不仅指原告的诉讼请求,还包括被告的反诉请求。第三人加入诉讼是为了查明案件事实,并与案件审理结果存在一定程度上的关系,但是如果一审原告或者被告并未起诉要求第三人承担义务或者第三人未主动要求承担义务的情况下,法院直接判令第三人履行义务的也属于超出诉讼请求范围。

▶【案例】

在再审申请人(一审第三人、二审上诉人)四川鼎鑫置业有限责任公司(以下简称鼎鑫公司)与被申请人(一审原告、二审被上诉人)成都制药一厂和被申请人(一审被告、二审被上诉人)承德市双滦区凯立德机电销售有限公司(以下简称凯立德公司)买卖合同纠纷再审案中,2002年2月27日,成都制药一厂(甲方)与鼎鑫公司(乙方)签订了《联合开发协议书》,双方联合开发成都市通惠门3号房地产项目。2005年12月20日,成都制药一厂向鼎鑫公司送交了成都制药一厂原址土地开发项目欠款通知书,内容为:"我厂原厂址土地早已按约定交贵公司开发,而按照协议贵公司应支付我厂的款项尚欠1700万元未支付,请贵公司按照通知及时还款"。鼎鑫公司原法定代表人孙华在通知上签收。2005年12月20日、2007年12月10日发了两次欠款催收通知,签收人为孙华,但在三次签收中均注明"我不负责"字样。

2009年5月8日,成都制药一厂(乙方)与凯立德公司(甲方)签订了编号为kc09050801《产品买卖合同》,成都制药一厂向凯立德公司购买医疗机械设备,价款总额为人民币1795万元。2009年11月20日,成都制药一厂(乙方)与凯立德公司(甲方)签订了《债权转让协议书》。成都制药一厂将其对鼎鑫公司享有的1700万元债权,转让给甲方,用以抵偿乙方的应付货款。

2010年2月1日,鼎鑫公司以成都制药一厂作为被告向四川省成都市中级人民法院起诉,请求:(1)成都制药一厂承担违约金总额为3051万元,在抵扣合作款项1700万元后,尚应支付违约金1351万元;(2)请求确认成都制药一厂转让1700万元给案外人凯立德公司的行为无效。成都市中级人民法院于2012年5月10日作出判决,认为:(1)成都制药一厂应承担违约责任,违约金为3051万元;(2)鼎鑫公司提起的诉讼受到诉讼时效的限制;(3)其向成都制药一厂主张违约金已超过诉讼时效;(4)成都制药一厂的债权转让行为不违反相关法律规定,不能确认为无效协议。遂判决驳回了鼎鑫公司的诉讼请求。

2009年12月9日,成都制药一厂向河北省承德市中级人民法院起诉称:凯立德公司未按《产品买卖合同》约定的期间交货,经催讨至今仍未履行交货义务,请求判令凯立德公司履行《产品买卖合同》项下约定的交付货物的义务。后法院追加鼎鑫公司为本案第三人。

一审法院判决:(1)凯立德公司向成都制药一厂交付合同编号为kc09050801《产品买卖合同》规定的货物;(2)鼎鑫公司给付凯立德公司人民币1700万元及利息(利息计算自2005年12月20日起至全部款项给付完毕之日止,按国家银行同期贷款利率计算);(3)上述一、二项判决内容于判决生效后30日内履行完毕。案件受理费123800元及保全费5000元均由鼎鑫公司承担。

鼎鑫公司不服一审法院上述民事判决,向河北省高级人民法院提起上诉,请求撤销一审判决鼎鑫公司给付凯立德公司的判项或驳回其全部诉讼请求。后二审法院判决:驳回上诉,维持原判。

鼎鑫公司不服二审判决,向最高人民法院申请再审。理由之一是原判决超出诉讼请求。原判决在凯立德公司没有提起反诉的情况下,判决鼎鑫公司向凯立德公司支付款项,违反不告不理的基本诉讼原则,应予以再审。

最高人民法院认为,本案再审争议焦点问题是:(1)是否应将鼎鑫公司列为第三人并直接判令其向凯立德公司支付相应款项;(2)本案所涉《产品买卖合同》是否有效;(3)1700万元债权的诉讼时效是否已经届满。

关于是否应将鼎鑫公司列为第三人并直接判令其向凯立德公司支付相应款项的问题。本案中,鼎鑫公司并非《产品买卖合同》的当事人,根据成都制药一厂与凯立德公司签订的《债权转让协议书》，成都制药一厂已以债权转让的形式履行了其合同付款义务，现成都制药一厂诉请凯立德公司履行交货义务，并无凯立德公司行使同时履行抗辩权的情形。虽然鼎鑫公司加入诉讼对于查明成都制药一厂付款义务是否履行存在一定意义，从而与本案审理结果存在一定程度上的关系，但在凯立德公司未起诉要求鼎鑫公司向其支付货款的情形下，原审法院直接判令鼎鑫公司向凯立德公司履行付款义务，超出了本案诉讼请求范围，有所不当，应当予以纠正。在此基础上，由于鼎鑫公司是否应向凯立德公司支付货款不属于本案审理范围，故其所争议的1700万元债权是否已过诉讼时效的问题，本案中不予以审理。

关于《产品买卖合同》效力的问题。本案所涉《产品买卖合同》系成都制药一厂与凯立德公司经过协商一致订立，体现了双方真实意思表示，虽然凯立德公司并无合同所涉第二类和第三类医疗器械的经营资质，但其系作为有经营资质的北京瑞得伊格尔科技有限公司的代理商进行销售，并由北京瑞得伊格尔科技有限公司实际发货和开具发票，此销售模式并不违反法律法规的相关规定，且成都制药一厂与凯立德公司作为买卖双方对于案涉合同效力均无异议，故双方应当按照合同约定履行各自义务。成都制药一厂已通过债权转让方式履行了支付货款义务的情况下，现要求凯立德公司履行交货义务，具有法律和事实依据，应当予以支持。故凯立德公司应向成都制药一厂交付合同约定的货物。

综上，鼎鑫公司的有关再审理由成立，应当予以支持。原审判决认定事实不清，适用法律有误，应当予以纠正。本院依照《中华人民共和国合同法》第60条，《中华人民共和国民事诉讼法》第207条、第170条第1款第1项、第2项的规定，判决如下：

（1）撤销河北省高级人民法院(2013)冀民二终字第43号民事判决；

（2）维持河北省承德市中级人民法院(2012)承民初字第00165号民事判决主文第一项；

（3）撤销河北省承德市中级人民法院(2012)承民初字第00165号民事判决主文第二项、第三项；

（4）承德市双滦区凯立德机电销售有限公司对承德市中级人民法院(2012)承民初字第00165号民事判决主文第一项确定的交付货物义务应在判决生效后30日内履行完毕。

最高人民法院(2014)民提字第67号民事判决书

（12）根据《民事诉讼法》第200条第12项规定，据以作出原判决、裁定的法律文书被撤销或者变更的。法律文书包括：① 发生法律效力的判决书、裁定书、调解书；② 发生法律效力的仲裁裁决书；③ 具有强制执行效力的公证债权文书。该再审事由是指原判决、裁定认定的案件基本事实和案件性质是根据其他法律文书作出的，一旦其他法律文书被撤销或变更，则导致原审判决、裁定成为无本之木。

（13）根据《民事诉讼法》第 200 条第 13 项规定，审判人员审理该案件时有贪污受贿、徇私舞弊、枉法裁判行为的。审判人员有不当行为必须为生效刑事法律文书或者纪律处分决定所确认。该项中的审判人员包括一、二审中的审判人员和陪审员，也包括在合议中属于少数派的审判人员。

有的申请再审的案件可能存在多个法定再审事由，在申请再审时应当一并提出，而不是仅选择一个自认为十拿九稳的再审事由。一旦这个再审事由没有被采纳后，再以其他再审事由申请再审时很有可能就错过了申请再审的期限。即使没有错过期限的话，也会增加人力物力的支出。

▶【案例】

在哈尔滨创集新型纳米环保涂料有限公司与克东县诚达房地产开发有限责任公司承揽加工合同纠纷一案再审案中，再审申请人哈尔滨创集新型纳米环保涂料有限公司（以下简称创集公司）因与被申请人克东县诚达房地产开发有限责任公司（以下简称诚达公司）承揽加工合同纠纷一案，不服齐齐哈尔市中级人民法院（2014）齐民二终字第 420 号民事判决，向本院申请再审。本院于 2016 年 6 月 8 日作出（2016）黑民申 1480 号民事裁定提审本案。本院依法组成合议庭，开庭审理了本案。再审申请人创集公司的委托诉讼代理人朱宝君、付强，被申请人诚达公司的委托诉讼代理人张忠义、李树森到庭参加诉讼。本案现已审理终结。

创集公司申请再审称：(1) 依据双方签订的《外墙乳胶漆工程施工合同》，创集公司依约履行了义务，且该房屋已由诚达公司销售完毕并投入使用。最高人民法院《关于审理建设工程施工合同纠纷案件适用法律问题的解释》第 13 条规定："建设工程未经竣工验收，发包人擅自使用后，又以使用部分质量不符合约定为由主张权利的，不予支持"。原审法院在未经司法鉴定的情况下，判令创集公司重新粉刷 5—8 号楼外墙无事实和法律依据。(2) 原审判决只强调五年的质保期，却没有引述合同中"因创集公司施工质量原因"的前提条件，更没有查明该工程质量无法保持的原因。原审法院主观推定二期工程存在质量问题，没有任何证据。事实是二期工程发生部分墙体涂料脱落后，创集公司当时已经做了二次粉刷，即现在所看到的现象为二次粉刷之后的状况。尽管创集公司已多次强调系因诚达公司外墙保温板施工存在问题而导致，但原审法院并未对此作出任何考虑。(3) 原审法院在事实不清的情况下，应当行使释明权，对司法鉴定的举证义务向双方释明。对于司法鉴定的问题，原审法院仅在本院认为部分提到："如果任何一方对质量有异议应提供鉴定费用。"对于创集公司而言，早在 2012 年 1 月 8 日，诚达公司就出具了决算书，承认尚欠

661208 元,该工程早已投入使用,这些事实已经证明该工程质量合格。如果诚达公司想证明该工程不合格,应承担举证的义务即通过司法鉴定来否认该工程施工合格,诚达公司放弃了鉴定权利,原审法院应当依法释明其放弃鉴定的法律后果。可是,原审法院并未行使该举证义务的释明权,导致认定案件事实错误。(4) 创集公司的诉请系要求诚达公司支付拖欠的工程款;诚达公司反诉请求系要求创集公司赔偿损失 110 万元。原审法院却判令创集公司重新粉刷外墙,判决内容脱离了当事人的诉请,系违法判决。(5) 原审法院在认定创集公司一期工程合格的情况下,驳回创集公司的全部工程款的请求错误。一期工程款为 716125 元,二期工程真石漆部分(该部分诚达公司自认为合格)工程款为 91715 元;根据诚达公司自认,合格工程款为 807840 元,扣除已经给付的 550000 元所谓借款,诚达公司仍应给付欠款 257840 元。综上,一、二审法院认定事实不清,适用法律及审理程序中均存在错误,请求:(1) 撤销一、二审判决;(2) 判令诚达公司给付工程款 661208 元及利息;(3) 案件受理费、保全费由诚达公司承担。

诚达公司辩称,创集公司的再审理由不成立,其再审请求应予驳回。

本院再审认为,创集公司在一审的起诉请求为诚达公司给付尚欠工程款 661208 元,诚达公司反诉请求为创集公司赔偿损失 110 万元。而一审法院对诚达公司的反诉请求未予审理,在本案争议的工程质量原因和责任不明的情况下,判决"创集公司应按照双方 2011 年 8 月 23 日所签合同质量标准为诚达公司宏博花苑 5—8 号楼重新粉刷外墙涂料,并在工程允许施工期内完成,诚达公司应积极配合维修"缺乏事实依据。原审法院在没有明确界定验收标准的情况下,判决"诚达公司在创集公司维修完工 10 日内验收,逾期不验收应视为合格,验收合格后 10 日内给付创集公司工程款 661208 元"及"任何一方对质量有异议,应在工程维修完毕后 10 日内提出鉴定并预付鉴定费用,否则视为放弃异议"显属不当,亦不便甚至于不能实际操作和执行。当事人申请鉴定属于当事人举证的一种形式,诚达公司在二审法院庭审中对工程质量提出申请鉴定,二审法院对于是否委托鉴定部门进行鉴定,并未作出答复意见即判决"驳回上诉,维持原判",亦属不当。

综上,依照《中华人民共和国民事诉讼法》第 207 条第 1 款、第 170 条第 1 款第 3 项之规定,裁定如下:

(1) 撤销齐齐哈尔市中级人民法院(2014)齐民二终字第 420 号民事判决及克东县人民法院(2014)克东民初字第 56 号民事判决;

(2) 本案发回克东县人民法院重审。

黑龙江省高级人民法院(2016)黑民再 166 号民事裁定书

(六) 再审申请的法院名称

根据生效裁判落款的法院来确定再审之诉有管辖权的法院。具体格式:在再审申请书正文结尾,换行空两格写上"此致",再换行顶格写"××人民法院"。

(七) 申请再审人的签名或盖章

申请再审人是自然人的,应当亲笔签名;申请再审人是法人或其他组织的,应当盖公章,并由法定代表人签名或盖人名章,确保再审申请书是申请人真实意思表示。

(八) 申请日期

申请日期是向法院递交申请再审书的日期。实务中有的法院立案庭会要求在事先填写好的日期旁注明立案当天的日期,所以为了避免涂改,可以立案时填写。

现附一份完整再审申请书:

中华人民共和国最高人民法院(2015)民申字第1429号民事裁定书

再审申请书

再审申请人(原审原告、二审上诉人)李××,女,××××年×月×日出生,汉族,住××市×××。

委托代理人:周×,北京市××律师事务所律师,电话:15010083×××。

再审被申请人(原审被告、二审上诉人)张××,女,××××年×月×日出生,汉族,住××市×××。

电话:×××××××××

申请人李××诉被申请人张××房屋租赁合同纠纷一案,申请人不服××市××区人民法院(2014)×民重字第××号民事判决和××省××市中级人民法院(2015)×民一终字第×××号民事判决。现依据《中华人民共和国民事诉讼法》第200条第2项和第6项之规定,特此向××省高级人民法院申请再审。

再审请求:

(1) 撤销××市××区人民法院(2014)×民重字第××号民事判决和××省××市中级人民法院(2015)×民一终字第×××号民事判决;

(2) 判令确认申请人与被申请人签订的《房屋租赁协议》已经于2013年1月9日解除;

(3) 判令被申请人给付申请人自2013年1月9日起至2015年11月3日止逾期腾房期间的房屋占用使用费197295元;

(4) 判令驳回被申请人要求申请人支付违约金980000元的反诉请求;

(5)诉讼费用由被申请人承担。

事实及理由：

一、××市××区人民法院(2014)×民重字第××号民事判决和××省××市中级人民法院(2015)×民一终字第×××号民事判决均存在事实认定错误。

(1)××市××区人民法院(2014)×民重字第××号民事判决"关于被申请人反诉部分(二)、关于被申请人反诉请求要求给付98万元违约金的问题"载明，"经审理查明，申请人于2010年1月10日与被申请人签订的《转让协议》，将其拥有的设备作价9.8万元、房屋装修作价18.3万元，持有的股份作价25万元，合计53.1万元转让给被申请人，并与被申请人签订《房屋租赁协议》，承诺被申请人可以使用10年，但短短2年半时间，申请人就单方解除了合同，严重违反诚实信用原则，被申请人因此遭受了重大经济损失，但双方合同约定的违约责任仅为'返还未到期租金并赔偿损失壹万元'，不足以弥补被申请人的损失。"(一审判决第9页第10—18行)该事实认定错误。

××省××市中级人民法院(2015)×民一终字第×××号民事判决引述并确认了一审法院认定的上述事实(二审判决第13页第2行)，同样属于事实认定错误。

实际情况是，申请人在签订《房屋租赁协议》时从未向被申请人作出过保证被申请人可以租满10年的承诺。与一审法院认定的事实相反，《房屋租赁协议》第7条和第8条特别约定了双方均有权在提前半年通知对方的情况下单方解除合同。同时，《房屋租赁协议》第7条和第8条对由于一方单方解除合同造成的对方经济损失，约定了损害赔偿的计算方法。申请人与被申请人双方还在《房屋租赁协议》第7条和第8条后面分别签名确认。由此可知，申请人与被申请人对于《房屋租赁协议》约定的单方解约权是知悉并认可的。申请人行使单方解约权的行为是符合双方合同约定的行为，不应当认定为严重违反诚实信用原则。

《房屋租赁协议》第8条对于申请人单方解约所约定的损害赔偿计算方法是"双倍返还未到期租金并赔偿损失1万元"，并非一审法院所引述的"返还未到期租金并赔偿损失1万元"。一审法院在未查清被申请人实际损失的情况下，认定《房屋租赁协议》第8条约定的损害赔偿计算方法不足以弥补被申请人的损失属于主观臆断，缺少事实根据。

(2)××省××市中级人民法院(2015)×民一终字第×××号民事判决对于被申请人是否实际支付了转让金53.1万元的争议事实，作出了"申请人主张仅收到25万元转让价款证据不足，不予支持"的错误认定。

实际情况是，被申请人仅向申请人支付了转让金25万元。被申请人作为付款义务方，主张其向申请人支付了转让金53.1万元，被申请人应当对其主张的事实承担举证责任。被申请人提供的证据仅能证明其实际支付了转让金25万元的事实。理由如下：

被申请人提供的收据显示，"今收到转让费25万，收款人×××(申请人)，落款日期为2010年1月12日。"该收据金额与被申请人提供的两笔转账凭证的金额完全对应,并且日期也为同一天。该收据实际是申请人对被申请人提供的两笔转账金额的收款确认。

被申请人主张该收据是被申请人另行支付25万元现金的凭证,缺少证据支持且不合常理,不应予以采信。其一,被申请人主张该25万元现金是从"同学那里拿的"(二审法院2015年10月26日"民事开庭笔录"第2页),但二审法院未对被申请人所主张的事实予以查明,既未要求被申请人提供能证明其主张的证人到庭,也未要求被申请人提供该25万元现金的银行取款凭证。二审法院在未查清事实的基础上即采信被申请人的单方主张,不符合证据认定规则。其二,收据显示日期与两笔转账凭证的日期为同一天,且金额完全对应。被申请人主张收据与两笔转账无关,但未提供证据且未作合理说明,被申请人的主张不应予以采信。其三,按照常理,被申请人主张向申请人另行支付了25万元现金,应当在收据上注明给付方式为"现金"。而收据上并未注明现金给付,二审法院不应对收据上载明的25万元认定为现金方式给付。

(3)上述两处事实认定错误,直接损害了申请人的合法权益,导致判决结果错误。申请人请求法庭在查明事实的基础上依法予以纠正。

二、××市××区人民法院(2014)×民重字第××号民事判决和×省××市中级人民法院(2015)×民一终字第×××号民事判决均存在法律适用错误。

(1)××市××区人民法院和×省××市中级人民法院均认定申请人单方解约的行为违反诚实信用原则显属不当,违反了法律适用规则,依法应予纠正。

诚实信用,是市场经济活动中形成的道德规则。它要求人们在市场活动中讲究信用,恪守诺言,诚实不欺,在不损害他人利益和社会利益的前提下追求自己的利益。申请人在签订合同时并未承诺保证被申请人租满10年,相反《房屋租赁协议》第7条和第8条特别约定了双方均有权在提前半年通知对方的情况下单方解除合同。申请人与被申请人对于《房屋租赁协议》约定的单方解约权是知悉并认可的。申请人行使单方解约权的行为是符合双方合同约定的行为,不应当认定为违反诚实信用原则。

按照特别规定优先于一般规定的法律适用规则,以及在司法审判当中适用诚实信用原则的界限规则,在适用法律具体规定与适用诚实信用原则,均可获得同一结果时,应适用该具体规定,而不得适用诚实信用原则。本案完全可依据《中华人民共和国合同法》第93条、第97条、第114条的规定,确定申请人应当承担的民事责任。不应该也没有必要对申请人作出违反诚实信用原则的重大不利评价,并错误地扩大申请人应当承担的民事责任范围。

(2)×省××市中级人民法院确定申请人应当承担民事责任明显违反了当事人约定及法律规定,依法应予纠正。

其一,×省××市中级人民法院在确定申请人应当承担的民事责任时,错误地适用了可得利益损失的赔偿规则,不应考虑合同履行后被申请人的可得利益损失。

根据最高人民法院《关于当前形势下审理民商事合同纠纷案件若干问题的指导意见》第10条的规定,存在合同法第114条第1款规定的当事人约定损害赔偿的计算方法等情形的,不宜适用可得利益损失赔偿规则。

申请人与被申请人在《房屋租赁协议》第7条和第8条对由于一方单方解除合同造成的对方经济损失,约定了损害赔偿的计算方法。法院在确定申请人应当承担的民事责任时,应当充分尊重当事人双方的合同约定,优先适用《中华人民共和国合同法》第114条的约定赔偿规则,而不应适用《中华人民共和国合同法》第113条的法定赔偿规则,不应考虑合同履行后被申请人的可得利益损失。

其二,被申请人所主张的实际损失应当具有事实根据并且计算合理。剩余7年尚未分摊的装修成本构成被申请人的实际损失,计106400元(152000÷10×7)。

依据《中华人民共和国合同法》第114条第2款和最高人民法院《关于适用〈中华人民共和国合同法〉若干问题的解释(二)》第28条的规定,约定的违约金低于造成的损失的,当事人可以请求增加违约金。但增加后的违约金数额应以不超过实际损失额为限。增加违约金后,当事人又请求对方赔偿损失的,人民法院不予支持。

被申请人所主张的合同履行后的预期损失属于可得利益损失,不属于被申请人的实际损失,不应予以支持。而被申请人所主张的实际损失应当具有事实根据并且计算合理。被申请人所主张的2013年1月21日以后的房屋租金、采暖费、人员工资、养老、医疗、失业保险、会费、培训费等损失,因合同解除后被申请人属于无权占用房屋,被申请人主张赔偿上述损失没有法律依据。

被申请人所主张的转让金剩余七年未摊销的成本,由于事实认定错误,计算不合理,依法不应予以认定。被申请人实际支付的口腔门诊部转让金为25万元,其中设备转让金9.8万元因被申请人腾退房屋时已将设备拉走并可继续使用该设备,设备转让金9.8万元不应作为被申请人的摊销成本。剩余15.2万元作为被申请人实际支付的装修成本进行分摊。剩余7年尚未分摊的装修成本构成被申请人的实际损失,计106400元(152000÷10×7)。

其三,即便××省××市中级人民法院认为被申请人的可得利益损失应予考虑,在计算和认定可得利益损失时也应当公平合理,而不应不适当地加大申请人的赔偿责任。

根据最高人民法院《关于当前形势下审理民商事合同纠纷案件若干问题的指导意见》第10条的规定,人民法院在计算和认定可得利益损失时,应当综合运用可预见规则、减损规则、损益相抵规则以及过失相抵规则等,从非违约方主张的可得利益赔偿总额中扣除违约方不可预见的损失、非违约方不当扩大的损失、非违约方因违约获得的利益、非违约方亦有过失所造成的损失以及必要的交易成本。

申请人按照合同约定提前6个月通知被申请人行使合同解约权后,被申请人应当积极寻找替代房屋继续经营。如被申请人因寻找替代房屋期间致使经营受到影响,造成该期间可得净利润减少的部分才属于被申请人的可得利益损失。

由《房屋租赁协议》第8条的约定可知,被申请人寻找替代房屋的合理期间应当为不超过6个月。被申请人的可得利益损失最多不应超过被申请人正常经营6个月的可得净利润。

××省××市中级人民法院以《房屋租赁协议》如继续履行,推断被申请人未来7年继续经营的可得净利润为160余万元,并以此全部作为被申请人的可得利益损失,明显不当。

综上所述,申请人认为申请人的再审申请符合《中华人民共和国民事诉讼法》第200条第2项和第6项之规定,特此申请对本案予以再审。

此致
××省高级人民法院

申请人：
年 月 日

▶七、材料整理

当把所有的申请再审的材料都准备齐全后,需要按照一定的顺序整理好。按照最高人民法院《民事申请再审诉讼材料收取清单》,一般可按照下列顺序排列:

(1) 再审申请书。几个当事人就要交几份,法院还要留一份。比如三个被告、一个第三人,就要交五份。都必须是原件。

(2) 一份一审生效裁判文书复印件。

(3) 一份二审生效裁判文书复印件。

(4) 如果有重审生效裁判文书的话,提供一份复印件。

(5) 申请人身份证明。申请人是自然人的,需提供身份证原件让立案法官核对,另需提交身份证复印件一份。立案时可以由本人去办理,也可委托律师办理。如果是委托律师办理,则当事人应提交身份证原件及复印件,法官核实申请人身份证原件、律师证原件。

(6) 申请人是法人或其他组织时,提供一份加盖公章的企业法人营业执照副本或登记证书或事业单位法人证书复印件。

(7) 申请人是法人时,提供一份法定代表人身份证明原件。

(8) 申请人是非法人组织时,提供一份主要负责人身份证明原件。

(9) 一份授权委托书原件。

(10) 代理人身份证明。

其一,近亲属担任代理人:近亲属关系证明一份(结婚证或户口本原件及复印件,或加盖公章的近亲属证明原件);近亲属身份证原件及复印件一份。

其二,工作人员担任代理人:加盖公章的推荐信原件一份;加盖公章的工作人员劳动合同复印件一份;工作人员身份证原件及复印件一份。

其三,申请人所在社区、社会团体推荐公民代理人:加盖公章的推荐信原件一份;公民代理人身份证原件及复印件一份。

其四,申请人所在单位推荐公民代理人:加盖公章的申请人与推荐单位的劳动合同复印件一份;加盖公章的证明信原件一份;加盖公章的推荐信原件一份;公民代理人的社会保险缴费证明原件一份;公民代理人身份证原件及复印件一份。

律师代理人提供律师证复印件一份。并带上代理人的身份证原件或者律师证原件,让法官核实。

(11) 律师代理的,提供一份律师事务所函原件。

(12) 一套支持申请再审事由的有关证据复印件。

(13) 向最高人民法院申请再审的,需刻制光盘一张,需包含有再审申请书、一审裁判文书、二审裁判文书、发回重审的裁定和重审判决书(如有)的 Word 格式电子文档。

▶八、诉讼费用交纳

依照《诉讼费用交纳办法》第9条的规定,根据民事诉讼法规定的审判监督程序审理的案件,当事人不交纳案件受理费。但是下列情形除外:

(1) 当事人有新的证据,足以推翻原判决、裁定,向人民法院申请再审,人民法院经审查决定再审的案件;

(2) 当事人对人民法院第一审判决或者裁定未提出上诉,第一审判决、裁定或者调解书发生法律效力后又申请再审,人民法院经审查决定再审的案件。

依照上述规定应当交纳案件受理费的再审案件,诉讼费用由申请再审的当事人负担;双方当事人都申请再审的,诉讼费用依照《诉讼费用交纳办法》第29条的规定负担。原审诉讼费用的负担由人民法院根据诉讼费用负担原则重新确定。

第二节 申请检察监督

▶一、申请抗诉

检察院抗诉,也称民事抗诉,是指人民检察院对人民法院已经生效的判决、裁定和调解书,发现有提起抗诉的法定情形时,提请人民法院对案件重新审理的诉讼行为。人民检察院提起抗诉的原因有两个:一是依职权,一是依当事人的申请。基于本讲文的写作目的,仅介绍当事人申请检察院抗诉的程序实务。当事人申请抗诉有一个优势、两个劣势。一个优势是体制外监督的优势,只要检察院决定抗诉,法院必须启动再审。两个劣势是:一是效率上的劣势。多数申请民事抗诉的案件要从作出生效裁判法院的同级检察院审查决定提请抗诉开始,再由上一级检察院决定抗诉。两级检察院都需要经历层层审批、检察长决定或检委会讨论等环节。二是改判上的劣势。基于抗诉启动的再审系外部监督,改判对原审法院审判工作的负面影响较大,不少法院奉行能不改则不改的思路。

(一)申请抗诉的前置程序

我国《民事诉讼法》第209条规定,有下列情形之一的,当事人可以向人民检察院申请检察建议或者抗诉:(1)人民法院驳回再审申请的;(2)人民法院逾期未对再审申请作出裁定的;(3)再审判决、裁定有明显错误的。这表明,当事人在向检察院申请抗诉之前必须先向人民法院申请再审。现行《民事诉讼法》采纳的是"申请再审先行,申请抗诉断后"模式。但需要注意的是,最高人民检察院《人民检察院民事诉讼监督规则(试行)》第32条规定,对人民法院作出的一审民事判决、裁定,当事人依法可以上诉但未提出上诉,而依照我国《民事诉讼法》第209条第1款第1项、第2项的规定向人民检察院申请监督的,人民检察院不予受理,但有下列情形之一的除外:(1)据以作出原判决、裁定的法律文书被撤销或者变更的;(2)审判人员有贪污受贿、徇私舞弊、枉法裁判等严重违法行为的;(3)人民法院送达法律文书违反法律规定,影响当事人行使上诉权的;(4)当事人因自然灾害等不可抗力无法行使上诉权的;(5)当事人因人身自由被剥夺、限制,或者因严重疾病等客观原因不能行使上诉权的;(6)有证据证明他人以暴力、胁迫、欺诈等方式阻止当事人行使上诉权的;(7)因其他不可归责于当事人的原因没有提出上诉的。也就是说如果当事人对人民法院一审裁判不上诉,而待其生效后转向人民检察院申请监督的情形,人民检察院原则上不予受理。对最高人民检察院的前述规定虽然在学理上可以进行商榷,但不排除实践中有检察院照此执行。

(二)申请抗诉的条件

(1)申请抗诉的主体要适格。只有生效裁判或者调解书的当事人可以申请检察院抗诉。当事人之外的其他主体即使利益受到影响,也不能申请抗诉,只能提起第三人撤销之诉。

(2)向有抗诉权的检察院申请抗诉。我国《民事诉讼法》第208条规定,最高人民检察院对各级人民法院已经发生法律效力的判决、裁定,上级人民检察院对下级人民法院已经发生法律效力的判决、裁定,发现有本法第200条规定情形之一的,或者发现调解书损害国家利益、社会公共利益的,应当提出抗诉(第1款)。地方各级人民检察院对同级人民法院已经发生法律效力的判决、裁定,发现有本法第200条规定情形之一的,或者发现调解书损害国家利益、社会公共利益的,可以向同级人民法院提出检察建议,并报上级人民检察院备案;也可以提请上级人民检察院向同级人民法院提出抗诉(第2款)。该条文中的"下级"在实践中理解为"下一级",即最高人民检察院抗诉最高人民法院和高级人民法院作出的生效裁判和调解书;上级人民检察院抗诉下一级法院作出的生效民事裁判和调解书。

(3)申请抗诉的事由与申请再审的事由相同。

(4)申请抗诉的时间。我国《民事诉讼法》第209条对此没有加以规定。基于

《民事诉讼法》第205条规定申请再审,应当在判决、裁定发生法律效力后6个月内提出,在6个月内申请抗诉肯定不会有问题。

(5)提交抗诉申请书、生效民事裁判文书以及证明其主张的证据材料。

民事抗诉申请书的格式如下:

民事抗诉申请书

申请人:张×,女,汉族,1966年4月出生,住丰县凤城花园×号楼×单元××室。电话158××××××××。

委托代理人:王学棉,北京圣运律师事务所律师。联系方式:139×××××××。

被申请人:张×英,女,1967年出生,汉族,住丰县凤城镇向阳南人民中路××号。电话158×××××××。

被申请人:时×,男,1965年出生,汉族,住丰县物资局宿舍1号楼最西单元2楼西户。

抗诉请求:

请求贵院依法提起抗诉,撤销丰县人民法院(2013)丰民初字第0069号民事调解书,由人民法院依法再审改判。

申请抗诉依据:

因丰县人民检察院以丰检民(行)监[2014]32032100007号不支持监督申请决定书驳回了申请人张×的检察建议申请,丰县人民法院以(2015)丰民申字第0007号民事裁定书驳回了抗诉申请人张×对该院(2013)丰民初字第0069号民事调解书的再审申请,故根据我国《民事诉讼法》第209条第1款第1项的规定向贵院申请抗诉。

申请抗诉事由:

(1)必须参加诉讼的申请人张×非因本人原因没有参加诉讼。

原告张×英以民间借贷纠纷为由将被告时×诉至丰县人民法院。虽然借贷发生在时×与张×婚姻关系存续期间,但张×英很清楚时×借钱并不是为了家庭共同生活,为了让法院日后在执行时作为共同债务执行,故意不将张×列为共同被告。丰县人民法院依据张×英的财产保全申请作出了(2013)丰民诉保字第0039号民事裁定,查封了时×、张×名下的20万元存款。丰县人民法院虽然清楚本案诉讼涉及了案外人张×,但没有依法追加张×为必要共同诉讼人。也就是说,原告张×英和丰县人民法院共同作用导致张×无法参与张×英与时×之间的借贷诉讼,也无法对他们之间借贷的真实性进行质证,发表意见。原告张×英与丰县人民法院的行为严重损害了申请人张×的诉讼权利。

(2)申请人张×有新的证据,足以推翻原判决、裁定。

调解应当是在事实清楚的基础上进行,从调解笔录可以看出,丰县人民法院在调解时对张×英与时×之间借贷的真实性没有进行认真审查,对于该债务调解书是否会损害第三人张×的权利也没有进行认真审查,完全基于时×的自认就做出了(2013)丰民初字第0069号民事调解书。从而为在执行中将该笔债务作为夫妻共同债务予以执行奠定了基础。

虽然最高人民法院《关于适用〈中华人民共和国婚姻法〉若干问题的解释(二)》第24条规定,债权人就婚姻关系存续期间夫妻一方以个人名义所负债务主张权利的,应当按夫妻共同债务处理,并且只规定了两种例外:夫妻一方能够证明债权人与债务人明确约定为个人债务的或者能够证明属于我国《婚姻法》第19条第3款规定情形的。但最高人民法院在2015年12月24日《关于当前民事审判工作中的若干具体问题》关于夫妻共同债务的认定问题中,明确指出可增加一种例外情形:如果配偶一方举证证明所借债务没有用于夫妻共同生活,配偶一方就不承担偿还责任。并对举证责任的分配也作了明确指示:债权人对夫妻共同债务提出初步证据后,举证证明责任就应转移至借人的配偶,由举债人的配偶一方对不属于夫妻共同债务的抗辩提供证据。当然如果举债人配偶一方举证证明举债人所借债务明显超出日常生活及生产经营所需,或举债人具有赌博、吸毒等不良嗜好,或者所借债务发生在双方分居期间等情形的,举证证明责任就相应地转回到债权人一方。

申请人张×现有下列证据证明时×所借的126万元没有用于家庭共同生活。

第一是调解时的庭审笔录。从庭审笔录(见第1页倒数第3行)中可以看出,时×是帮别人借钱,而非用于家庭共同生活。

第二是从时×的银行卡交易记录中可以看出,张×英转入的每一笔钱,很快就被时×转移至他人账户里或者大额提现(见清单)。时×转账和提现的金额加起来(179.91万元)远远大于其从张×英处转入的金额(128.3万元)。这充分说明,时×向张×英的借款并非用于家庭生活。

第三是认定本案的借贷用于家庭日常生活不符合生活常理。本案的债务集中发生在5个月内,分别在2012年1月21日、2月9日、5月19日、6月14日四次共向原告借款126万元。在如此短的时间内,如果家庭不购房或发生其他大额支出的话,家庭日常生活是不需要如此巨额资金的。在此期间,张×并没有购房,也没有其他大额支出。

第四是张×英在向时×转账126万元之后,在2012年4月至7月间,时×陆续偿还张×英部分借款,汇入张×英丰县农商行卡(6224521911002311585)共计33.19万元。两人一边借钱一边还钱就已经不符合生活常理了。但更令人匪夷所思的是在调解过程中双方均未提及此项还款,特别是借款人时×居然未提及此还款事实,也未主张在欠款总额中扣除已还款数额,而是无条件地再次承担已经偿还的33.19万元债务。

第五是张×与张×英的电话录音可以证明张×英知道时×借钱不是用于家庭生活。从录音中可以看出,时×再向张×英借钱时,已经告知了她借钱的目的是"一个是贷给人家,一个是在乡里扶贫村里借的钱堵不上,他拿着堵堵"。

综上所述,鉴于张×英与时×之间的借贷不是为了家庭共同生活,而属于个人债务;且申请人张×非因本人原因没有参加原审诉讼程序,诉讼权利被剥夺,特依法提请检察机关抗诉,以维护法律尊严,监督司法公正,维护申请人的合法权益。

此致
徐州市人民检察院

申请人:张×

申请日期:×年×月×日

附件:

(1) 丰县人民检察院丰检民(行)监[2014] 32032100007号不支持监督申请决定书复印件;

(2) 丰县人民法院(2015)丰民申字第0007号民事裁定书复印件;

(3) 丰县人民法院(2013)丰民初字第0069号民事调解书及调解笔录复印件;

(4) 被申诉人时×银行卡(丰县农商行卡号6224521910000049510、6224521911001584588)交易记录复印件及整理后的清单;

(5) 张×与张×英于2013年1月16日的电话录音记录;

(6) 丰县人民法院(2013)丰执字第491号民事裁定书;

(7) 最高人民法院2015年12月24日《关于当前民事审判工作中的若干具体问题》内容摘编。

(三) 材料提交及处理

当事人可以向与作出生效裁判人民法院同级的人民检察院提交《民事抗诉申请书》及相关证据,由该人民检察院审核后再将抗诉申请及相关材料送至其上一级人民检察院,经该院审查并决定抗诉后,制作民事抗诉书。人民检察院提出抗诉的案件,接受抗诉的人民法院应当自收到抗诉书之日起30日内作出再审的裁定。法院在再审裁定书中可以提审,也可以指令下一级法院再审,同时裁定中止原判决、裁定、调解书的执行,但追索赡养费、扶养费、抚育费、抚恤金、医疗费用、劳动报酬等案件,可以不中止执行。

▶二、申请再审检察建议

民事抗诉由于实行"上抗下"的模式,因此,对基层人民法院的生效裁判,基层人民检察院不能抗诉,只能提请上级人民检察院抗诉。这种模式一方面加重了上级人民检察院的工作量,另一方面使得检察力量最为雄厚的基层人民检察院无法发挥力量。为解决这一问题,我国《民事诉讼法》第208条第2款以及第209条设置了地方各级人民检察院可以向同级人民法院提出启动再审检察建议的制度。再审检察建议是指检察机关对确有错误的生效裁判或者具有法定情形的调解书,不采用抗诉方式,而是向同级原审法院提出纠正建议,要求其自行启动再审程序进行重新审理的一种监督方式。

相对于再审抗诉而言,二者存在如下区别:第一,民事抗诉采"上抗下"模式,需由最高人民检察院对各级人民法院、上一级人民检察院对下级人民法院提出。再审检察建议则是由人民检察院向同级人民法院提出,基层人民检察院有权提出再审检察院建议,其直接向被监督的法院提出,通过"建议—采纳"的路径发挥功能,涉及主体单一,有效节约司法资源。

第二,申请抗诉因为受级别管辖的限制,检察院形成了"倒三角"的办案结构,县、区检察院人多案少,市、省检察院人少案多,容易造成案件积压。通过再审检察意见启动再审,减少了提请抗诉、法院指令再审等环节,实现同级审理,节省了诉讼时间。

第三,再审抗诉是一种刚性监督,只要检察院提出抗诉,法院必须启动再审。再审检察建议则是一种"柔性"监督,其只是一种建议,是否被采纳以及是否启动再审程序,决定权在法院。

基于以上原因,需要根据案件的具体情况,决定是选择申请抗诉还是申请再审检察建议。一般来说,对于案情比较简单,标的额比较小的案件申请再审检察建议比较合适。

能否同时申请再审检察建议和抗诉,我国《民事诉讼法》第209条对此没有禁止性规定,从理论上讲,二者并不冲突,可以同时申请。

再审检察建议申请书与抗诉申请书大同小异,只需改动两个地方:一是将抗诉申请书中的抗诉请求改为:请求向人民法院发出建议书,并明确具体建议,如要求法院对申请人的再审申请作出裁定,或者要求法院撤销驳回再审申请的裁定,或者要求法院对存在明显错误的再审判决、裁定予以纠正。二是将最后的申请对象改为与作出生效裁判的人民法院同级的人民检察院。

附录

北京××律师事务所

委托代理合同

×民字201 第　号

甲方：
乙方：北京××律师事务所
　　201　年　月　日

合同正文

甲乙双方按照诚实信用原则,根据《中华人民共和国合同法》等有关法律法规,经协商一致,立此合同,供双方共同遵守。

第一条:委托代理事项

乙方接受甲方委托,委派律师在甲方与_____因_____纠纷案件中担任甲方的_____委托代理人。

第二条:委托代理权限

甲方对乙方律师的委托权限为:_____。(详见委托书)

第三条:甲方的义务

1. 甲方应当真实、详尽、及时地向乙方律师陈述案件真实情况,提供与委托代理事项有关的证据材料。如甲方提供虚假证据或未及时提供相关证据,其法律后果由甲方承担;

2. 甲方应当积极、主动地配合乙方律师工作,甲方对乙方律师的要求应当合理、合法、明确、可行;

3. 对于甲方超出本代理合同范围的要求,双方可另行协商签订新的《委托代理合同》,无法达成一致的,乙方有权拒绝;

4. 甲方应当按期、足额向乙方支付律师代理费和办案费用。

第四条:乙方的义务

1. 乙方指派_____律师作为该案中甲方的委托代理人,甲方同意乙方委派的律师,并同意在乙方认为需要时指派其他律师参与代理工作;

2. 乙方律师应勤勉、尽责地完成第一条所列委托代理事项;

3. 乙方律师应当向甲方提示法律风险;

4. 乙方律师应当根据审理机关的要求,及时提交证据,按时出庭,并应甲方要求通报案件进展情况;

5. 乙方律师对其获知的甲方商业机密或者个人隐私负有保密责任,非由法律规定或经甲方同意,不得向任何第三方披露。

第五条:律师代理费

1. 甲方于本合同签订之日,支付律师代理费_____元;

2. 其他约定:_____。

第六条:办案费用

乙方律师案件办理过程中发生的下列费用,由甲方承担:

1. 与办理案件相关的行政查询、司法鉴定、公证、诉讼等费用；
2. 办案过程中发生的差旅费、翻译费、打印复印费、资料费、通讯费等费用；
3. 征得甲方同意后支出的其他费用；
4. 乙方收取的费用一律开具正式发票,第三方收取的费用由第三方开具发票；
5. 其他约定：_____。

第七条：合同的解除

乙方有下列情形之一的,甲方有权解除本合同,要求退还代理费：
1. 乙方严重违反法律法规和律师职业道德规范的；
2. 乙方违反第四条第5项规定义务的。

甲方有下列情形之一的,乙方有权解除本合同,代理费不退：
1. 甲方的委托事项违反法律或者违反律师执业规范的；
2. 甲方有捏造事实、伪造证据或者隐瞒重要情节等情形的。

第八条：违约责任及责任免除

甲方无正当理由不按时支付律师代理费或者办案费用,或者无故终止合同,乙方有权要求甲方支付律师代理费、办案费以及延期支付每日千分之五的违约金。

乙方无正当理由不提供第一条规定的法律服务或者违反第四条规定的义务,甲方有权要求乙方退还已付的部分律师代理费。

第九条：其他约定

甲方不得在乙方接受委托后,以下述理由要求乙方退费：
1. 甲方又单方面委托其他律师事务所的；
2. 甲方以乙方有关收费原因为由要求退费的；
3. 甲方以不起诉、已经和解、要求撤诉为由要求退费的；
4. 甲方要求乙方律师必须按照自己的意愿发表代理意见,因违背法律知识被律师拒绝,而要求退费的；
5. 乙方代理甲方完成出庭工作后,在庭后的调解中,乙方律师因工作冲突而未能参加调解活动,甲方不能视为乙方未完成代理工作,要求退费；
6. 乙方律师已完成代理工作,甲方以结果不满意为由要求退费的；
7. 其他非因乙方的原因,甲方要求终止合同的,不得要求退费。

第十条：争议的解决方式

甲方和乙方在履行本合同过程中,如发生争议,应协商解决；协商不成需要诉讼时,双方一致同意交由北京市海淀区人民法院管辖。

第十一条：风险提示

乙方提请甲方注意本合同的全部条款,特别要求甲方详细阅读本合同最后一页的风险提示和说明,甲方确认已详细阅读了本合同的全部条文,并了解了每个条文的含义。

第十二条：合同的生效

本合同正本一式三份,自甲、乙双方签字或加盖公章之日生效,至乙方完成甲方委托代理事项终结为止(包括撤诉、判决、裁定、达成和解协议等情形均视为代理事项终结)。

甲方：   乙方：北京××律师事务所

签署：   代表：